大学语文

主　编　李　强

副主编　孙绍荣　吴　双　李建中　王汝密

北京理工大学出版社

BEIJING INSTITUTE OF TECHNOLOGY PRESS

内 容 简 介

本书是课程思政系列教材之一，结合高校大学语文教学的实际，以人文性、时代性、实用性为目的，体现了高校教育"立德树人"思想的有机融入。全书由文言文鉴赏、中国现当代文学与外国文学鉴赏和应用文写作三个部分组成，旨在教学过程中通过引用名人事迹、名篇、名句的讲解，在潜移默化中引导学生树立崇高的理想、坚定爱国主义信念、培养高尚的道德品质，进而促使学生形成正确的世界观、人生观、价值观。同时，引导学生通过一系列的名作赏析、习题问答与相应的实际写作训练，提高学生的文学鉴赏能力、语言表达能力和应用文写作能力。

从总体上来看，全书脉络清晰，层次分明，结构完整，文题设计合理，不仅可以作为高等院校大学生的语文通用教材，也可供各类文学爱好者研读与赏析。

图书在版编目（CIP）数据

大学语文 / 李强主编. —北京：北京理工大学出版社，2021.3（2022.9 重印）
ISBN 978-7-5682-9615-1

Ⅰ. ①大… Ⅱ. ①李… Ⅲ. ①大学语文课–高等学校–教材 Ⅳ. ①H193.9

中国版本图书馆 CIP 数据核字（2021）第 043182 号

出版发行 / 北京理工大学出版社有限责任公司
社　　址 / 北京市海淀区中关村南大街 5 号
邮　　编 / 100081
电　　话 / （010）68914775（总编室）
　　　　　（010）82562903（教材售后服务热线）
　　　　　（010）68948351（其他图书服务热线）
网　　址 / http：//www.bitpress.com.cn
经　　销 / 全国各地新华书店
印　　刷 / 涿州市新华印刷有限公司
开　　本 / 787 毫米×1092 毫米　1/16
印　　张 / 16.5　　　　　　　　　　　　　　　　责任编辑 / 江　立
字　　数 / 388 千字　　　　　　　　　　　　　　文案编辑 / 赵　轩
版　　次 / 2021 年 3 月第 1 版　2022 年 9 月第 2 次印刷　　责任校对 / 刘亚男
定　　价 / 48.00 元　　　　　　　　　　　　　　责任印制 / 李志强

序

2016 年，习近平总书记在全国高校思想政治工作会议上指出："要用好课堂教学这个主渠道，思想政治理论课要坚持在改进中加强，提升思想政治教育亲和力和针对性，满足学生成长发展需求和期待，其他各门课都要守好一段渠、种好责任田，使各类课程与思想政治理论课同向同行，形成协同效应。""课程思政"其实是对习近平总书记所要求的"同向同行"和"协同效应"的一种积极回应，其要义在于强调高校各类课程都要发挥思想政治教育作用；同时，"课程思政"也是对高校落实立德树人的根本任务，铸就教育之魂的理念创新和实践创新。

2020 年，教育部印发《高等学校课程思政建设指导纲要》，明确提出要在所有高校、所有学科专业全面推进课程思政建设。课程思政建设内容要紧紧围绕坚定学生理想信念，以爱党、爱国、爱社会主义、爱人民、爱集体为主线，围绕政治认同、家国情怀、文化素养、宪法法治意识、道德修养等重点优化课程思政内容供给，系统进行中国特色社会主义和中国梦教育、社会主义核心价值观教育、法治教育、劳动教育、心理健康教育、中华优秀传统文化教育。

在此背景下，山东英才学院组织教师开展了"课程思政"教材建设工作。秉持育人为本、德育为先的育人理念，着眼于促进学生全面发展，认真梳理课程所蕴含的思想政治教育元素和所承载的思想政治教育功能，将思想政治教育融入教材建设过程、教学各环节，力求实现思想政治教育与知识体系教育的有机统一，以"春风化雨"式教育实现立德树人"润物无声"。

本教材在编写的同时，注重突出应用型人才培养的要求，符合学生知识基础和认知规律，理论联系实际，注重学生专业实践能力、职业岗位适应能力、分析解决实际问题能力的培养，积极听取行业、企业专家的意见，努力为经济社会发展培养具有健全人格、历史使命感和社会责任心、富有创新精神和实践能力的合格人才。

前　言

大学语文是一门历史悠久的学科，在近百年的发展历程中，它润染了国人的心灵，传承了古老的文化，在文明的传递中发挥了极其重要的作用。

一、对大学语文课程开设历程的简要回顾

大学语文作为公共课，在中华人民共和国成立前我国各大学已普遍开设，是各校非中文专业一年级大学生的必修课程，当时叫"大一国文"。讲授国文课的教师，大多是知名的专家学者，是我们今天耳熟能详的学界泰斗。以清华大学为例，1929—1930年为杨树达、张煦、刘文典、朱自清；1932年为闻一多；1934—1935年为俞平伯、浦江清、许维遹；1936—1937年为余冠英、李嘉言；1940年为沈从文、吴晓玲、何善周；1944年为王瑶；1946年为范宁、叶金根、朱德熙、王宾阳；1947年为郭良夫；1949年为吴组缃。

中华人民共和国成立后，从中学到大学，凡"国文"都改为"语文"，才有"大学语文"之名。中华人民共和国成立之初，我国一些综合性大学开设大学语文学科。1952年，受苏联教育模式的影响，我国教育体制进行了院系调整，将原有的文、理、工、农、法、商、医等学科融合发展的一些综合性大学拆散，成立许多单科性的院校。大学语文这门课也随着这一剧烈变化，不仅在理、工、农、医、法、商等单科院校里不再开设，连在保存下来的多数文理合校的院系里也了无踪迹。大学语文教育的中断，使文化素质教育和专业知识教育严重脱节，也使得学科间的渗透、联系大大削弱，使人文教育陷入困境。1978年秋，南京大学校长匡亚明教授与华东师范大学徐中玉教授联合倡议，在高校恢复开设"大学语文"学科，并在南京大学付诸实施。至此，中断了近三十年的"大学语文"学科课程得以重新开设。现在，全国各高校均开设有大学语文课程，该课程在课程建设、师资队伍建设、教材建设等方面都有了很大进步。毋庸置疑的是，大学语文课程的开设，在提高大学生的人文素质、文化修养方面起到了积极作用。

二、本教材的编写目的：人文性、时代性、实用性

随着时代的发展，社会对大学生人文素养的要求也在不断提升。鉴于此，本教材编写组根据近年来大学语文课程在观念和方法等方面的更新情况，结合高校大学语文教学的实际，在教材编写过程中着力达到人文性、时代性、实用性三个目的。

1. 人文性

大学生人文素养是现代大学生综合素质的重要体现，是内在气质和外在精神的综合表现。人文素养的形成离不开对人文知识的学习，而人文知识体系的构建又离不开对语言文

字、文学知识等方面的学习。作为肩负着培养和提高大学生的语言文字应用能力、文学经典鉴赏能力等任务的大学语文课程来说，其整合承担着培养大学生人文素养的使命。

2. 时代性

教材内容是否跟得上时代也是评价教材质量高低的关键。党的十八大以来，习近平总书记多次讲到中华优秀传统文化的思想内涵、道德精髓、现代价值和传承理念的重要性。大学生要传承和弘扬中华民族优秀传统文化，就离不开对传统优秀文化经典的阅读和学习，而大学语文课程则是指导大学生阅读传统经典、吸收传统文化精髓的重要途径。

3. 实用性

大学语文课程是中学语文课程的自然延伸，承载着提供必要的母语教育的功能，立足于听说读写基本能力的培养，以提升学生的语言实际运用能力。针对当前少数大学生口头表达能力较弱或书面写作能力较弱等现状，本教材编写组精心选择文本，以引导大学生通过对中华传统文化经典作品的研读和常用应用文体的写作训练，提高其自身的语言表达能力、阅读鉴赏能力和应用文写作能力。

三、本教材的主要构成

本教材由文言文鉴赏、中国现当代文学与外国文学鉴赏和应用文写作三大部分组成。

1. 文言文鉴赏

文言文鉴赏部分由 36 篇文言文构成，选文涵盖了从先秦散文到明清时期不同文体的文学作品。选文时，本教材编写组尽量回避中小学语文教材中出现过的篇目，增加篇目的深度和广度，以期达到思想启迪、情感滋润、审美陶冶、道德熏陶、写作借鉴等方面的综合效果。

2. 中国现当代文学与外国文学鉴赏

中国现当代文学与外国文学鉴赏部分由 14 篇文章构成，选文覆盖了中国现当代主要作家的不同文体的作品，同时，还选入了一些国外的优秀文学中文翻译作品。

在这两部分教材的编写设计中，本教材编写组特意设计了文前阅读提示与文后思考与练习。文言文鉴赏部分在正文之后还有注释，以便于理解。阅读提示避免大而空，尽量简练精要，既要对学生的阅读起到提示作用，又要给学生留有补白和思考的空间。思考与练习题既有客观性试题，也有开放性试题；既设计了围绕作品思想内容和艺术特色的试题，也设计了着眼于学生阅读与分析能力培养的试题，以期能对学生的学习起到由浅入深、层层递进的辅助效果。

3. 应用文写作

本教材根据大学生毕业后进入社会需要用到一些诸如通知、通报、报告、请示、计划、总结、介绍信等应用性文体的特点，特将一些常用公务文书和事务文书纳入本部分进行详细介绍，以期能有效提高大学生的应用文写作能力。

四、本教材编写特色：将课程思政体系融入教材设计

党的十八大报告第一次提出"立德树人"是教育的根本目的，充分说明了德育的重要

性。大学生是专门性的人才，他们不仅要拥有较高的文化知识水平，也要拥有较高的道德水平。大学语文教学的本质属性就在于"以文化人"，也就是教师通过引导学生学习、鉴赏古今中外的优秀文学作品，提高个人的人文素养和审美情趣。本教材作为课程思政体系系列教材之一，着力引导学生不断去思考人生、完善人格，达到大学教育的终极目标——立德树人。

1. 引导学生树立崇高的理想

在大学语文课堂上，教师通过对名人名句或名篇的解读，潜移默化地引导学生树立崇高的理想信念。历史上无数仁人志士为了追求自己崇高的理想信念抛头颅、洒热血，不惜献出宝贵的生命，如在教授《张中丞传后叙》中的"南八，男儿死耳，不可为不义屈""欲将以有为也；公有言，云敢不死！"等名句时，教师有意识地用记录仁人志士理想、追求、行为的名篇来引导、激励大学生，让他们树立崇高的理想。

2. 坚定学生的爱国主义信念

"天下兴亡，匹夫有责"的爱国主义信念已经根植在了每个人的心中，这种精神不仅体现在内忧外患的特殊时期，更应强化于国泰民安的和平年代。优秀的文学作品，如《戊午上高宗封事》中，胡铨上疏说："不然，臣有赴东海而死耳，宁能处小朝廷求活耶？"展示了胡铨兴国安邦的抱负和将自己的命运和国家前途联系在一起的忧患意识，对于坚定学生的爱国主义信念具有很强的感染力。

3. 培养学生高尚的道德品质

在加强大学生的思想政治教育这一方面，大学语文无疑有得天独厚的优势。在大学语文的教学中，从《论语》中的"民无信不立""人而无信不知其可也"，到"老吾老以及人之老，幼吾幼以及人之幼"等仁爱精神的传递；从"安得广厦千万间，大庇天下寒士俱欢颜"的高度社会责任感，到"勿以恶小而为之，勿以善小而不为"的严于律己观念，都可以让学生在学习中体会中华民族优良传统道德的魅力，从而在潜移默化中培养和端正自己的思想道德品质。

4. 助推学生形成正确的世界观、人生观、价值观

在大学语文的教学内容中，许多优秀的文学作品从不同的时代、不同的地域反映着不同的社会风貌，从不同角度、不同侧面揭示了各种人生哲理。在大学语文教学中，可以充分利用教学内容中潜藏的优秀传统理念对大学生进行世界观、人生观、价值观的引导。

五、本教材不足之处，敬请批评指正

尽管本教材编写人员均在高校承担大学语文课程教学十多年，具有一定的教学经验，但由于视野不广、水平有限，编写时间仓促，书中难免存在疏漏、错误和体例不合理、篇目选择不恰当的地方，敬请有关专家、学者和教材使用者对本教材给予批评和指正，以待今后修订与完善。

目　录

第一部分　文言文鉴赏

第二部分　中国现当代文学与外国文学鉴赏

第三部分　应用文写作

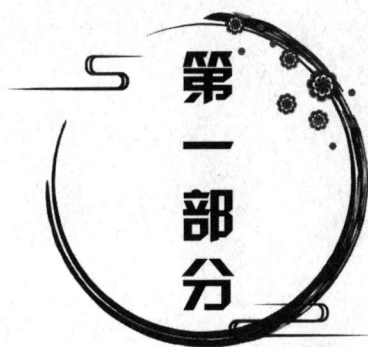

第一部分

文言文鉴赏

第一章　先秦文学

采薇

《诗经》

📖 **阅读提示**

　　《诗经》是我国第一部诗歌总集，分为"风""雅""颂"三部分。"风"是周王朝之外的地方乐歌；"雅"是周王朝直接统治地区的乐歌；"颂"则是宗庙祭祀时的乐歌和舞曲。

　　《诗经》中常用"赋""比""兴"的表现手法。"赋"是直陈其事；"比"即打比方；"兴"是感物起兴。《诗经》反映的时代是自周初至春秋中叶，共500多年，其多数篇章具有鲜明的时代感，内容涵盖社会生活的方方面面，也涉及劳动人民的思想感情。

　　《采薇》选自《诗经·小雅·鹿鸣之什》。这首诗描写的是一个戍边征战的士兵在战争结束之后，回家途中的内心独白，主要描写了他内心的复杂活动。本诗以诗人看到路边枯萎的薇菜这一衰败的景象起兴，进而联想到离家时充满生机的春日景象，因而感叹时光飞逝、残酷的战争和自己的军旅生活等等。表达了诗人在戍边征战的生活中对逝去岁月的感叹，对亲人的深切想念，对戎狄进犯的仇视与愤慨，以及对长年累月无休止的战争的不满。

　　采薇采薇，薇亦作止[1]。曰归曰归，岁亦莫止[2]。靡室靡家，猃狁之故[3]。不遑启居，猃狁之故[4]。

　　采薇采薇，薇亦柔止[5]。曰归曰归，心亦忧止。忧心烈烈，载饥载渴[6]。我戍未定，靡使归聘[7]。

　　采薇采薇，薇亦刚止[8]。曰归曰归，岁亦阳止。王事靡盬，不遑启处[9]。忧心孔疚，我行不来[10]。

　　彼尔维何？维常之华[11]。彼路斯何？君子之车[12]。戎车既驾，四牡业业[13]。岂敢定居，一月三捷[14]。

　　驾彼四牡，四牡骙骙[15]。君子所依，小人所腓[16]。四牡翼翼，象弭鱼服[17]。岂不日戒，狎狁孔棘[18]。

昔我往矣，杨柳依依[19]。今我来思，雨雪霏霏[20]。行道迟迟，载渴载饥[21]。我心伤悲，莫知我哀。

注释

[1] 薇（wēi）：薇菜，也叫"巢菜"或"野豌豆"。一年生或多年生草本，花紫色。嫩苗和种子可作蔬菜。作：起，指薇菜长出地面。止：句尾语气词，无实意。

[2] 曰：语助词，没有实在意义。莫：通"暮"，本文指年末。

[3] 靡（mǐ）室靡家：没有正常的家庭生活。靡，无。室，与"家"义同。狎狁（xiǎn yǔn）：亦作"猃狁"，中国古代少数民族名。

[4] 不遑（huáng）：不暇。遑，空暇。启居：指坐下来休息。古人席地而坐，坐时双膝着地，臀部贴在小腿上的叫"居"；上身伸直，臀部离开脚后跟的叫"启"，又写作"跽"。

[5] 柔：柔嫩，指刚长出来的薇菜柔嫩的样子。"柔"比"作"更进一步生长。

[6] 忧心烈烈：忧心如焚。载（zài）饥载渴：又饥又渴。载……载……，即又……又……。

[7] 戍：守，这里指防守的地点。使：信使。归聘：归问家人。聘，遣使访问。

[8] 刚：坚硬，指薇菜的茎叶变老变硬。

[9] 王事：指征役。靡盬（gǔ）：没有止息。盬，停止。启处：与上文"启居"同义。

[10] 孔疚（jiù）：非常痛苦。孔，很。疚，病痛。行（háng）：行伍，军队。这里用作动词，从军。来：归，回家。

[11] 尔（ěr）：通"薾"，花盛开的样子。维何：是什么。维：句中语气词。常：通"棠"，即棠棣树。

[12] 路：通"辂"，古代一种大车，供将帅作战时用，又叫戎车。斯：语气助词，无实在意义。君子：这里指将帅。车：兵车，即"路"。

[13] 戎车：兵车。牡（mǔ）：鸟兽中的雄性，跟"牝"相对。业业：强壮而高大的样子。

[14] 一月三捷：一月多次行军。捷：胜利。谓接战、交战。一说，捷，邪出，指改道行军。

[15] 骙骙（kuí）：雄强，威武。这里的骙骙是指马强壮的意思。

[16] 依：指将帅靠立在车上。小人：指兵士。腓（féi）：掩护，隐蔽。古代打仗是车战，主将在兵车上指挥，步兵在兵车后面，靠车身掩护自己。

[17] 翼翼：行列整齐的样子，形容训练有素。象弭（mǐ）鱼服：形容装备精良。象弭：用象牙镶饰的弓。弭，角弓，末端用骨做装饰的弓。鱼服：用鱼皮做的箭袋。服：通"箙"，盛弓箭的袋。

[18] 戒：戒备。孔：副词，甚，很。棘（jí）：通"急"。

[19] 昔：过去，从前。往：指当初从军。依依：树枝柔弱随风飘拂的样子。

[20] 来思：指归来时。思，语末助词，无实在意义。雨雪：下雪。雨（yù），动词，从天上落下来。霏霏（fēi）：雪下得很大的样子。

[21] 迟迟：缓慢的样子。

思考与练习

一、这首诗表现了什么样的主题？

二、本诗的哪些章节运用了重章叠句的手法？表达效果如何？

三、请结合"四牡业业""四牡骙骙""四牡翼翼""象弭鱼服"等诗句，说说本诗描写战争场面的特色。

山鬼

《楚辞》

阅读提示

本文选自《楚辞·九歌》。

屈原（约前340—约前278），名平，战国时期楚国人。屈原是我国文学史上最早出现的伟大诗人，代表作有《离骚》《九歌》《天问》《九章》等。这些作品是在楚国民间歌谣的基础上发展创造出来的，突破了《诗经》以四言为主的格式，想象丰富，文字华丽，充满着积极浪漫主义的精神，是一种独特的诗体，后人称为"楚辞"，又叫"骚体"，在历史上产生过深远的影响。

《九歌》是屈原根据楚国南方民间流行的祭祀乐歌润色而成的一组抒情民歌。《山鬼》是《九歌》中祭祀山神的歌曲。山鬼，山中女神。屈原以楚国民间传说为题材，创造了美丽痴情的山鬼形象，细腻地刻画了山鬼赴约、在风雨中等待情人到来的复杂心态，表现了人类对爱情的忠贞追求。从屈原的遭遇和一贯创作风格来看，诗中的山鬼在凄风苦雨中痴情等待的形象，显然寄寓着诗人在流放中忠君忧国的个人身影。

若有人兮山之阿[1]，被薜荔兮带女萝[2]。
既含睇兮又宜笑[3]，子慕予兮善窈窕[4]。
乘赤豹兮从文狸[5]，辛夷车兮结桂旗[6]。
被石兰兮带杜衡[7]，折芳馨兮遗所思[8]。
余处幽篁兮终不见天，路险难兮独后来[9]。
表独立兮山之上[10]，云容容兮而在下[11]。
杳冥冥兮羌昼晦[12]，东风飘兮神灵雨[13]。
留灵修兮憺忘归[14]，岁既晏兮孰华予[15]？
采三秀兮于山间[16]，石磊磊兮葛蔓蔓[17]。
怨公子兮怅忘归[18]，君思我兮不得闲。
山中人兮芳杜若[19]，饮石泉兮荫松柏[20]，
君思我兮然疑作[21]。
雷填填兮雨冥冥[22]，猿啾啾兮狖夜鸣[23]。
风飒飒兮木萧萧[24]，思公子兮徒离忧[25]。

注释

[1] 若：好像。人：此处指山鬼。山之阿（ē）：山角。

[2] 被（pī）：通"披"。带：作动词用，以……为衣带。薜荔、女萝：皆蔓生植物，香草名。

[3] 含睇（dì）：含情脉脉地微微斜视。宜笑：笑得很美。

[4] 子：指山鬼所爱的人。予：指山鬼。善窈窕：姿态美好的样子。

[5] 从：跟从。文：花纹。文狸：有花纹的狸。

[6] 辛夷车：用辛夷木做成的车子。结桂旗：用桂枝编织成旗帜。结：编结。

[7] 石兰、杜衡：香草名。

[8] 芳馨：指芬芳的花草。遗（wèi）：赠送。

[9] 余：我，山鬼自称。幽篁：指竹林的幽深处。后来：迟到，晚来。

[10] 表：突出的样子。

[11] 容容：同"溶溶"，云气涌动起伏的样子。

[12] 杳冥冥：深暗的样子，幽暗无光的样子。羌：楚方言，语助词。昼晦：白天昏暗的样子。

[13] 神灵雨：指雨神降雨。雨：作动词，降雨，下雨。

[14] 留：为……而滞留。灵修：指山鬼所爱的人。憺（dàn）：安心。

[15] 晏：晚。孰：谁。华：即"花"，作动词用。

[16] 三秀：灵芝，一年开三次花，故称"三秀"。

[17] 磊磊：山石攒聚堆积的样子。葛蔓蔓：葛藤茎缠绕的样子。

[18] 公子：指山鬼所爱的人。

[19] 山中人：山鬼的自称。杜若：香草名。

[20] 荫松柏：以松柏为荫。

[21] 君：指山鬼所爱的人。然疑作：信疑参半。然，肯定；疑，怀疑；作，产生。

[22] 填填：雷声。

[23] 啾啾：猿啼声。狖（yòu）：原作"又"，据洪兴祖《楚辞考异》引一本改，狖，黑色长尾猿。

[24] 萧萧：风吹树木时枝叶发出的声音。

[25] 公子：指山鬼所爱的人。徒：空，白白地。离：通"罹"，遭遇。

思考与练习

一、请你举例分析作者运用了哪些写作手法来塑造山鬼形象。

二、分析诗中山鬼情感变化的轨迹。

三、分析文中环境描写的特色。

季氏将伐颛臾

《论语》

《季氏将伐颛臾》选自《论语·季氏篇》。

季氏伐颛臾一事，是在"陪臣执国政"的鲁国的特殊背景下发生的。"陪臣"指的是孟孙氏、叔孙氏、季孙氏三家，他们的先祖即庆父、叔牙和季友，都是鲁桓公（前711—前694在位）的儿子、鲁庄公（前693—前662在位）的弟弟，号称"三桓"。到孔子这时，"三桓"执鲁国国政已有一百六七十年之久。《史记·鲁周公世家》说："悼公之时，三桓胜，鲁如小侯，卑于三桓之家。"季氏将伐颛臾一事，不见经传。后世注家以为是子路、冉有向季氏转达了孔子的意见，季氏惧祸而止。

《季氏将伐颛臾》是篇驳论，借对话形式展开批驳，破中有立，立论坚实可靠，驳斥也有理有据。此文展示了孔子的政治主张——"不患寡而患不均，不患贫而患不安。盖均无贫，和无寡，安无倾"，以及治国策略——"则修文德以来之。既来之，则安之"。

季氏将伐颛臾[1]。冉有、季路见于孔子曰[2]："季氏将有事于颛臾[3]。"

孔子曰："求！无乃尔是过与[4]？夫颛臾，昔者先王以为东蒙主[5]，且在邦域之中矣，是社稷之臣也[6]。何以伐为[7]？"

冉有曰："夫子欲之[8]，吾二臣者皆不欲也。"

孔子曰："求！周任有言曰[9]：'陈力就列，不能者止[10]。'危而不持[11]，颠而不扶[12]，则将焉用彼相矣[13]？且尔言过矣。虎兕出于柙[14]，龟玉毁于椟中[15]，是谁之过与？"

冉有曰："今夫颛臾，固而近于费[16]。今不取，后世必为子孙忧。"

孔子曰："求！君子疾夫舍曰'欲之'而必为之辞[17]。丘也闻：有国有家者[18]，不患寡而患不均，不患贫而患不安[19]。盖均无贫[20]，和无寡[21]，安无倾[22]。夫如是[23]，故远人不服[24]，则修文德以来之[25]。既来之，则安之[26]。今由与求也，相夫子[27]，远人不服、而不能来也；邦分崩离析而不能守也[28]；而谋动干戈于邦内[29]。吾恐季孙之忧，不在颛臾，而在萧墙之内也[30]。"

🍎 **注释**

[1] 选自《论语·季氏篇》。标题是编者加的。季氏：季康子，春秋鲁国大夫，把持朝政，名肥。颛臾（zhuān yú）：小国，是鲁国的附属国，故城在今山东费县西北。旧说季氏贪颛臾土地而攻之。依文意乃季氏与鲁君矛盾极深，历代鲁君欲除季氏，季氏恐颛臾再为

患，故欲攻之。

[2] 冉有、季路：都是季康子的家臣。冉有：名求，字子有。季路：姓仲，名由，字子路。两人都为孔子弟子。见：谒见，拜见。于：引出对象，无意。

[3] 有事：这里指用兵。古代把祭祀和战争称为国家大事。当时季氏专制国政，与鲁哀公的矛盾很大。他担忧颛臾会帮助鲁哀公削弱自己的实力，所以抢先攻打颛臾。

[4] 无乃尔是过与：恐怕该责备你们吧？"无乃……与"相当于现代汉语的"恐怕……吧"。尔是过：责备你，这里的意思是批评对方没尽到责任。是：结构助词，提宾标志。过：责备。

[5] 先王：指周之先王。东蒙主：指受封于东蒙。东蒙：指蒙山，在今山东临沂市西北。主：主管祭祀的人。

[6] 是社稷之臣也：是：代词，这，指颛臾。社稷：社，指土神；稷：指谷神。社稷是祭祀谷神和土神的祭坛，有国者必立社稷，国亡，社稷被覆盖起来废掉，故社稷为国家的象征，这里指鲁国。社稷之臣意译为附属于大国的小国。

[7] 何以伐为：为什么要攻打它呢？何以，以何，凭什么。为：表反问语气。

[8] 夫子：季康子。春秋时，对长者、老师以及贵族、卿大夫等都可以尊称为夫子。

[9] 周任：上古时期的史官。

[10] 陈力就列，不能者止：能施展自己才能，就接受职位；如若不能，就应辞去职务。陈：陈列，这里是施展的意思。就：走向，这里是担任的意思。列：位，职位。止：辞职。

[11] 危：名词作动词，遇到危险（摇晃着要倒下）。持：护持。

[12] 颠：跌倒。扶：搀扶。

[13] 相（xiàng）：搀扶盲人走路的人（辅助者）。

[14] 兕（sì）：独角犀牛。柙（xiá）：关猛兽的笼子。

[15] 龟玉都是宝物。龟：龟板，用来占卜。玉：指玉瑞和玉器。玉瑞用来表示爵位，玉器用于祭祀。椟（dú）：匣子。

[16] 固：指城郭坚固。近：靠近。费（古读 bì）：季氏的私邑，即今山东费县。一说读 fèi，当地人称费（fèi）县。

[17] 君子疾夫舍曰'欲之'而必为之辞：君子厌恶那些不肯说（自己）想要那样而偏要找借口的人。疾：痛恨。夫：代词，那种。舍：舍弃，撇开。辞：托辞，借口。

[18] 有国有家者：有国土的诸侯和有封地的大夫。国：诸侯统治的政治区域。家：卿大夫统治的政治区域。

[19] 不患寡而患不均，不患贫而患不安：不担心分得少，而是担心分配得不均匀；不担心贫穷而担心不安定。患：忧虑，担心。寡：少。

[20] 均无贫：财富分配公平合理，上下各得其分，就没有贫穷。

[21] 和无寡：和平了，人口就不会少了。

[22] 安无倾：国家安定，就没有倾覆的危险。

[23] 夫：句首语气词。如是：如此。

[24] 故：假如，如果。

[25] 文：文教，指礼乐。来：使……来（归附）。

[26] 安：使……安定。

[27] 相（xiàng）：辅佐。

[28] 邦分崩离析而不能守也：国家四分五裂，不能守全。守：守国，保全国家。

[29] 干：盾牌。戈：古代用来刺杀的一种长柄兵器。干戈：指军事。

[30] 萧墙：国君宫门内迎门的小墙，又叫作屏。因古时臣子朝见国君，走到此必肃然起敬，故称"萧墙"。萧：古通"肃"。这里借指宫廷。

思考与练习

一、本文主要记录了孔子就季氏将伐颛臾这件事发表的三段议论。仔细阅读课文，回答下列问题：

1. 孔子为什么认为不应发动这场战争？

2. 孔子提出的政治主张是什么？

二、结合课后注释，运用古汉语知识，解答下列问题

1. 解释辨析下列多义词。

（1）为

①何以伐为　　　　　　　　　②昔着先王以为东蒙主

③后世必为子孙忧　　　　　　④君子疾夫舍曰"欲之"而必为之辞

（2）相

①则将焉用彼相矣　　　　　　②今由与求也，相夫子

③沛公欲王关中，使子婴为相　④王侯将相宁有种乎

（3）过

①无乃尔是过与　　　　　　　②且尔言过矣

③是谁之过与　　　　　　　　④过犹不及

（4）而

①危而不持，颠而不扶　　　　②固而近于费

③吾尝终日而思矣　　　　　　④简能而任之，择善而从之

2. 指出下列句子的句式特点。

①季氏将有事于颛臾　　　　　②何以伐为

③无乃尔是过与　　　　　　　④是社稷之臣也

三、你怎么看待孔子的"仁政"思想？你认为孔子以礼治国、以德服人的思想，对我们今天的人际交往有何启发？

四、翻译、背诵全文，找出文中的成语和名言名句。

五、搜集资料，梳理整合，写一篇完整介绍孔子的文章。

庖丁解牛

《庄子》

📖 **阅读提示**

《庖丁解牛》选自《庄子·内篇·养生主》。

文章叙议相间，层次分明。写宰牛时动作之优美，技术之高超；成功后的志得意满等，绘声绘色，如闻如见，引人入胜。语言生动形象，"目无全牛""游刃有余""踌躇满志""切中肯綮""庖丁解牛"等成语，皆出自本篇。

文章对庖丁解牛的场面描写十分精彩，作者通过动作和声音两个角度进行刻画，学习时应抓住"动作"和"声音"这两组词，进而赏析其动作美和音乐美，有助于欣赏庖丁高超的解牛技艺和庄子的浪漫主义写作手法。

《庖丁解牛》实质上是一篇寓言，对于寓言这种文本体式，要拨开表层迷雾，掌握背后所传达的道理。所以阅读的重心在于把握庖丁解牛所积累的"解牛之道"及其背后的"养生之道""人生之道"。

庖丁为文惠君解牛[1]，手之所触，肩之所倚，足之所履，膝之所踦[2]，砉然向然[3]，奏刀騞然[4]，莫不中音。合于桑林之舞[5]，乃中经首之会[6]。

文惠君曰："嘻[7]，善哉！技盖至此乎[8]？"

庖丁释刀对曰："臣之所好者道也，进乎技矣[9]。始臣之解牛之时，所见无非牛者。三年之后，未尝见全牛也。方今之时，臣以神遇而不以目视，官知止而神欲行[10]。依乎天理[11]，批大郤[12]，导大窾[13]，因其固然[14]。技经肯綮之未尝[15]，而况大軱乎[16]！良庖岁更刀，割也[17]；族庖月更刀[18]，折也[19]。今臣之刀十九年矣，所解数千牛矣，而刀刃若新发于硎[20]。彼节者有间[21]，而刀刃者无厚；以无厚入有间，恢恢乎其于游刃必有余地矣[22]，是以十九年而刀刃若新发于硎。虽然，每至于族[23]，吾见其难为，怵然为戒[24]，视为止，行为迟。动刀甚微，謋然已解[25]，如土委地[26]。提刀而立，为之四顾，为之踌躇满志，善刀而藏之[27]。"

文惠君曰："善哉，吾闻庖丁之言，得养生焉[28]。"

📕 **注释**

[1] 庖（páo）丁：名丁的厨工。先秦古书往往将职业放在人名前。文惠君：即梁惠王，也称魏惠王。解牛：宰牛，这里指把整个牛体开剥分剖。

[2] 踦（yǐ）：指用一条腿的膝盖顶住。

[3] 砉（huā，又读 xū）然：象声词，形容皮骨相离声。向：通"响"。

[4] 騞（huō）然：象声词，形容比砉然更大的进刀解牛声。

［5］桑林：传说中商汤王的乐曲名。

［6］经首：传说中尧乐曲《咸池》中的一章。会：音节。以上两句互文，即"乃合于桑林、经首之舞之会"之意。

［7］嘻：赞叹声。

［8］盖：同"盍"，亦即"何"。

［9］进：超过。

［10］官知：这里指视觉。神欲：指精神活动。

［11］天理：指牛体的自然肌理结构。

［12］批：击，劈开。郤：同"隙"。

［13］导：顺着。窾（kuǎn）：骨节空穴处。

［14］因：依。固然：指牛体本来的结构。

［15］技经：犹言经络。技：支脉。经：经脉。肯：紧附在骨上的肉。綮（qìng）：筋肉聚结处。技经肯綮之未尝，即"未尝技经肯綮"的宾语前置。

［16］軱（gū）：股部的大骨。

［17］割：这里指生割硬砍。

［18］族：众，指一般的。

［19］折：用刀折骨。

［20］发：出。硎（xíng）：磨刀石。

［21］节：骨节。间：间隙。

［22］恢恢乎：宽绰的样子。

［23］族：指筋骨交错聚结处。

［24］怵（chù）然：警惧的样子。

［25］謋（huò）：象声词。謋然：形容牛体骨肉分离。

［26］委地：散落在地上。

［27］善：通"缮"，擦拭。

［28］养生：指养生之道。

思考与练习

一、庖丁解牛，在庄子的笔下，竟然成为一次神妙的音乐舞蹈艺术表演。诵读第一段，体会其节奏感，按照"合于桑林之舞，乃中经首之会"的眼光欣赏庄子对解牛所作的描写。揣摩解牛时手、肩、足、膝和谐并用，触、倚、履、踦的动作和"砉然""骅然"的声音，想一想，庖丁所达到的境界，仅仅是技艺娴熟的表现吗？

二、结合课文的描写，揣摩"目无全牛""游刃有余""踌躇满志"是怎样一种情景。作者围绕"游刃有余"在第三段对动刀过程作了详细描写，令人相信庖丁解牛确实有"动刀甚微，謋然已解"的效果。找出这些描写文字，并用你自己的语言复述出来。

三、结合课后注释，运用古汉语知识，解答下列问题

1. 给下列生僻字注音：踦　砉　骅　窾　綮　軱　硎　郤　謋

2. 指出下列句子中的词类活用现象：

①良庖岁更刀，族庖月更刀　　　　②足之所履

③以无厚入有间　　　　　　　④善刀而藏之

　　四、庖丁说他"所好者道也，进乎技矣"。文惠君说通过庖丁解牛的启发得了"养生之道"。所谓"养生之道"指什么？除了养生外，庖丁解牛之道还能给人以哪些更具普遍意义的启示？

　　五、找出文中的成语。

　　六、搜集资料，梳理整合，写一篇完整介绍庄子的文章。

秋水（节选）

《庄子》

📖 阅读提示

　　《秋水（节选）》节选自《庄子·外篇》的《秋水篇》。庄子，姓庄，名周，字子休（亦说子沐），宋国蒙人。他是战国中期著名的思想家、哲学家和文学家，创立了华夏重要的哲学学派庄学，是继老子之后，战国时期道家学派的代表人物，是道家学派的主要代表人物之一。

　　《秋水》篇幅较长，课文节选了前半部分，用篇首的两个字作为篇名，中心是讨论人应怎样去认识外物。《秋水》想象丰富，气势磅礴，浪漫主义色彩浓厚，具有强烈的文学色彩。文章一开头，作者用"秋水时至……不辩牛马"寥寥二十二个字，就把涨水时那种汹涌澎湃、气象万千而又浩淼无边的壮阔景象毫不费力地描绘了出来，给读者以不尽的韵味。《秋水》的形象写得十分生动，写黄河，则浩浩荡荡，奔腾澎湃，气魄雄伟；写北海，则渺茫空旷，无边无际，意境开阔；写河神，则有喜有叹，逼真传神，使人如闻其声，如见其人。

　　《秋水》强调了认识事物的复杂性，即事物本身的相对性和认知过程的变异性，指出了认知之不易和准确判断的困难，但过分强调了事物变化的不定因素，未能揭示出认知过程中相对与绝对间的辩证关系，很容易导向不可知论，因而最终仍只能顺物自化，返归无为，这当然又是消极的了。

　　秋水时至[1]，百川灌河[2]，泾流之大[3]，两涘渚崖之间，不辩牛马[4]。于是焉河伯欣然自喜，以天下之美为尽在己。顺流而东行，至于北海，东面而视，不见水端。于是焉河伯始旋其面目[5]，望洋向若而叹曰[6]："野语有之曰：'闻道百以为莫己若者'，我之谓也。且夫我尝闻少仲尼之闻而轻伯夷之义者[7]，始吾弗信。今我睹子之难穷也[8]，吾非至于子之门则殆矣，吾长见笑于大方之家[9]。"

　　北海若曰："井蛙不可以语于海者[10]，拘于虚也[11]；夏虫不可以语于冰者，笃于时也[12]；曲士不可以语于道者[13]，束于教也。今尔出于崖涘，观于大海，乃知尔丑[14]，尔将可与语大理矣[15]。天下之水，莫大于海，百川归之，不知何时止而不盈；尾闾泄之[16]，不知何时已而不虚[17]；春秋不变，水旱不知。此其过江河之流[18]，不可为量数，而吾未尝以此自多者[19]，自以比形于天地而受气于阴阳，吾在于天地之间，犹小石小木之在大山也[20]。方存乎见少[21]，又奚以自多[22]！计四海之在天地之间也，不似礨空之在大泽乎[23]？计中国之在海内，不似稊米之在大仓乎[24]？号物之数谓之万[25]，人处一焉。人卒九州，谷食之所生，舟车之所通，人处一焉。此其比万物也，不似豪末之在于马体乎？五帝之所连[26]，三王之所争，仁人之所忧，任士之所劳[27]，尽此矣。伯夷辞之以为名，仲尼语之以为博，此其自多也，不似尔向之自多于水乎？"

河伯曰："然则吾大天地而小毫末，可乎？"

北海若曰："否。夫物，量无穷，时无止，分无常[28]，终始无故[29]。是故大知观于远近[30]，故小而不寡，大而不多，知量无穷[31]。证曏今故[32]，故遥而不闷，掇而不跂[33]，知时无止。察乎盈虚，故得而不喜，失而不忧。知分之无常也[34]。明乎坦涂[35]，故生而不说[36]，死而不祸，知终始之不可故也。计人之所知，不若其所不知；其生之时，不若未生之时；以其至小求穷其至大之域[37]，是故迷乱而不能自得也。由此观之，又何以知毫末之足以定至细之倪[38]！又何以知天地之足以穷至大之域！"

河伯曰："世之议者皆曰：'至精无形，至大不可围。'[39]，是信情乎[40]？"

北海若曰："夫自细视大者不尽[41]，自大视细者不明。夫精，小之微也；垺，大之殷也[42]，故异便[43]，此势之有也。夫精粗者，期于有形者也[44]。无形者，数之所不能分也[45]；不可围者，数之所不能穷也。可以言论者，物之粗也；可以意致者，物之精也。言之所不能论，意之所不能察致者，不期精粗焉[46]。

是故大人之行，不出乎害人，不多仁恩[47]。动不为利，不贱门隶；货财弗争，不多辞让；事焉不借人，不多食乎力，不贱贪污。行殊乎俗，不多辟异[48]；为在从众，不贱佞谄；世之爵禄不足以为劝，戮耻不足以为辱。知是非之不可为分，细大之不可为倪[49]。闻曰：'道人不闻，至德不得，大人无己[50]。'约分之至也。"

河伯曰："若物之外，若物之内，恶至而倪贵贱[51]，恶至而倪大小？"

北海若曰："以道观之，物无贵贱；以物观之，自贵而相贱；以俗观之，贵贱不在己。以差观之[52]，因其所大而大之，则万物莫不大；因其所小而小之，则万物莫不小；知天地之为稊米也，知毫末之为丘山也，则差数睹矣[53]。以功观之，因其所有而有之，则万物莫不有；因其所无而无之，则万物莫不无；知东西之相反而不可以相无，则功分定矣[54]。以趣观之[55]，因其所然而然之，则万物莫不然；因其所非而非之，则万物莫不非。知尧桀之自然而相非，则趣操睹矣[56]。

昔者尧舜让而帝，之哙让而绝[57]；汤武争而王，白公争而灭[58]。由此观之，争让之礼，尧桀之行，贵贱有时，未可以为常也[59]。梁丽可以冲城[60]，而不可以窒穴，言殊器也。骐骥骅骝，一日而驰千里，捕鼠不如狸狌，言殊技也。鸱鸺夜撮蚤，察毫末，昼出瞋目而不见丘山，言殊性也[61]。故曰，盖师是而无非[62]，师治而无乱乎？是未明天地之理，万物之情者也[63]。是犹师天而无地，师阴而无阳，其不可行明矣。然且语而不舍[64]，非愚则诬也[65]。帝王殊禅，三代殊继，差其时，逆其俗者，谓之篡夫。当其时，顺其俗者，谓之义徒。默默乎河伯，女恶知贵贱之门，大小之家[66]！"

河伯曰："然则我何为乎，何不为乎？吾辞受趣舍[67]，吾终奈何？"

北海若曰："以道观之，何贵何贱，是谓反衍[68]。无拘而志[69]，与道大蹇[70]。何少何多，是谓谢施[71]。无一而行，与道参差。严乎若国之有君[72]，其无私德；繇繇乎若祭之有社[73]，其无私福；泛泛乎若四方之无穷，其无所畛域[74]。兼怀万物，其孰承翼[75]，是谓无方。万物一齐，孰短孰长。道无终始，物有死生，不恃其成[76]。一虚一满，不位乎其形[77]。年不可举[78]，时不可止，消息盈虚[79]，终则有始。是所以语大义之方[80]，论万物之理也。物之生也，若骤若驰，无动而不变，无时而不移。何为乎，何不为乎？夫固将自化。"

河伯曰："然则何贵于道邪?"

北海若曰："知道者必达于理,达于理者必明于权[81],明于权者不以物害己。至德者,火弗能热,水弗能溺,寒暑弗能害,禽兽弗能贼。非谓其薄之也[82],言察乎安危,宁于祸福,谨于去就,莫之能害也。故曰,天在内,人在外,德在乎天。知天人之行,本乎天,位乎得,蹢躅而屈伸[83],反要而语极[84]。"

曰："何谓天? 何谓人?"

北海若曰："牛马四足,是谓天;落马首[85],穿牛鼻,是谓人。故曰,无以人灭天,无以故灭命,无以得殉名。谨守勿失,是谓反其真。"

注释

[1] 时:按时令。

[2] 灌:奔注。河:黄河。

[3] 泾:直流的水波,此指水流。

[4] 涘:水边,岸边。渚:水中小洲。崖:通"涯",边界。

[5] 旋:转,改变。

[6] 望洋:茫然抬头仰视的样子。望,"惘"也。"望洋"为连绵形容词,义寓声内,望洋者,迷惘之貌也。

[7] 伯夷:商孤竹君之子,与弟叔齐争让王位,被认为节义高尚之士。

[8] 子:原指海神若,此指海水。

[9] 长:永远。大方之家:有学问的人。

[10] 井蛙:即井底之蛙。语:同……语,同……说。

[11] 虚:同"墟",居住的地方。

[12] 笃(dǔ):固。引申为束缚、限制。时:时令。

[13] 曲士:孤陋寡闻的人。语于道:与他谈论道理。

[14] 丑:鄙陋,缺乏知识。

[15] 大理:大道。

[16] 尾闾(lǘ):海的底部,排泄海水的地方。

[17] 虚:流空。

[18] 过:超过。江河之流:长江、黄河的容量。

[19] 自多:自夸。

[20] 大:同"太"。

[21] 方:正。存:察,看到。见(xiàn):显得。

[22] 奚:何,怎么。自多:自傲。

[23] 礨(lěi):石块。礨空:石块上的小空洞。大泽:大湖泊。

[24] 稊米:细小的米粒。

[25] 号:称。

[26] 连:继续。

[27] "仁人"二句:仁人:指专门讲仁义的儒家者流。任士:指身体力行的墨家者流。墨家以任劳以成人之所急为己任,故称。

[28]　分（fèn）：分性，秉赋。无常：不固定。

[29]　故：同"固"。

[30]　大知（zhì）：大智大慧的人。

[31]　知量：知道物量。

[32]　曩（xiàng）：明。故：古。

[33]　闷：昧，暗。不闷：不昏暗，即"明白"。掇（duō）：伸手可拾，表示近。跂：通"企"，求。不跂：不可企求。

[34]　分（fèn）：界限，盈虚得失的界限。

[35]　坦涂：大道。涂，同"途"。

[36]　说：通"悦"。

[37]　至大之域：无穷大的境界。

[38]　倪（ní）：头绪，引申为标准、界限。

[39]　不可围：不可限制，没有范围。

[40]　信：真实。

[41]　不尽：不全面。

[42]　埠（fú）：同"郛"，郭，城墙。殷：盛大。

[43]　便：通"辨"。异便：不同的区别。

[44]　期：凭借。

[45]　数：数字。

[46]　不期：不可能。

[47]　大人：得道的大人先生。多：赞美，歌颂。

[48]　辟异：傲慢怪异孤僻。

[49]　倪：标准。

[50]　道人：得道的人。不闻：不求名声。至德：品德极高的人。不得：不自显其德。大人：伟大的人。无己：忘我。

[51]　恶（wū）至：什么标准。

[52]　差：差别。

[53]　差数：差别的概念。睹：看见。

[54]　功分（fèn）：功利的性分。

[55]　趣：通"趋"，思想倾向。

[56]　操：主观标准。睹：可见。

[57]　之：燕国相名子之。哙：燕王名哙。燕王哙于周慎靓（jìng）王五年（前316年），用苏代之说，让王位给国相子之，燕人不服，大乱。齐乘机伐燕，杀哙与子之，燕国也几乎灭亡。

[58]　白公：白公胜，楚平王孙，他父亲太子建因被陷害而流亡国外，生白公胜。后来白公胜回国，为了争夺政权发动武装政变，事败身亡。

[59]　常：不变的规律。

[60]　丽：通"欐"，屋栋。

[61]　性：才性。

[62] 师：推崇。无非：忽略不对的一面。

[63] 天地之理，万物之情者也：天地万物变化的规律和道理。

[64] 然且语而不舍：仍然要谈论不休。

[65] 诬：欺骗。

[66] 女：汝。门、家：范围，界限。

[67] 趣：求取。

[68] 衍（yǎn）：通"延"，发展。反衍：反方向发展。

[69] 无：勿。而：你。

[70] 道：大道。謇（jiǎn）：阻塞，引申为抵触。

[71] 谢：代谢，衰落。施：移，转。

[72] 严：通"俨"。有：语助词。

[73] 繇（yóu）繇乎：坦然自得的样子。社：土地神。

[74] 畛（zhěn）域：疆界。

[75] 翼：庇爱，偏护。

[76] 成：万物之成形。

[77] 位：守住，固定。不位：不固定。

[78] 举：提取。

[79] 消：消亡。息：生长。

[80] 大义：大道。方：方向，原则。

[81] 权：权衡轻重而应变。

[82] 薄：迫近，引申为触犯。

[83] 蹢躅（zhí zhú）：或作"踯躅"，进退的样子。

[84] 反：通"返"。极：尽。

[85] 落：络，笼住。

📖 思考与练习

一、本文写北海海神跟河神的谈话，一问一答一气呵成，构成本篇的主体。这个长长的对话根据所问所答的内容，又可分成七个片段。仔细阅读课文，请分析课文分成哪七个片段，每个片段的主旨是什么？

二、结合课后注释，运用古汉语知识，解释辨析下列多义词。

（1）之

①我之谓也　　　　　　　　　②仲尼之闻

③伯夷辞之以为名　　　　　　④五帝之所连

（2）于

①于是焉　　　　　　　　　　②至于北海

③吾非至于子之门　　　　　　④吾长见笑于大方之家

⑤莫大于海　　　　　　　　　⑥不似尔向之自多于水乎

（3）以

①以天下之美为尽在己　　　　②而吾未尝以此自多者

③伯夷辞之以为名

（4）为

①以为莫己若　　　　　　　　②不可为量数

③伯夷辞之以为名

三、请找出文中的成语。

四、文中的思想观点，哪一些在今天还有积极意义？请试论述。

郑伯克段于鄢

《左传》

阅读提示

《郑伯克段于鄢》选自《左传》。《左传》作者是左丘明。左丘明（约前502—前422），春秋末期史学家。左丘明曾任鲁国史官，孔子编订六经，左丘明为解析六经之一《春秋》而著《左传》，亦著《国语》。《左传》《国语》两书记录不少西周、春秋的重要史事，史料翔实，文笔生动，具有很高的史学价值。左丘明是中国传统史学的创始人，被史学界推为中国史学的开山鼻祖，被誉为"百家文字之宗，万世古文之祖""文宗史圣""经臣史祖"，孔子、司马迁均尊左丘明为"君子"。

《郑伯克段于鄢》主要讲述鲁隐公元年（前722）郑庄公同其胞弟共叔段之间为了夺国君权位而进行的一场斗争。郑庄公设计并故意纵容其弟共叔段与其母武姜，其弟骄纵，欲夺国君之位，庄公便以此讨伐共叔段。庄公怨其母武姜偏心，将母迁于颍地，后来自己后悔了，经过颍考叔规劝，母子又重归于好。全文语言生动简洁，人物形象饱满，情节丰富曲折，是一篇极富文学色彩的历史散文。

初，郑武公娶于申[1]，曰武姜[2]。生庄公及共叔段[3]。庄公寤生[4]，惊姜氏，故名曰"寤生"，遂恶之。爱共叔段，欲立之。亟请于武公[5]，公弗许。

及庄公即位，为之请制[6]。公曰："制，岩邑也[7]，虢叔死焉[8]。佗邑唯命[9]。"请京[10]，使居之，谓之京城大叔[11]。祭仲曰[12]："都城过百雉[13]，国之害也。先王之制[14]，大都不过参国之一[15]，中五之一，小九之一。今京不度[16]，非制也，君将不堪[17]。"公曰："姜氏欲之，焉辟害[18]？"对曰："姜氏何厌之有？不如早为之所[19]，无使滋蔓[20]！蔓，难图也[21]。蔓草犹不可除，况君之宠弟乎！"公曰："多行不义，必自毙[22]，子姑待之。"

既而[23]大叔命西鄙、北鄙贰于己[24]。公子吕曰[25]："国不堪贰[26]，君将若之何[27]？欲与大叔[28]，臣请事之；若弗与，则请除之。无生民心[29]。"公曰："无庸[30]，将自及[31]。"大叔又收贰以为己邑[32]，至于廪延[33]。子封曰："可矣，厚将得众[34]。"公曰："不义不暱，厚将崩[35]。"

大叔完聚[36]，缮甲兵[37]，具卒乘[38]，将袭郑。夫人将启之[39]。公闻其期[40]，曰："可矣！"命子封帅车二百乘以伐京[41]。京叛大叔段[42]，段入于鄢[43]，公伐诸鄢[44]。五月，辛丑[45]，大叔出奔共[46]。

书曰："郑伯克段于鄢。"段不弟[47]，故不言弟；如二君，故曰"克"[48]；称"郑伯"，讥失教也[49]；谓之郑志[50]，不言出奔，难之也[51]。

遂寘[52]姜氏于城颍，而誓之[53]曰："不及黄泉[54]，无相见也。"既而悔之[55]。颍考叔为颍谷封人[56]，闻之，有献[57]于公，公赐之食[58]，食舍肉[59]。公问之，对曰："小人有母，皆尝[60]小人之食矣，未尝君之羹[61]，请以遗之[62]。"公曰："尔有母遗，繄我独无[63]！"颍考叔曰："敢问何谓也[64]？"公语之故[65]，且告之悔[66]。对曰："君何患焉[67]？若阙[68]地及泉，隧而相见[69]，其谁曰不然[70]？"公从之。公入而赋[71]："大隧之中，其乐也融融[72]！"姜出而赋："大隧之外，其乐也泄泄[73]。"遂为母子如初[74]。

君子[75]曰："颍考叔，纯孝也。爱其母，施及庄公[76]。《诗》曰：'孝子不匮，永锡尔类[77]，'其是之谓乎[78]！"

注释

[1] 郑武公：名掘突，郑桓公的儿子。申：春秋时国名，河南省南阳市北。

[2] 武姜：郑武公之妻，"姜"是她娘家的姓，"武"是她丈夫武公的谥号。

[3] 共（gōng）叔段：郑庄公的弟弟，名段。他在兄弟之中年岁小，因此称"叔段"。

[4] 寤（wù）生：难产的一种，胎儿的脚先生出来。寤：通"牾"，逆，倒着。

[5] 亟（qì）：屡次。

[6] 制：地名，即虎牢，今河南省荥（xíng）阳市西北。

[7] 岩邑：险要的城镇。岩，险要。邑，人所聚居的地方。

[8] 虢（guó）叔死焉：东虢国的国君死在那里。虢：指东虢，古国名，为郑国所灭。焉，介词兼指示代词，相当于"于是""于此"。

[9] 佗邑：别的地方。佗，同"他"，别的，另外的。

[10] 京：地名，今河南省荥阳市东南。

[11] 大，同"太"。

[12] 祭（zhài）仲：郑国的大夫。

[13] 百雉（zhì）：三百丈。雉，古代城墙长一丈、宽一丈、高一丈为一堵，三堵为一雉，即长三丈。

[14] 先王：前代君王。一说为周开国君主文王、武王。

[15] 大都不过参（sān）国之一：大城市的城墙不超过国都城墙的三分之一，参，同"三"。

[16] 不度：不合法度。

[17] 不堪：受不了，控制不住的意思。

[18] 辟，"避"的古字。

[19] 为之所：给他安排个地方，双宾语。为：动词，这里有"安排"的意思。所，处所。

[20] 无：通"毋"（wú）。

[21] 图：除掉。

[22] 毙：本义是倒下去，垮台。汉以后才有"死"义。

[23] 既而：不久。

[24] 命西鄙、北鄙（bǐ）贰于己：命令原属庄公的西部和北部的边境城邑同时也臣属于自己。鄙：边境上的城邑。贰：两属。

[25] 公子吕：郑国大夫。

[26] 堪：承受。

[27] 若之何：固定结构，对它怎么办？之：指"大叔命西鄙、北鄙贰于己"这件事。

[28] 与：给予。

[29] 生民心：使动用法，使民生二心。

[30] 无庸：不用。"庸""用"通用，一般出现于否定式。

[31] 将自及：将自己赶上灾难。及：本义为追赶上。

[32] 收贰以为己邑：把两属的地方收为自己的领邑。贰，指原来贰属的西鄙、北鄙。

[33] 廪（lǐn）延：地名，今河南省延津县北。

[34] 厚将得众：势力雄厚，就能得到更多的百姓。众，指百姓。

[35] 不义不暱（nì），厚将崩：共叔段对君不义，百姓就对他不亲，势力再雄厚，也将要崩溃。暱：同"昵"，亲近。

[36] 完聚：修治城郭，聚集百姓。完：修葺。

[37] 缮甲兵：修整作战用的甲衣和兵器。缮：修理。

[38] 具卒乘（shèng）：准备步兵和兵车。卒：步兵。乘：四匹马拉的战车。

[39] 夫人将启之：武姜将要为共叔段做内应。夫人：指武姜。启之：给段开城门，即做内应。启：为动用法。

[40] 公闻其期：庄公听说了偷袭的日期。

[41] 帅车二百乘：率领二百辆战车。帅：率领。古代每辆战车配备甲士三人、步卒七十二人。二百乘，共甲士六百人、步卒一万四千四百人。

[42] 叛：背叛。

[43] 入：逃入。

[44] 诸：之于，合音词。

[45] 辛丑：干支纪日，即二十三日。

[46] 出奔共：出逃到共国避难。奔，逃亡。

[47] 不弟：不守为弟之道。《春秋》记载道："郑伯克段于鄢。"意思是说共叔段不遵守做弟弟的本分。

[48] 如二君，故曰"克"：兄弟俩如同两个国君一样争斗，所以用"克"字；克，战胜。

[49] 讥失教也：讥讽他对弟弟失教。讥：讽刺。失教：庄公本有教弟之责而未教。

[50] 谓之郑志：赶走共叔段是出于郑庄公的本意。志，意愿。

[51] 不言出奔，难之也：不写共叔段自动出奔，是史官下笔有为难之处。

[52] 寘：通"置"，放置，放逐。

[53] 誓之：对她发誓。

[54] 黄泉：地下的泉水，喻墓穴，指死后。

[55] 悔之：为动用法，为这事后悔。

[56] 颍考叔：郑国大夫，执掌颍谷（今河南登封西）。封人：管理边界的地方长官。封：聚土培植树木。古代国境以树（沟）为界，故为边界标志。

[57] 有献：有进献的东西。献作宾语，名词。

[58] 赐之食：赏给他吃的。双宾语。

[59] 食舍肉：吃的时候把肉放置一边不吃。舍，留下。

[60] 尝：吃过。

[61] 羹：带汁的肉。《尔雅·释器》曰："肉谓之羹。"

[62] 遗（wèi）之：赠送给她。

[63] 繄（yī）我独无：我却单单没有啊！繄：句首语气助词，不译。

[64] 敢问何谓也：冒昧地问问你说的是什么意思呢？敢：表敬副词，冒昧。

[65] 故：缘故，原因。

[66] 悔：后悔的心情。

[67] 何患焉：您在这件事上忧虑什么呢？

[68] 阙：通"掘"，挖。

[69] 隧而相见：挖个地道，在那里见面。隧：隧道，这里用作动词，指挖隧道。

[70] 其谁曰不然：那谁能说不是这样（不是跟誓词相合）呢？其：语气助词，加强反问的语气。然：代词，代庄公对姜氏发的誓言。

[71] 赋：赋诗，孔颖达疏："谓自作诗也。"

[72] 大隧之中，其乐也融融：走进隧道里，欢乐真无比。

[73] 大隧之外，其乐也洩洩（yì）：走出隧道外，心情多欢快。

[74] 遂为母子如初：从此恢复母子关系。

[75] 君子：道德高尚的人。

[76] 施及庄公：延及庄公。施：延及。

[77] 匮，尽。锡：通"赐"，给与。

[78] 其：表推测语气。之：结构助词，助词宾语前置。

思考与练习

一、《左传》，又名《左氏春秋》，作者用的是冷峻的"春秋笔法"，表面看来不置褒贬，实际上却从字里行间十分成功地刻画出庄公、姜氏和共叔段的形象特点。请仔细阅读课文，分别概括这三个人物的特点。

二、结合课后注释，运用古汉语知识，解释辨析下列句中的通假字。

(1) 请京，使居之，谓之京城大叔 (2) 佗邑唯命

(3) 大都不过参国之一 (4) 姜氏欲之，焉辟害？

(5) 命子封帅车二百乘以伐京 (6) 无庸，将自及

(7) 遂寘姜氏于城颍 (8) 若阙地及泉

(9) 孝子不匮，永锡尔类

三、古人评庄公从儒家的正统理念出发，大多将庄公作反面教材，很多人认为庄公阴险狡诈。今天，我们应该怎么看待庄公的所作所为，他到底是巨奸还是理智明君？请试论述。

子产不毁乡校

《左传》

📖 阅读提示

《子产不毁乡校》出自《左传·襄公三十一年》。

子产（？—前522），春秋时政治家。复姓公孙，名侨，字子产，又字子美，郑称公孙。郑州新郑县（今河南新郑）人。他是郑穆公的孙子，公子发的儿子。公元前554年任郑国卿后，实行一系列政治改革，承认私田的合法性，向土地私有者征收军赋；铸刑书于鼎，为我国最早的成文法律。

子产主张保留"乡校"，听取"国人"意见，善于因才任吏，仁厚慈爱、轻财重德、爱民重民，执政期间在政治上颇多建树。被清朝的王源推许为"春秋第一人"，采用"宽孟相济"的治国方略，将郑国治理得秩序井然。

郑人游于乡校[1]，以论执政[2]。

然明谓子产曰[3]："毁乡校，何如[4]？"

子产曰："何为[5]？夫人朝夕退而游焉[6]，以议执政之善否[7]。其所善者，吾则行之；其所恶者，吾则改之。是吾师也，若之何毁之？我闻忠善以损怨[8]，不闻作威以防怨[9]。岂不遽止[10]？然犹防川[11]：大决所犯，伤人必多，吾不克救也；不如小决使道[12]，不如吾闻而药之也[13]。"

然明曰："蔑也，今而后知吾子之信可事也[14]。小人实不才[15]。若果行此，其郑国实赖之[16]，岂唯二三臣[17]？"

仲尼闻是语也[18]，曰："以是观之，人谓子产不仁，吾不信也。"

🍎 **注释**

[1] 乡校：地方上的学校，它既是学习场所，又是游乐、议政的场所。除了"乡校"一词，还有学府、太学、国子监、庠、私塾、书院等古代用来表示学校的词语。

[2] 执政：指掌握政权的人。

[3] 然明：郑国大夫，姓鬷（zōng），名蔑，字然明。

[4] 何如：如何，怎么样。

[5] 何为：为什么？表示不同意的诘问。

[6] 夫：句首语气词，引起议论。退：工作完毕后回来。游：闲逛。焉：句末语气词，无意义。

[7] 善否（pǐ）：好和不好。

[8] 忠善：尽力做善事。损：减少。

［9］作威：摆出威风。防：堵住。

［10］遽（jù）：立即，马上。

［11］防：堵塞。川：河流。

［12］道：同"导"，疏通，引导。

［13］药之：以之为药，用它做治病的药。药：名词作动词，以……为药，当作（治病）的良药。之：指郑人的议论。

［14］今而后：从今以后。信：确实，实在。可事：可以成事。

［15］小人：自己的谦称。不才：没有才能。

［16］其：语气词。

［17］二三：泛指复数。这些，这几位。

［18］仲尼：孔子的字。是：这。下文"以是观之"的"是"同。

📖 **思考与练习**

一、本文中的子产有什么品质值得我们学习？

二、孔子对子产的评价是否合理，为什么？

三、有人说"子产不毁乡校"的故事，体现的是古代朴素的民主思想和公共关系管理艺术，对于我们新时代治国理政仍然具有积极的借鉴意义。请谈谈你的看法。

四、背诵全文。

察传

《吕氏春秋》

📖 **阅读提示**

《察传》出自战国时期吕不韦的《吕氏春秋·慎行论》。

《吕氏春秋》，亦名《吕览》，为战国末期秦相吕不韦集合门客所编写，是杂家代表作。内容以儒、道思想为主，兼及名、法、墨、农及阴阳家言，汇合先秦诸子各派学说，目的在于为当时秦国统一天下、治理国家提供思想武器。

"察传（chuán）"即明察传闻之意。文中认为传闻中的事物往往有似是而非之处，应加以审察、深思和验证，否则将铸成大错，甚至导致国亡身死。文章多以寓言故事为论据，生动有趣。

夫得言不可以不察，数传而白为黑，黑为白。故狗似玃[1]，玃似母猴[2]，母猴似人，人之与狗则远矣。此愚者之所以大过也[3]。

闻而审[4]则为福矣；闻而不审，不若不闻矣。齐桓公闻管子于鲍叔[5]，楚庄闻孙叔敖于沈尹筮[6]，审之也，故国霸诸侯也[7]。吴王闻越王勾践于太宰嚭[8]，智伯闻赵襄子于张武[9]，不审也，故国亡身死也。

凡闻言必熟论[10]，其于人必验之以理[11]。鲁哀公问于孔子曰[12]："乐正夔一足，信乎[13]？"孔子曰："昔者舜欲以乐传教于天下[14]，乃令重黎举夔于草莽之中而进之[15]，舜以为乐正。夔于是正六律[16]，和五声[17]，以通八风[18]，而天下大服。重黎又欲益求人[19]，舜曰：'夫乐，天地之精也[20]，得失之节也[21]，故唯圣人为能[22]和。乐之本也。夔能和之[23]，以平天下[24]，若夔者，一而足矣[25]。'故曰'夔一足'，非'一足'也。"宋之丁氏，家无井而出溉汲[26]，常一人居外[27]。及其家穿井，告人曰："吾穿井得一人。"有闻而传之者曰："丁氏穿井得一人。"国人道之，闻之于宋君[28]。宋君令人问之于丁氏。丁氏对曰："得一人之使[29]，非得一人于井中也。"求闻之若此[30]，不若无闻也。子夏之晋[31]，过卫，有读史记者曰[32]："晋师三豕涉河[33]。"子夏曰："非也，是己亥也。夫'己'与'三'相近，'豕'与'亥'相似[34]。"至于晋而问之，则曰"晋师己亥涉河"也。

辞多类非而是，多类是而非[35]，是非之经[36]，不可不分，此圣人之所慎也。然则何以慎[37]？缘物之情及人之情[38]，以为所闻[39]，则得之矣。

📖 **注释**

[1] 玃（jué）：大母猴。

[2] 母猴：又叫沐猴、猕猴，比玃稍小。

[3] 过：用如动词，指犯错误。

［4］审：审察。

［5］齐桓公：名小白，春秋五霸之首。管仲：名夷吾，字仲，世人尊称为管子，春秋时期法家代表人物，是中国古代著名的经济学家、哲学家、政治家、军事家，被誉为"法家先驱""圣人之师""华夏第一相"。鲍叔：鲍叔牙。管仲年轻时和鲍叔牙是朋友。后来鲍叔牙事齐公子小白，管仲事公子纠。小白与公子纠争位，公子纠败，管仲被囚，鲍叔牙劝小白重用管仲，管仲辅佐小白建立了霸业。

［6］楚庄：楚庄王侣，春秋五霸之一。沈尹筮（shì）：楚国大夫，名筮。沈：邑名；尹：官名。楚庄王想请他为相，他推辞，另荐楚国隐士孙叔敖。孙叔敖为相十二年，楚庄王遂成霸业。

［7］霸：称霸。

［8］吴王：吴王夫差，公元前473年为越王勾践所败，自杀。太宰嚭（pǐ）：吴国的太宰伯嚭。公元前494年，越王勾践为吴王夫差所败，他贿赂太宰嚭，请求讲和，夫差不听伍子胥的劝谏，听信了伯嚭的话。后来勾践发愤图强，反而灭掉了吴国。

［9］智伯：名瑶，晋哀公时的权臣，和韩、赵、魏并称为晋国的四大家。赵襄子：名无恤。张武：智伯的家臣。张武先教智伯灭掉晋大夫范氏、中行氏，又教他向韩赵魏三家要求割地，韩、魏都答应了，只有赵襄子不肯。智伯便率领韩、魏攻打赵襄子，后来赵襄子用张孟谈计，暗地联合韩、魏，灭了智伯。

［10］熟论：仔细考虑研究。

［11］其于人：所闻之言是关于人的。其，所闻之言。验：检查，检验。之：代所闻之言。以：根据。理：常情事理。

［12］鲁哀公：名将，公元前494年—前468年在位。

［13］乐正：乐官之长。夔（kuí）：人名，相传为舜时的乐正。一足：独脚。信：真实。

［14］传教：传播教化。

［15］重黎：人名，相传为颛顼的后代，尧时掌管时令的官，后为舜臣。草莽：草野，指民间。

［16］正：定。六律：我国古代十二种音律中的黄钟、太簇、姑洗、蕤宾、夷则、无射。

［17］和：协调。五声：我国古代音乐中的五种音阶，即宫、商、角、徵、羽。

［18］通：调和。八风：八卦之风，这里指阴阳之气。

［19］益求人：多找些像夔这样的人。

［20］精：精华。我国古代认为音乐是协和天地自然的音响而成，所以说是"天地之精"。

［21］节：关键。古人很重视音乐，认为音乐的兴废是一个国家治乱的关键。

［22］唯：只，副词。能：指能掌握音乐。

［23］和之：使之和谐。

［24］平：使……安定。

［25］足：足够。

［26］出：出门。溉：洗涤。汲：从井中打水。

[27] 一人居外：派一人住在外面，专管打水。

[28] 闻：使……闻。

[29] 使：使用。意思是说，现在家里有了井，无须专派一人住在外面打水，等于多得到一人使用。

[30] 求闻：寻求见闻。

[31] 之：到……去。

[32] 史记：记载历史的书。

[33] 豕：猪。涉河：过黄河。

[34] 己：古文字与"三"相似。亥：古文字与"豕"同形。

[35] 辞：言辞。类：类似。非：错误。而：却。是：正确。意为多似是而非，似非而是。

[36] 经：界，界线。

[37] 然则：既然如此，那么。何以：以何，用怎样的做法，即怎样做到。

[38] 缘：循着。情：规律和情理。

[39] 为：指审察。

思考与练习

一、《察传》是一篇短小精悍的议论文，其论点是什么？作者运用了哪些论证方法？请认真阅读课文，思考阐述。

二、文中有很多历史典故，请列举归纳，并查阅资料补充完整。

三、有一个典故叫"指鹿为马"，请问将"指鹿为马"用于《察传》之中作为论据是否合适？

四、背诵课文。

冯谖客孟尝君

《战国策》

📖 **阅读提示**

　　《冯谖客孟尝君》选自《战国策·齐策》，记叙了冯谖（xuān）为巩固孟尝君的政治地位而进行的种种政治外交活动，表现冯谖善于利用矛盾以解决矛盾的卓越政治才能。

　　全文抑扬顿挫、跌宕起伏，以虚引实，欲出先没，步步诱入，通过变化的情节展现人物性格的变化。冯谖的藏才不露、初试锋芒到大显身手与孟尝君对他在态度上的轻视、重视、存疑和折服互为衬托对比，情节也是波澜起伏，引人入胜。

　　本文初具传记的特征，开后世史书"列传"的先河。

　　齐人有冯谖者，贫乏不能自存，使人属孟尝君[1]，愿寄食门下。孟尝君曰："客何好？"曰："客无好也。"曰："客何能？"曰："客无能也。"孟尝君笑而受之曰："诺。"

　　左右以君贱之也[2]，食以草具[3]。居有顷[4]，倚柱弹其剑[5]，歌曰："长铗归来乎[6]！食无鱼。"左右以告[7]。孟尝君曰："食之，比门下之客。"居有顷，复弹其铗，歌曰："长铗归来乎！出无车。"左右皆笑之，以告。孟尝君曰："为之驾，比门下之车客。"于是乘其车，揭其剑，过其友曰："孟尝君客我。"后有顷，复弹其剑铗，歌曰："长铗归来乎！无以为家。"左右皆恶之[8]，以为贪而不知足[9]。孟尝君问："冯公有亲乎？"对曰，"有老母。"孟尝君使人给其食用，无使乏。于是冯谖不复歌。

　　后孟尝君出记[10]，问门下诸客："谁习计会[11]，能为文收责于薛者乎[12]？"冯谖署曰："能"[13]。孟尝君怪之，曰："此谁也？"左右曰："乃歌夫'长铗归来'者也。"孟尝君笑曰："客果有能也[14]，吾负之[15]，未尝见也[16]。"请而见之，谢曰："文倦于事[17]，愦于忧[18]，而性懧愚[19]，沉于国家之事，开罪于先生[20]。先生不羞[21]，乃有意欲为收责于薛乎？"冯谖曰："愿之。"于是约车治装[22]，载券契而行[23]，辞曰："责毕收，以何市而反[24]？"孟尝君曰："视吾家所寡有者[25]。"

　　驱而之薛，使吏召诸民当偿者，悉来合券[26]。券遍合[27]，起，矫命[28]，以责赐诸民[29]。因烧其券。民称万岁。

　　长驱到齐[30]，晨而求见。孟尝君怪其疾也[31]，衣冠而见之，曰："责毕收乎？来何疾也！"曰："收毕矣。""以何市而反？"冯谖曰："君之'视吾家所寡有者'。臣窃计[32]，君宫中积珍宝，狗马实外厩，美人充下陈[33]。君家所寡有者，以义耳！窃以为君市义。"孟尝君曰："市义奈何？"曰："今君有区区之薛，不拊爱子其民[34]，因而贾利之[35]。臣窃矫君命，以责赐诸民，因烧其券，民称万岁。乃臣所以为君市义也。"孟尝君不说[36]，曰："诺，先生休矣[37]！"

后期年[38]，齐王谓孟尝君曰[39]："寡人不敢以先王之臣为臣。"孟尝君就国于薛[40]，未至百里[41]，民扶老携幼，迎君道中。孟尝君顾谓冯谖[42]："先生所为文市义者，乃今日见之。"

冯谖曰："狡兔有三窟，仅得免其死耳；今君有一窟，未得高枕而卧也。请为君复凿二窟。"孟尝君予车五十乘，金五百斤，西游于梁[43]，谓惠王曰："齐放其大臣孟尝君于诸侯[44]，诸侯先迎之者，富而兵强。"于是梁王虚上位[45]，以故相为上将军[46]，遣使者黄金千斤，车百乘，往聘孟尝君。冯谖先驱，诚孟尝君曰："千金，重币也；百乘，显使也。齐其闻之矣。"梁使三反[47]，孟尝君固辞不往也。

齐王闻之，君臣恐惧，遣太傅赍黄金千斤、文车二驷[48]，服剑一[49]，封书，谢孟尝君曰[50]："寡人不祥[51]，被于宗庙之祟[52]，沉于谄谀之臣，开罪于君。寡人不足为也[53]；愿君顾先王之宗庙[54]，姑反国统万人乎[55]！"冯谖诚孟尝君曰："愿请先王之祭器[56]，立宗庙于薛[57]。"庙成，还报孟尝君曰："三窟已就，君姑高枕为乐矣。"

孟尝君为相数十年，无纤介之祸者[58]，冯谖之计也。

📖 注释

[1] 属：嘱托，请托。

[2] 左右：指孟尝君身边的办事人。以：因为。贱：贱视，看不起。形容词作动词用。之：他，代冯谖。

[3] 食（sì）：给……吃。"食"后省宾语"之"（他）。按照孟尝君的待客惯例，门客按能力分为三等：上等（车客）出有车；中等（门下之客）食有鱼；下等（草具之客）食无鱼。

[4] 居：停留，这里有"经过"的意思。有顷：不久。

[5] 弹（tán）：用指头敲击。

[6] 长铗（jiá）：长剑。

[7] 以告：把冯谖弹剑唱歌的事报告孟尝君。

[8] 恶（wù）：讨厌。

[9] 以为：以之为。

[10] 出记：出通告，出文告。

[11] 习：熟悉。计会（kuài）：今指会计工作。

[12] 为（wèi）文：给我。文：孟尝君自称其名。责，通"债"。薛：孟尝君的领地，今山东枣庄市附近。

[13] 署曰："能"：签名于通告上，并注曰"能"。

[14] 果：副词，果真，果然。

[15] 负：对不起。之：他，代"客"（冯谖）。

[16] 未尝：副词性结构，不曾。

[17] 倦于事：为国事劳碌。

[18] 愦（kuì）于忧：困于思虑而心中昏乱。

[19] 懦（nuò），同"懦"，怯弱。

[20] 开罪：得罪。

〔21〕不羞：不以受怠慢为辱。羞：意动用法，认为……是羞辱。

〔22〕约车治装：预备车子，治办行装。

〔23〕券契：债务契约，两家各保存一份，可以合验。

〔24〕何市而反：买些什么东西回来。市：买；反：返回。

〔25〕寡有：少有，缺少。

〔26〕合券：指核对债券（借据）、契约。

〔27〕遍合：都核对过。

〔28〕矫（jiǎo）命：假托（孟尝君的）命令。

〔29〕以责赐诸民：把债款赐给（借债的）老百姓，意即不要偿还。以：用，把。

〔30〕长驱：一直赶车快跑，中途不停留。

〔31〕怪其疾：以其疾为怪。因为他回得这么快而感到奇怪。

〔32〕窃：私自，谦辞。计：考虑。

〔33〕下陈：后列。

〔34〕拊爱：即抚爱。子其民：视民如子，形容特别爱护百姓。

〔35〕贾（gǔ）利之：以商人手段向百姓谋取暴利。

〔36〕说：同"悦"，高兴。

〔37〕休矣：算了，罢了。

〔38〕期（jī）年：满一年。

〔39〕齐王：齐湣王。《史记·孟尝君列传》："齐（湣）王惑于秦、楚之毁，以为孟尝君各高其主，而擅齐国之权，遂废孟尝君。"所谓"不敢以先王之臣为臣"，是托词。下文"先王"指齐宣王，齐湣王的父亲。

〔40〕就国：到自己封地（薛）去住。

〔41〕未至百里：距薛地还有一百里。

〔42〕顾：回头看。

〔43〕梁：魏国都大梁（今河南开封）。魏王莒（即梁王）迁都大梁，国号曾一度称"梁"。

〔44〕放：弃，免。于：给……机会。

〔45〕虚上位：空出最高的职位（宰相）。

〔46〕故相：过去的宰相。

〔47〕反：同"返"。

〔48〕赍（jī）：拿东西送人。文车：雕刻或绘画着花纹的车。驷：四匹马拉的车，与"乘"同义。

〔49〕服剑：佩剑。

〔50〕谢：道歉。

〔51〕不祥：不善，不好。

〔52〕被于宗庙之祟：受到祖宗神灵的处罚。

〔53〕不足为：不值得顾念帮助。不足：不值得。为：帮助，卫护。

〔54〕顾：顾念。

〔55〕姑：姑且，暂且。反国：返回齐国国都临淄。反，同"返"。统：统率，治理。

万人：指全国人民。

[56] 愿：希望。请：指向齐王请求。祭器：宗庙里用于祭祀祖先的器皿。

[57] 立宗庙于薛：孟尝君与齐王同族，故请求分给先王传下来的祭器，在薛地建立宗庙，将来齐即使不便夺毁其国，如果有他国来侵，齐亦不能不相救。

[58] 纤（xiān）介：细微。

思考与练习

一、冯谖为何要替孟尝君"烧券市义"？结合全文概括作答。

二、运用古汉语知识，辨析下列句式的特点并翻译。

(1) 乃歌夫"长铗归来"者也　　(2) 千金，重币也；百乘，显使也

(3) 愿寄食门下　　(4) 乃有意欲为收责于薛乎？

(5) 贫乏不能自存　　(6) 客何好？客何能？

(7) 食以草具　　(8) 迎君道中

(9) 使吏召诸民当偿者　　(10) 诸侯先迎之者

三、请找出文中的成语并解释其意。

四、冯谖是一个怎样的人？作者是怎样刻画冯谖这个人物形象的？

赵威后问齐使

《战国策》

📖 **阅读提示**

《赵威后问齐使》出自《战国策·齐策》。赵威后即赵太后，战国时赵惠文王妻。惠文王死后，其子孝成王继位，因孝成王年幼，故由威后执政。

这篇文章表现了赵威后的政治思想，同时也对齐国的政治状况有所批判。战国以前，民本思想已逐渐崛起。一些思想家、政治家都已意识到人民的作用，提出了诸如"民，神之主也""上思利民，忠也"等主张。这种思潮在战国时继续发展。孟子有"民贵君轻"一说，田于方、颜斶也有"士贵王不贵"的思想。赵威后提出"苟无岁，何以有民？苟无民，何以有君"的思想，是与历史上这一民本思潮相一致的。

全文围定一个"民"字，以赵威后对齐使的问话一贯到底，却问而不答、问而无答、问而不必答，充分提升了文势，引而不发，凭空制造出峭拔、险绝的独特气势，令人回味无穷！

齐王使使者问赵威后[1]。书未发[2]，威后问使者曰："岁亦无恙耶[3]？民亦无恙耶？王亦无恙耶？"使者不说[4]，曰："臣奉使使威后[5]，今不问王而先问岁与民，岂先贱而后尊贵者乎？"威后曰："不然，苟无岁[6]，何以有民？苟无民，何以有君？故有舍本而问末者耶？"

乃进而问之曰："齐有处士曰钟离子[7]，无恙耶？是其为人也，有粮者亦食[8]，无粮者亦食；有衣者亦衣[9]，无衣者亦衣。是助王养其民也，何以至今不业也[10]？叶阳子无恙乎[11]？是其为人，哀鳏寡[12]，恤孤独[13]，振困穷[14]，补不足。是助王息其民者也[15]，何以至今不业也？北宫之女婴儿子无恙耶[16]？彻其环瑱[17]，至老不嫁，以养父母。是皆率民而出于孝情者也，胡为至今不朝也？此二士弗业，一女不朝，何以王齐国[18]、子万民乎[19]？於陵子仲尚存乎[20]？是其为人也，上不臣于王，下不治其家，中不索交诸侯[21]。此率民而出于无用者，何为至今不杀乎？"

📚 **注释**

[1] 齐王：战国时齐王建，亦称齐废王、齐共王，齐襄王之子。

[2] 发：启封。

[3] 岁亦无恙耶：收成还好吧？岁，收成。亦，语助词，无义。无恙，无忧，犹言"平安无事"。

[4] 说：通"悦"。

[5] 奉使使威后：奉使命出使到威后这里来。

[6] 苟：假如。

[7] 处士：有才能、有道德而隐居不仕的人。钟离子：齐国处士。钟离，复姓。子，古时对男子的尊称。

[8] 食（sì）：拿食物给人吃。

[9] 衣（yì）：拿衣服给人穿。

[10] 不业：不让他在位成就功业。

[11] 叶（shè）阳子：齐国处士。叶阳，复姓。

[12] 鳏（guān）：老而无妻。寡：老而无夫。

[13] 恤：抚恤。孤：幼而无父。独：老而无子。

[14] 振：通"赈"，救济。

[15] 息：养育。

[16] 北宫：复姓。婴儿子：人名。

[17] 彻：通"撤"，除去。环：指耳环、臂环一类的饰物。瑱（tiàn）：一种玉制的耳饰。

[18] 王（wàng）：统治。

[19] 子万民：以万民为子女，犹言"为民父母"。

[20] 於（wū）陵子仲：齐国的隐士。於陵：齐邑名，故城包括今山东省邹平市长山镇、淄博市周村区等地。

[21] 索：求。

📖 **思考与练习**

一、本文记叙了赵威后的"七连问"，请认真阅读课文，思考赵威后为什么这样问。

二、运用古汉语知识，辨析下列句子中的词类活用现象。

（1）有粮者亦食　　　　　　　　（2）有衣者亦衣

（3）何以至今不业也　　　　　　（4）胡为至今不朝也

（5）子万民乎　　　　　　　　　（6）上不臣于王

三、你如何看待赵威后的民本思想？

四、背诵全文。

苏秦始将连横说秦

《战国策》

📖**阅读提示**

本文选自《战国策·秦策一》。

苏秦，战国时代最著名的说客、谋士，纵横家中合纵派的领军人物和最高首脑。苏秦擅长战略谋划、长篇游说和辩论，他所解决的问题都是当时各国的首要问题或者一个国家的核心问题，对具体问题和局部问题的策略，他不是太感兴趣。他游说时善于抓住要害和本质问题，单刀直入、鞭辟入里；富有逻辑性，说理清楚，极具信服力。他也是最讲究语言修辞的说客，他的辞藻华丽、排比气势如虹、比喻夸张信手拈来，各种修辞手段应有尽有，可以说他是战国时代的说客、谋士中的集大成者。

合纵，即"合众弱以攻一强"。南北为纵，是以魏国、韩国、赵国为中心，北联燕国，南联楚国，东联齐国，共同联合起来对付秦国的霸权和侵略的战略。此战略核心人物就是苏秦。

连横，即"事一强以攻众弱"。东西为横，曾是齐、秦两国用武力迫使弱国听命，继而兼并其他弱国的战略。在战国后期齐国衰弱之后，连横便成为秦国专用的吞并六国的谋略。此战略核心人物是张仪。

苏秦始将连横说秦惠王[1]，曰："大王之国西有巴、蜀、汉中之利，北有胡、貉[2]、代马之用，南有巫山、黔中之限[3]，东有崤、函之固。田肥美，民殷富，战车万乘，奋击百万，沃野千里，蓄积饶多，地势形便，此所谓'天府'，天下之雄国也。以大王之贤，士民之众，车骑之用，兵法之教，可以并诸侯，吞天下，称帝而治。愿大王少留意，臣请奏其效[4]。"

秦王曰："寡人闻之：毛羽不丰满者不可以高飞；文章不成者不可以诛罚[5]；道德不厚者不可以使民；政教不顺者[6]不可以烦大臣[7]。今先生俨然不远千里而庭教之[8]，愿以异日[9]。"

苏秦曰："臣固疑大王不能用也。昔者神农伐补遂[10]，黄帝伐涿鹿而禽蚩尤[11]，尧伐骥兜[12]，舜伐三苗[13]，禹伐共工[14]，汤伐有夏[15]，文王伐崇[16]，武王伐纣[17]，齐桓任战而伯天下[18]。由此观之，恶有不战者乎？古者使车毂击驰[19]，言语相结[20]，天下为一，约从连横[21]，兵革不藏；文士并饬[22]，诸侯乱惑，万端俱起，不可胜理；科条既备，民多伪态[23]；书策稠浊，百姓不足[24]；上下相愁，民无所聊[25]；明言章理，兵甲愈起；辩言伟服[26]，战攻不息；繁称文辞[27]，天下不治；舌弊耳聋[28]，不见成功；行义约信，天下不亲[29]。于是，乃废文任武，厚养死士，缀甲厉兵，效胜于战场。夫徒处而致利[30]，安坐而广地，虽古五帝、三王、五伯、明主贤君，常欲坐而致之，其势不能，故以战续之。宽则两军相攻，迫则杖戟相撞，然后可见大功。是故兵胜于外，义强于内；威立于上，民服于下。今欲并天下，凌万乘[31]，诎敌国[32]，制海内[33]，子元元[34]，臣诸侯[35]，非兵不可。今之嗣主，忽于至道，皆惛于教，乱于治，迷于言，惑于语，沉于辩，溺于辞。以此论之，王国不能行也。"

说秦王书十上而说不行，黑貂之裘弊[36]，黄金百斤尽，资用乏绝，去秦而归。羸縢履跷[37]，负书担橐[38]，形容枯槁，面目犁黑，状有归色。归至家，妻不下纴，嫂不为炊，父母不与言。苏秦喟叹曰："妻不以我为夫，嫂不以我为叔，父母不以我为子，是皆秦之罪也！"乃夜发书，陈箧数十[39]，得太公阴符之谋[40]，伏而诵之，简练以为揣、摩。读书欲睡，引锥自刺其股，血流至足。曰："安有说人主不能出其金玉锦绣、取卿相之尊者乎？"期年揣、摩成，曰："此真可以说当世之君矣！"

于是乃摩燕乌集阙[41]，见说赵王于华屋之下[42]，抵掌而谈[43]。赵王大悦，封为武安君，受相印。革车百乘[44]，绵绣千纯[45]，白璧百双，黄金万溢[46]，以随其后，约从散横[47]，以抑强秦。故苏秦相于赵而关不通[48]。

当此之时，天下之大，万民之众，王侯之威，谋臣之权，皆欲决苏秦之策[49]。不费斗粮，未烦一兵，未战一士，未绝一弦，未折一矢，诸侯相亲，贤于兄弟。夫贤人在而天下服，一人用而天下从。故曰："式于政[50]，不式于勇；式于廊庙之内，不式于四境之外。"当秦之隆[51]，黄金万溢为用[52]，转毂连骑，炫熿于道[53]，山东之国从风而服[54]，使赵大重[55]。且夫苏秦，特穷巷掘门，桑户棬枢之士耳[56]，伏轼撙衔[57]，横历天下[58]，廷说诸侯之王[59]，杜左右之口[60]，天下莫之能伉[61]。

将说楚王，路过洛阳，父母闻之，清宫除道[62]，张乐设饮[63]，郊迎三十里；妻侧目而视，倾耳而听；嫂蛇行匍伏[64]，四拜自跪而谢。苏秦曰："嫂何前倨而后卑也[65]？"嫂曰："以季子之位尊而多金[66]。"苏秦曰："嗟乎！贫穷则父母不子，富贵则亲戚畏惧。人生世上，势位富贵，盖可忽乎哉[67]！"

注释

[1] 此处的"连横"是有具体所指的，而下面的"约从连横"，属泛指。秦惠王：秦国的国君，名驷。

[2] 貉（hé）：兽名，皮可制裘。代马：今山西省北部代县等地所产的马。

[3] 限：通"险"，险隘。

[4] 请：请允许（我）。奏：恭述，奏明。其：为语气助词。效：效验，引申为方略。

[5] 文章：法令。诛罚：实施刑罚。

[6] 政教：指国政方面的教化或主张。不顺：不合时宜，行不通。

[7] 烦大臣：号令大臣。

[8] 俨然：郑重庄严地。庭教之：在宫廷上指教我。

[9] 愿以异日：希望改日再领教。

[10] 神农：即炎帝，姜姓，号神农氏，中国远古传说中的太阳神；被世人尊称为"药祖""五谷先帝""神农大帝""地皇"等。华夏太古三皇之一，传说中农业和医药的发明者。补遂：部落名。

[11] 黄帝：中国远古时代华夏民族的共主，五帝之首，被尊为中华"人文初祖"；本姓公孙，后改姬姓，故称姬轩辕，号轩辕氏，建都于有熊，亦称有熊氏。黄帝在位期间，播

百谷草木，大力发展生产，始制衣冠、建舟车、制音律、创医学等。涿（zhuō）鹿：山名，在今河北省涿鹿县西南。蚩尤：九黎部落之酋长，与黄帝作战，为黄帝所诛。

[12] 尧：传说中的古帝名，姓姬，名放勋，国号唐。传位于舜。骓（huān）兜：尧臣，因作乱被放逐。

[13] 舜：传说中的古帝名，姓姚，名重华，国号虞；传位于禹。三苗：即古代的苗族，在今湖南省溪洞一带。

[14] 禹：古帝名。本舜臣，治水有功，受舜禅，即帝位，国号夏。共工：古之水官名，极横暴，为禹所放逐。

[15] 汤：商朝开国的王，本为夏朝诸侯。夏王桀无道，汤起兵攻桀，建立商朝。有夏：指夏王桀。古时于朝代上加"有"，有夏即夏朝。

[16] 文王：即周文王，姓姬名昌，殷纣时为西方诸侯首领，又称西伯。崇：国名，崇侯虎，助纣为恶，为文王所诛。

[17] 武王：即周武王，文王之子，名发，灭纣后，即天子位，国号周。纣：即殷纣王，暴虐之君。

[18] 齐桓：齐桓公，齐国国君，名小白。他联合诸侯，抵抗外族侵扰，为诸侯盟主。任战：即肯战。伯：同"霸"。霸天下，即为诸侯盟主。

[19] 古者使：古人使者。车毂击驰：车辆来往奔驰，车毂互相撞击，形容车辆之多，奔驰之急。毂（gǔ），车轮中心突出部分。

[20] 言语相结：商谈结盟。

[21] 天下为一，约从连横：倒置句。约：约定；从：通"纵"。连：结交。南北曰纵，东西曰横。此处的"约纵连横"属于泛指，古意为邦交、结盟于四方诸国之事。

[22] 文士并饬：指各国使臣或文人说客均用巧饰的语言游说于诸侯之前。饬（shì）：巧辨。

[23] 科条：规章制度；伪态：虚伪态度，即非真心来履行。

[24] 书策：法令。稠浊：繁乱。百姓不足：百姓（却）很贫困。

[25] 上下相愁，民无所聊：君臣上下相互仇怨，百姓无以聊生。

[26] 辩言：言辞巧辩。伟服：服装壮观。

[27] 繁称：称谓烦琐。文辞：美饰言辞。

[28] 舌弊耳聋：喻指说得舌头疲累，听得耳朵发聋。弊，指疲困，劳累。

[29] 行义约信，天下不亲：即便（你）行事仁义、诚信守约，天下也无人（与你）亲近。

[30] 徒处：指置身空守，与下句"坐"，均谓不劳坐守。

[31] 凌：凌驾，统帅。

[32] 诎（qū）：使屈服。

[33] 制：整治。

[34] 元元：指百姓；子元元：即纳天下百姓为子孙。

[35] 臣：使臣服。

[36] 裘：皮衣。弊：坏，坏损。

[37] 嬴（léi）：通"缧"，缠绕。滕（téng）：通"藤"，绑腿布。履：穿。跻（qiāo）：

草鞋。

[38] 橐（tuó）：袋子。

[39] 发：翻找。陈箧（qiè）：陈旧的书箱、书篓。

[40] 太公：姜尚，字牙，或尊称子牙，史称他"生而早慧，预知未来"。自幼喜好学道修礼，画阵比战。年长后精研传统推数之术，善于洞察时事，应时权变，是西周时的伟大政治家、军事家、经济改革先驱人物。他以文韬武略，不畏天命、不惧鬼神、顺势进取，佐周灭纣。以首功封齐，创建了东方大国——齐国的千载业基，受到永世赞誉。阴符：后人托名太公所著的兵法书。

[41] 摩：接近，此处意为"登上"。燕乌集阙：宫阙名。

[42] 赵王：赵肃侯，名语。华屋：华丽殿堂。

[43] 抵掌而谈：喻交心而谈。抵掌：两人手掌相抵。

[44] 革车：用皮革包裹装饰的车子。

[45] 纯：古代量名，《淮南子·地形训》云："里间九纯，纯丈五尺。"

[46] 溢（yì）：通"镒"，古代重量单位，二十四两为一镒。

[47] 散：离散，拆散。横：此指非同盟阵营势力。

[48] 关不通：函谷关内外交通隔绝，指秦兵不能出函谷关。

[49] 皆欲决：都想以……为决定。策：谋略，主张。

[50] 式：同"试"，用，致力于。

[51] 隆：权势显赫。

[52] 用：用度，开销。

[53] 转毂连骑：滚滚战车战骑。炫：炫耀。

[54] 从风而服：闻风听服。

[55] 大重：大受重视。大：大受，深受；重：尊崇，重视。

[56] 且夫：句首助语词；"夫"前加"且"，加重语气，有"且说那……"之意。特：只是，仅此，不过。穷巷掘门：居于贫穷巷子里，凿墙洞为门。桑户：引喻为贫穷的庄稼农户。桊（quān）：古同"桊"，曲木做的饮器。桊枢：指门的枢座磨坏了，便临时用木杯来代用，喻寒酸至极。

[57] 伏轼：坐着马车；轼，古代车厢前扶手横木。撙（zǔn）衔：骑着马；撙，勒，操控；衔，马嚼子，意为马缰绳。

[58] 横：畅通无阻。

[59] 廷：通"庭"，殿庭。说：说服。

[60] 杜：禁阻，堵塞。

[61] 亢：同"抗"，对等，抗衡。

[62] 清宫除道：清理房舍，洒扫街路。

[63] 张乐设饮：摆列乐队，设置酒宴。

[64] 蛇行匍伏：蛇样曲回匍匐前行。

[65] 倨：傲慢。卑：谦卑。

[66] 季子：年龄最小之子，少子。这里是嫂对小叔子的称呼。

[67] 盖：古又作"盍（hé）"，与"何"同义。忽：忽视，轻视。

思考与练习

一、请认真阅读课文，思考下列问题：

1. 苏秦失意归家及挂相印后归家，妻嫂父母对其持怎样的态度？说明了什么？

2. 苏秦读书读困了，去睡便罢了。可他竟拿刀扎自己的大腿，使头脑能清醒并接着读书，这实在可怖！是什么具有如此强大的驱动力，能让他这么做呢？

二、文中有很多历史典故，请列举归纳，并查阅资料补充完整。

三、请分别简述苏秦的"连横"与"合纵"战略。为什么苏秦的"连横"战略没能实施，而张仪的"连横"战略却成功了呢？

第二章　两汉魏晋南北朝文学

谏逐客书

《史记》

阅读提示

　　《谏逐客书》节选自司马迁的《史记·李斯列传》，是李斯给秦王的一个奏章。"书"不是书信，而是上书、奏章，为古代臣子向君主陈述政见的一种文体，与"表"性质类似。

　　李斯（？—前208），战国末年秦朝丞相，中国历史上著名的政治家、文学家和书法家。李斯主张实行郡县制，废除分封制；主张焚烧民间收藏的《诗》、《书》、百家语，禁止私学，以加强专制主义中央集权的统治；提出并且主持了文字、车轨、货币、度量衡的统一工作。李斯实行郡县制等政治主张，奠定了中国两千多年政治制度的基本格局。

　　李斯上《谏逐客书》的背景，是在秦王嬴政十年，秦国宗室贵族借韩国派水工修灌溉渠，阴谋消耗秦的国力，谏请秦王下令驱逐一切客卿。秦王读了李斯这一奏章，取消了逐客令，可见本文说服力之强。文章立意高深，始终围绕"大一统"的目标，从秦王统一天下的高度立论，正反论证，利害并举，说明用客卿强国的重要性。此文理足词胜，雄辩滔滔，打动了秦王嬴政，使他收回逐客的成命，恢复了李斯的官职。

　　臣闻吏议逐客，窃以为过矣。

　　昔缪公求士，西取由余于戎[1]，东得百里奚于宛[2]，迎蹇叔于宋[3]，来丕豹、公孙支于晋[4]。此五子者，不产于秦[5]，而缪公用之，并国二十[6]，遂霸西戎。孝公用商鞅之法[7]，移风易俗，民以殷盛[8]，国以富强，百姓乐用，诸侯亲服，获楚、魏之师[9]，举地千里，至今治强[10]。惠王用张仪之计[11]，拔三川之地[12]，西并巴、蜀，北收上郡，南取汉中，包九夷[13]，制鄢、郢[14]，东据成皋之险，割膏腴之壤，遂散六国之从[15]，使之西面事秦，功施到今[16]。昭王得范雎[17]，废穰侯，逐华阳[18]，强公室，杜私门，蚕食诸侯[19]，使秦成帝业。此四君者，皆以客之功。由此观之，客何负于秦哉！向使四君却客而不内[20]，疏士而不与，是使国无富利之实而秦无强大之名也。

今陛下致昆山之玉[21]，有随、和之宝[22]，垂明月之珠[23]，服太阿之剑[24]，乘纤离之马[25]，建翠凤之旗[26]，树灵鼍之鼓[27]。此数宝者，秦不生一焉，而陛下说之[28]何也？必秦国之所生然后可，则是夜光之璧，不饰朝廷；犀象之器[29]不为玩好；郑、卫之女，不充后宫，而骏良駃騠不实外厩[30]，江南金锡不为用[31]，蜀之丹青不为采[32]。所以饰后宫、充下陈[33]、娱心意、说耳目者，必出于秦然后可，则是宛珠之簪[34]，傅玑之珥[35]，阿缟之衣[36]，锦绣之饰，不进于前；而随俗雅化、佳冶窈窕、赵女不立于侧也[37]。夫击瓮叩缶、弹筝搏髀[38]而歌呼呜呜快耳者，真秦之声也；郑、卫、桑间，韶、虞、武、象者[39]，异国之乐也。今弃击瓮叩缶而就郑、卫，退弹筝而取韶虞，若是者何也？快意当前，适观而已矣。今取人则不然。不问可否，不论曲直，非秦者去，为客者逐。然则是所重者在乎色乐珠玉，而所轻者在乎人民也。此非所以跨海内制诸侯之术也。

臣闻地广者粟多，国大者人众，兵强则士勇。是以太山不让土壤[40]，故能成其大；河海不择细流[41]，故能就其深；王者不却众庶[42]，故能明其德。是以地无四方，民无异国，四时充美，鬼神降福，此五帝三王之所以无敌也[43]。今乃弃黔首以资敌国[44]，却宾客以业诸侯[45]，使天下之士退而不敢西向，裹足不入秦，此所谓"藉寇兵而赍盗粮"者也[46]。夫物不产于秦，可宝者多；士不产于秦，愿忠者众。今逐客以资敌国，损民以益雠[47]，内自虚而外树怨于诸侯[48]，求国无危，不可得也。

注释

[1] 缪公：指秦穆公。缪，通"穆"。由余：亦作"繇余"，戎王的臣子，是晋人的后裔。秦穆公屡次使人设法招致他归秦，入秦后，受到秦穆公重用，帮助秦国称霸西戎。戎，古代中原人多称西方少数部族为戎。

[2] 百里奚：楚国宛人，原为虞国大夫。晋灭虞被俘，后逃亡到宛（yuān），被楚人所执。秦穆公用五张黑公羊皮赎出，用为上大夫，是辅佐秦穆公称霸的重臣。

[3] 蹇（jiǎn）叔：百里奚的好友，经百里奚推荐，秦穆公把他从宋国请来，委任为上大夫。

[4] 丕豹：晋国大夫丕郑之子，丕郑被晋惠公杀死后，丕豹投奔秦国，秦穆公任为大夫。公孙支："支"或作"枝"，字子桑，秦人，曾游晋，后返秦任大夫。

[5] 产：生，出生。

[6] 并：吞并。二十：约数。

[7] 孝公：即秦孝公。商鞅：卫国公族，氏公孙，亦称公孙鞅，初为魏相公叔痤家臣，公叔痤死后入秦，受到秦孝公重用，任左庶长、大良造，因功封于商（今山西商县东南），号称商君。于公元前356年和前350年两次实行变法，奠定秦国富强的基础。

[8] 殷盛：指百姓众多而且富裕。殷：多，众多。

[9] 获：打败。

[10] 治强：政治安定，国力强盛。

[11] 惠王：即秦惠王，名驷，秦孝公之子。张仪：姬姓，张氏，名仪，魏国贵族后裔，战国时期著名的纵横家、外交家和谋略家。早年入于鬼谷子门下，学习纵横之术。出山之后，首创"连横"的外交策略，游说六国入秦。得到秦惠王赏识，封为相国，奉命出使游说各国，以"横"破"纵"，促使各国亲善秦国，受封为武信君。

[12] 三川之地：指黄河、洛水、伊水三川之地，在今河南西北部黄河以南的洛水、伊水流域。

[13] 包：并吞。九夷：此指楚国境内西北部的少数部族，在今陕西、湖北、四川三省交界地区。

[14] 鄢（yān）：楚国别都，在今湖北宜城市东南。郢（yǐng）：楚国都城，在今湖北江陵市西北纪南城。

[15] 六国之从：六国合纵的同盟。六国：指韩、魏、燕、赵、齐、楚六国。从：通"纵"。

[16] 施（yì）：蔓延，延续。

[17] 昭王：即秦昭王，名稷，秦惠王之子，公元前306—前251在位。范雎（jū），一作"范且"，亦称范叔，魏人，入秦后改名张禄，受到秦昭王信任，为秦相，对内力主废除外戚专权，对外采取远交近攻策略。

[18] 穰（ráng）侯：即魏冉，楚人后裔，秦昭王母宣太后之异父弟，多次为相，因秦昭王听用范雎之言，被免去相职。华阳：即华阳君芈戎，秦昭王母宣太后之同父弟，曾任将军等职，与魏冉同掌国政，与魏冉同被免职遣归封地。

[19] 蚕食：比喻像蚕吃桑叶那样逐渐吞食侵占。

[20] 内：同"纳"，接纳。

[21] 致：求得。昆山：即昆仑山。

[22] 随、和之宝："随侯珠"和"和氏璧"，传说中春秋时随侯所得的夜明珠和楚人卞和得来的美玉。

[23] 明月：宝珠名。

[24] 太阿（ē）：亦称"泰阿"，宝剑名，相传为春秋著名工匠欧冶子、干将所铸。

[25] 纤离：古代骏马名。

[26] 翠凤之旗：用翠鸟羽毛装饰成凤凰图案的旗帜。

[27] 鼍（tuó）：亦称扬子鳄，皮可蒙鼓。

[28] 说：通"悦"，喜悦，喜爱。

[29] 犀象之器：用犀牛角和象牙制成的器具。

[30] 駃騠（jué tí）：骏马名。外厩（jiù）：宫外的马圈。

[31] 江南：此指长江以南的楚地，以出产金、锡著名。

[32] 采：彩色，彩绘。

[33] 下陈：殿堂下陈放礼器、站立侍从的地方。

[34] 宛珠之簪：缀绕珍珠的发簪。或指用宛（今河南南阳市）地出产的珍珠作为装饰的发簪。宛：缠绕。

[35] 傅：附着，镶嵌。玑：不圆的珠子，此泛指珠子。珥（ěr）：耳饰。

[36] 阿：齐国东阿（今山东阳谷县阿城镇一带）。缟（gǎo）：未经染色精细的丝织品。

[37] 随俗雅化：随合时俗而雅致不凡。佳冶窈窕：容颜体态妖冶美好。佳，美丽。冶，妖冶艳丽。窈窕（yǎo tiǎo），美好的样子。赵：国名，古人多以燕、赵为出美女之地。

[38] 瓮（wèng）：陶制的容器，古人用来打水。缶（fǒu）：一种口小腹大的陶器。秦

人将瓮、缶作为打击乐器。搏髀（bì）：拍打大腿，以此掌握音乐唱歌的节奏。搏：击打，拍打。髀：大腿。

[39] 郑：指郑国故地的音乐。卫：指卫国故地的音乐。桑间：桑间为卫国濮水边上地名，此指桑间的音乐。昭：歌颂虞舜的舞乐。虞：按《史记会注考证校补》引南化本、枫山本、三条本等作"护"，当为歌颂商汤的舞乐。武：歌颂周武王的舞乐。象：歌颂周文王的舞乐。

[40] 太山：即泰山。让：辞让，拒绝。

[41] 择：舍弃，抛弃。

[42] 却：推却，拒绝。

[43] 五帝：指黄帝、颛顼（zhuān xū）、帝喾（kù）、尧、舜。三王：指夏、商、周三代开国君主，即夏禹、商汤、周文王和周武王。

[44] 黔首：泛指百姓。无爵平民不能服冠，只能以黑巾裹头，故称黔首，秦始皇统一六国后正式称百姓为黔首。资：资助。

[45] 业：成就，造就。

[46] 赍盗粮：把武器粮食供给寇盗。赍（jī）：送，送给。

[47] 损民以益雠：减少本国的人口而增加敌国的人力。益：增益，增多。雠：通"仇"，仇敌。

[48] 外树怨于诸侯：指宾客被驱逐出外必投奔其他诸侯，从而构树新怨。

思考与练习

一、本文是一篇议论文，可是作者运用了大量的比喻、对偶、排比，从而增强了议论的形象性和说服力。请认真阅读课文，找出这些句子仔细品味。

二、运用古汉语知识，完成下列题目。

1. 辨析下列句子中的词类活用现象。

①西取由余于戎。　　　　　　②来丕豹、公孙支于晋。

③强公室。　　　　　　　　　④蚕食诸侯。

⑤故能明其德。　　　　　　　⑥却宾客以业诸侯。

2. 辨析下列句子中的通假字。

①昔缪公求士。　　　　　　　②遂散六国之从。

③向使四君却客而不内。　　　④而陛下说之。

⑤西蜀丹青不为采。　　　　　⑥是以太山不让土壤。

三、据《史记·李斯列传》记载，秦王最终乃除逐客之令，复李斯官。联系课文，谈谈李斯是怎样使秦王收回成命的？

四、背诵课文最后一段。

孔子世家（节选）

《史记》

📖 阅读提示

　　《孔子世家》出自司马迁的《史记》。

　　司马迁（前145年或前135年—?），字子长，夏阳（今陕西韩城南）人。西汉史学家、散文家。他以其"究天人之际，通古今之变，成一家之言"的史识创作了中国第一部纪传体通史，即《史记》（原名《太史公书》）。《史记》被公认为中国史书的典范，该书记载了从上古传说中的黄帝时期到汉武帝元狩元年（前122年）的3 000多年的历史，是"二十五史"之首，被鲁迅誉为"史家之绝唱，无韵之离骚"。

　　"世家"为《史记》五体之一，记述子孙世袭的王侯封国史迹和特别重要的人物的事迹。

　　孔子是我国古代著名的思想家和伟大的教育家，儒家学派的创始人。《孔子世家》详细地记述了孔子的生平活动及各方面的成就，是研究孔子生平思想的最重要文献之一。本文节选了其中的一部分。

　　孔子生鲁昌平乡陬邑。其先宋人也[1]，曰孔防叔。防叔生伯夏，伯夏生叔梁纥。纥与颜氏女野合而生孔子[2]，祷于尼丘得孔子[3]。鲁襄公二十二年而孔子生[4]。生而首上圩顶[5]，故因名曰丘云。字仲尼[6]，姓孔氏。

　　丘生而叔梁纥死，葬于防山。防山在鲁东。由是孔子疑其父墓处。母讳之也[7]。孔子为儿嬉戏，常陈俎豆[8]，设礼容[9]。孔子母死，乃殡五父之衢[10]，盖其慎也[11]。郰人挽父之母诲孔子父墓[12]，然后往合葬于防焉。

　　……
　　……

　　孔子贫且贱。及长，尝为季氏史，料量平[13]；尝为司职吏而畜蕃息[14]。

　　……
　　……

　　其后定公以孔子为中都宰，一年，四方皆则之。由中都宰为司空，由司空为大司寇[15]。定公十年春[16]，及齐平[17]。夏，齐大夫黎鉏言于景公曰："鲁用孔丘，其势危齐。"乃使使告鲁为好会[18]，会于夹谷。鲁定公且以乘车好往[19]。孔子摄相事[20]，曰："臣闻有文事者必有武备，有武事者必有文备。古者诸侯出疆，必具官以从[21]。请具左右司马。"定公曰："诺。"具左右司马。会齐侯夹谷，为坛位[22]，土阶三等[23]，以会遇之礼相见[24]，揖让而登[25]。献酬之礼毕，齐有司趋而进曰[26]："请奏四方之乐[27]。"景公曰："诺。"于是旍旄羽被矛戟剑拨鼓噪而至[28]。孔子趋而进，历阶而登[29]，不尽一等[30]，举袂而言曰：

"吾两君为好会，夷狄之乐何为于此！请命有司！"有司却之，不去，则左右视晏子与景公。景公心怍，麾而去之。有顷，齐有司趋而进曰："请奏宫中之乐。"景公曰："诺。"优倡侏儒为戏而前[31]。孔子趋而进，历阶而登，不尽一等，曰："匹夫而营惑诸侯者罪当诛！请命有司！"有司加法焉[32]，手足异处。景公惧而动，知义不若，归而大恐，告其群臣曰："鲁以君子之道辅其君，而子独以夷狄之道教寡人，使得罪于鲁君，为之奈何？"有司进对曰："君子有过则谢以质[33]，小人有过则谢以文[34]。君若悼之[35]，则谢以质。"于是齐侯乃归所侵鲁之郓、汶阳、龟阴之田以谢过[36]。

……

……

定公十四年[37]，孔子年五十六，由大司寇行摄相事[38]，有喜色。门人曰："闻君子祸至不惧，福至不喜。"孔子曰："有是言也。不曰'乐其以贵下人'乎？"于是诛鲁大夫乱政者少正卯。与闻国政三月[39]，粥羔豚者弗饰贾[40]；男女行者别于涂[41]；涂不拾遗；四方之客至乎邑者，不求有司，皆予之以归[42]。

……

……

孔子之去鲁凡十四岁而反乎鲁[43]。

鲁哀公问政，对曰："政在选臣。"季康子问政，曰："举直错诸枉[44]，则枉者直[45]。"康子患盗[46]，孔子曰："苟子之不欲[47]，虽赏之不窃[48]。"然鲁终不能用孔，孔子亦不求仕。

……

……

古者《诗》三千余篇，及至孔子，去其重，取可施于礼义，上采契后稷，中述殷周之盛，至幽厉之缺，始于衽席[49]，故曰"《关雎》之乱以为《风》始[50]，《鹿鸣》为《小雅》始，《文王》为《大雅》始，《清庙》为《颂》始"。三百五篇孔子皆弦歌之，以求合《韶》《武》《雅》《颂》之音。礼乐自此可得而述，以备王道，成六艺[51]。

……

……

孔子以诗书礼乐教，弟子盖三千焉，身通六艺者七十有二人[52]。如颜浊邹之徒，颇受业者甚众[53]。孔子以四教：文，行，忠，信[54]。绝四：毋意，毋必，毋固，毋我[55]。所慎：齐，战，疾[56]。子罕言利与命与仁[57]。不愤不启[58]，举一隅不以三隅反[59]，则弗复也[60]。

……

……

孔子病，子贡请见。孔子方负杖逍遥于门，曰："赐，汝来何其晚也？"孔子因叹，歌曰："太山坏乎[61]！梁柱摧乎！哲人萎乎[62]！"因以涕下。谓子贡曰："天下无道久矣，莫能宗予[63]。夏人殡于东阶，周人于西阶，殷人两柱间。昨暮予梦坐奠两柱之间[64]，予始殷人也。"后七日卒。

孔子年七十三，以鲁哀公十六年四月己丑卒[65]。

……

......

孔子葬鲁城北泗上，弟子皆服三年[66]。三年心丧毕[67]，相诀而去，则哭，各复尽哀；或复留。唯子赣庐于冢上，凡六年，然后去。弟子及鲁人往从冢而家者百有余室[68]，因命曰孔里。

......

......

太史公曰：《诗》有之："高山仰止，景行行止[69]。"虽不能至，然心向往之。余读孔氏书，想见其为人。适鲁，观仲尼庙堂车服礼器，诸生以时习礼其家[70]，余祗回留之不能去云[71]。天下君王至于贤人众矣，当时则荣，没则已焉。孔子布衣，传十余世，学者宗之。自天子王侯，中国言六艺者折中于夫子[72]，可谓至圣矣！

🍎 注释

[1] 先：祖先。

[2] 颜氏女：名征在。野合：叔梁纥与征在成婚时已超过六十四岁，而征在岁数尚小，二人年龄相差悬殊，此种婚姻在当时不合礼法，故谓"野合"。

[3] 祷：祈祷，向神祈福。

[4] 鲁襄公二十二年：公元前 551 年。

[5] 圩（wéi）顶：形容人头顶四周高，中间低，呈"凹"字形。圩，洼田四周的埂。

[6] 因叔梁纥曾祷于尼丘山，故子名丘，字仲尼。就是把"尼丘"二字拆开来。仲：排行老二之意。孔子有异母兄名孟皮。

[7] 母讳之：叔梁纥去世时，颜氏因年纪轻轻便守寡，在当时社会，她不被允许送葬，故不知叔梁纥坟地所在，所以无法告诉孔子其父的墓地在何处。

[8] 俎豆：古代祭祀时盛祭品的器皿。俎是方形的，豆是圆形的。

[9] 礼容：礼制仪容。

[10] 殡：停放灵柩。五父之衢（qú）：鲁国首都曲阜的一条主道，现位于山东曲阜市东南。

[11] 慎：慎重。

[12] 郰：同"陬"，陬邑。诲：告诉。

[13] 尝：曾经。史：一作"委吏"，古代管理仓库的小官。料：计算。量：量具。平：公平，精确。

[14] 司职吏：管理牧场的小官吏。畜蕃息：牲畜繁殖兴旺。

[15] 中都宰：主管中等都城之行政长官。司空：主管礼仪、德化、祭祀等事务的官。司寇：掌管治安刑狱等事务的官。

[16] 定公十年：公元前 500 年。

[17] 平：和好。

[18] 好会：和好的会盟。

[19] 好往：毫无戒备地前往赴会。

[20] 摄：摄理。相：此指主持会议的司仪。

[21] 具：备。以：而。

[22] 坛：以土所筑的高台，用于祭祀、朝会及盟誓等。位：指坛上的席位。

[23] 土阶三等：登坛的土台阶只有三级。

[24] 会遇：国君相会，会盟。会遇之礼：指国君相会时的一种礼节。

[25] 揖：拱手为礼。让：谦让。

[26] 有司：主管官员。

[27] 四方之乐：指边地少数民族的舞乐。

[28] 旌（jīng）：同"旌"，古代一种用五色羽毛装饰的旗子，用以指挥或开道。被（bō）：古代乐舞中舞者所执的舞具。

[29] 历阶而登：指一步一阶地往台上走。按照古代礼法规定，登台阶时每上一级，要等双足取齐，然后才能登另一级台阶。如一只脚踏上第一级，另一只脚直接踏上第二级，就叫作"历阶"。孔子因紧急，不顾忌礼节，就历阶而登了。

[30] 不尽一等：还有一级台阶没有上。

[31] 优倡：表演乐舞的艺人。侏儒：身材矮小的人。古代常以侏儒为倡优艺人。

[32] 加法：依法处罚。

[33] 谢以质：用实际行动道歉认错。质：指具体实在的东西。

[34] 文：语言，这里指花言巧语。

[35] 悼：痛心，悔愧。

[36] 郓、汶阳、龟阴：地名。

[37] 定公十四年：公元前496年。

[38] 行摄相事：担任理相。相，指处理政务的最高行政官。

[39] 与闻：参与。

[40] 粥：同"鬻（yù）"，贩卖。贾：同"价"。饰贾：漫天要价。

[41] 涂：同"途"，道路。

[42] 皆予之以归：《索隐》云："《家语》作'皆如归'。"意谓都有宾至如归之感。

[43] 凡：总共。

[44] 举直错诸枉：举用正直的人，废置邪曲的人。错，通"措"，置。枉，邪曲。

[45] 枉者直：邪曲的人变为正直的人。

[46] 患：忧虑。

[47] 苟：如果。欲：贪欲。

[48] 赏之不窃：给奖赏也不去偷。

[49] 衽（rèn）席：本是床席，这里指男女情爱。

[50] 《关雎》：《国风》的第一篇，所以说"《风》之始"。这是一篇有关男女爱情的诗歌。乱：音乐的尾声。《风》：即《国风》，"风"是地方乐调，收录当时十五国的民歌，《国风》大部分作品是汉族劳动人民的集体创作，是《诗经》中的精华。

[51] 六艺：指儒家"六经"——《诗》《书》《易》《礼》《乐》《春秋》的总称。

[52] 六艺：此处指礼（礼仪）、乐（音乐）、射（射箭）、御（驾车）、书（识字）、数（计算）等六种科目，为孔子教授弟子的内容。

[53] 颇受业者：多方面受到孔子的教诲却没有正式入籍的弟子。

[54] 文：文献；泛指学问。行：实践，行事。忠：忠恕。信：信义。

[55] 绝：杜绝，禁止。意：揣测。必：武断。固：固执。我：自以为是。

[56] 齐：同"斋"，斋戒。战：战争。疾：疾病。

[57] 子罕言利与命与仁：孔子很少谈及的是利益，如果谈到，就与命运和仁德联系起来。

[58] 愤：烦闷发急。

[59] 隅：方角。这里可释为一个道理或一个方面。

[60] 弗复：不再重复。

[61] 太山：泰山。太同"泰"。

[62] 哲人：这里指孔子自己。萎：枯槁。这里指人的死亡。

[63] 宗予：尊奉我的主张。予，我。

[64] 坐奠：坐着受人祭奠。

[65] 鲁哀公十六年：公元前479年。

[66] 服：指服丧。

[67] 心丧：在心中悼念，不穿丧服。

[68] 百有余室：一百多家。室，家。

[69] 仰止：敬仰。景行：大道。

[70] 以时：按时。

[71] 祗：敬。

[72] 折中：这里是判断的意思。

思考与练习

一、孔子有过短暂的从政经历，请简要概括一下，并谈谈你的看法。

二、孔子一生著述颇丰，请简要介绍孔子的著作。

三、孔子是万世师表，请问孔子教育弟子有哪些特点？弟子对其是什么态度？

四、司马迁在文末借《诗经》中的诗句引出自己的议论，表达了他对孔子人格的高度景仰。你是否同意他的评价？为什么？

五、"孔子之去鲁凡十四岁"在文中没有详述，请查阅资料，简述孔子这十四年的不凡经历，并谈谈你的感想。

管晏列传

《史记》

📖阅读提示

　　《管晏列传》出自司马迁的《史记》，是春秋时期齐国政治家管仲和晏婴的合传。司马迁描写这两位春秋中后期齐国国相，抓住其特点，选取典型细节加以生动地描写，如写管仲，着重写其同鲍叔牙的交往，以及任政相齐、助齐桓公九合诸侯一匡天下的谋略，写晏婴则通过对重用越石父和御者等典型事例的详细叙述来突出其"贤"。

　　文章详略得当，重点突出，比如对管、鲍之间的真挚友谊及晏子任用御者缘起的叙述极为详细，而对管仲生活的奢侈等不太重要的方面则一笔带过。传记之末"太史公曰"以后的简短议论与评价更是深化了对管、鲍二人的认识，起到了画龙点睛的作用。

　　管仲夷吾者，颍上人也。少时常与鲍叔牙游[1]，鲍叔知其贤。管仲贫困，常欺鲍叔[2]，鲍叔终善遇之，不以为言。已而鲍叔事齐公子小白，管仲事公子纠[3]。及小白立[4]，为桓公，公子纠死，管仲囚焉。鲍叔遂进管仲[5]。管仲既用，任政于齐，齐桓公以霸[6]，九合诸侯[7]，一匡天下[8]，管仲之谋也。

　　管仲曰："吾始困时，尝与鲍叔贾[9]，分财利多自与，鲍叔不以我为贪，知我贫也。吾尝为鲍叔谋事而更穷困[10]，鲍叔不以我为愚，知时有利不利也。吾尝三仕三见逐于君[11]，鲍叔不以我为不肖，知我不遭时也[12]。吾尝三战三走[13]，鲍叔不以我为怯，知我有老母也。公子纠败，召忽死之[14]，吾幽囚受辱，鲍叔不以我为无耻，知我不羞小节而耻功名不显于天下也[15]。生我者父母，知我者鲍子也。"

　　鲍叔既进管仲，以身下之。子孙世禄于齐[16]，有封邑者十余世，常为名大夫。天下不多管仲之贤而多鲍叔能知人也[17]。

　　管仲既任政相齐[18]，以区区之齐在海滨，通货积财，富国强兵，与俗同好恶[19]。故其称曰[20]："仓廪实而知礼节，衣食足而知荣辱，上服度则六亲固[21]。四维不张[22]，国乃灭亡。下令如流水之原[23]，令顺民心。"故论卑而易行[24]。俗之所欲，因而予之；俗之所否，因而去之[25]。

　　其为政也，善因祸而为福，转败而为功。贵轻重[26]，慎权衡[27]。桓公实怒少姬，南袭蔡[28]，管仲因而伐楚，责包茅不入贡于周室[29]。桓公实北征山戎，而管仲因而令燕修召公之政[30]。于柯之会，桓公欲背曹沫之约，管仲因而信之，诸侯由是归齐[31]。故曰："知与之为取[32]，政之宝也。"

　　管仲富拟于公室[33]，有三归、反坫[34]，齐人不以为侈[35]。管仲卒，齐国遵其政，常强于诸侯。后百余年而有晏子焉。

　　晏平仲婴者，莱之夷维人也。事齐灵公、庄公、景公，以节俭力行重于齐[36]。既相齐，食不重肉[37]，妾不衣帛[38]。其在朝，君语及之[39]，即危言[40]；语不及之，即危行。国有道，即顺命[41]；无道，即衡命[42]。以此三世显名于诸侯。

越石父贤，在缧绁中[43]。晏子出，遭之涂[44]，解左骖赎之[45]，载归。弗谢[46]，入闺[47]。久之，越石父请绝。晏子惧然[48]，摄衣冠谢曰[49]："婴虽不仁，免子于厄[50]，何子求绝之速也?"石父曰："不然。吾闻君子诎于不知己而信于知己者[51]。方吾在缧绁中，彼不知我也。夫子既已感寤而赎我[52]，是知己；知己而无礼，固不如在缧绁之中。"晏子于是延入为上客。

晏子为齐相，出，其御之妻从门间而窥其夫[53]。其夫为相御，拥大盖[54]，策驷马，意气扬扬，甚自得也。既而归，其妻请去[55]。夫问其故。妻曰："晏子长不满六尺，身相齐国，名显诸侯。今者妾观其出，志念深矣[56]，常有以自下者。今子长八尺，乃为人仆御，然子之意自以为足，妾是以求去也。"其后夫自抑损[57]。晏子怪而问之[58]，御以实对。晏子荐以为大夫。

太史公曰：吾读管氏《牧民》《山高》《乘马》《轻重》《九府》，及《晏子春秋》，详哉其言之也。既见其著书，欲观其行事，故次其传[59]。至其书，世多有之，是以不论，论其轶事。

管仲，世所谓贤臣，然孔子小之[60]。岂以为周道衰微，桓公既贤，而不勉之至王，乃称霸哉？语曰[61]："将顺其美[62]，匡救其恶[63]，故上下能相亲也[64]。"岂管仲之谓乎?

方晏子伏庄公尸哭之，成礼然后去[65]，岂所谓"见义不为无勇"者邪？至其谏说，犯君之颜[66]，此所谓"进思尽忠，退思补过"者哉！假令晏子而在，余虽为之执鞭，所忻慕焉[67]。

注释

[1] 游：交游，来往。
[2] 欺：此意为占便宜。指下文"分财利多自与"。
[3] "已而"二句：齐襄公立，政令无常，数欺大臣，又淫于妇人，诛杀屡不当。为避难，管仲、召忽奉襄公弟公子纠出奔鲁国，鲍叔奉襄公弟小白出奔莒国。
[4] 立：继位。
[5] 进：保举，推荐。
[6] 霸：称霸。
[7] 合：会盟。
[8] 匡：匡正，纠正。
[9] 贾：做买卖。
[10] 穷困：困厄，窘迫。
[11] 三：泛指多次。见：被。
[12] 遭：遇，逢。
[13] 走：逃跑。
[14] 死之：为公子纠而死。
[15] 羞：以……为羞。耻：以……为耻。
[16] 世禄：世代享受俸禄。

[17] 多：推崇，赞美。

[18] 相：名词作动词，出任国相。

[19] 俗：指百姓。

[20] 其称曰：他自己（在著述中）称述说。以下引语是对《管子·牧民》篇有关论述的节录。

[21] 上：国君。一说居上位者。服：行，遵循。度：节度，特指礼度、制度。六亲：《管子·牧民》有"六亲五法"——家，乡，国，天下，天地，日月，谓"六亲"。固：安固，稳固。

[22] 四维：《管子·牧民·四维》云："国有四维，一维绝则倾，二维绝则危，三维绝则覆，四维绝则灭。倾可正也，危可安也，覆可起也，灭不可复错也。何谓四维？一曰礼，二曰义，三曰廉，四曰耻。"维：纲，即网上的总绳，此引申为纲要、原则。

[23] 原：通"源"，源头，根本。

[24] 论卑：指政令平易，符合民情。

[25] 去：废除。

[26] 轻重：事物的轻重缓急。

[27] 权衡：比较利弊得失。

[28] "桓公实怒"二句：少姬（即蔡姬）曾荡舟戏弄桓公，制止不听，因怒，遣送回国。蔡君将其改嫁，所以桓公怒而攻蔡。

[29] 包：裹束。茅：菁茅。古代祭祀，用裹束成捆的菁茅过滤去渣。

[30] 召公：燕国的始祖，姬姓，名奭（shì），又称召伯、召康公、召公奭，西周宗室、大臣，与周武王、周公旦同辈。姬奭辅佐周武王灭商后，受封于蓟（今北京），建立臣属西周的诸侯国燕国（北燕）。周武王死后，其子周成王继位，姬奭担任太保。姬奭执政时政通人和，贵族和平民都各得其所，因此深受爱戴。周成王死后，姬奭辅佐周康王，开创"四十年刑措不用"的"成康之治"，为周朝打下延续八百多年的坚实基础。

[31] 归：归附。

[32] 与：给予。

[33] 拟：比拟，类似。

[34] 三归：建筑华丽的台。另有多种说法，如三姓女子，三处家庭、采邑、府库等。反坫（diàn）：堂屋两柱间放置供祭祀、宴会所有礼器和酒的土台。按"礼"，只有诸侯才能设有三归和反坫。管仲是大夫，本不该享有。然而，齐以管仲而强，故下文说"齐人不以为侈"。

[35] 侈：放纵，放肆。这里有过分的意思。

[36] 力行：努力工作。重：重视。

[37] 重（chóng）肉：两味肉食。

[38] 妾：妻妾。衣：穿。

[39] 语及之：问到他。

[40] 危言：正直地陈述己见。危，高耸貌，引申为正直。

[41] 道：正道。顺命：服从命令去做。

[42] 衡命：斟酌命令的情况去做。

［43］缧绁（léi xiè）：拘系犯人的绳子，引申为囚禁。

［44］涂：同"途"。

［45］骖：古代一车三马或四马，左右两旁的马叫骖。

［46］谢：告辞。

［47］闺：内室。

［48］懼（jué）然：惶遽的样子。

［49］摄：整理。

［50］厄：灾难。

［51］诎：通"屈"，委屈。信：通"伸"，伸展，引申为敬重。

［52］感寤：感动醒悟（觉察到我的委屈）。寤，通"悟"。

［53］御：车夫。门间：门缝。窥：暗中偷看。

［54］拥：遮，障。

［55］去：离开。此指离婚。

［56］志念：志向，抱负。

［57］抑损：谦恭，退让。抑，谦下。损，退损。

［58］怪：感到奇怪。

［59］次：编次，编列。

［60］小之：认为他器量狭小。《论语·八佾》有"管仲之器小哉"的话。

［61］语引自《孝经·事君》。

［62］将顺：顺势助成。

［63］匡救：纠正、挽救。

［64］上下：指君臣百姓。

［65］成礼：完成君臣之礼。

［66］犯：冒犯。颜：面容，脸色。

［67］忻（xīn）：同"欣"。慕：羡慕，向往。

思考与练习

一、《管晏列传》出自《史记》，是春秋时期齐国政治家管仲和晏婴的合传，管仲和晏婴同为齐国名相。面对浩如烟海的史料，司马迁精心取舍，匠心独运，画龙点睛，艺术地塑造了管仲和晏婴的形象。请认真阅读课文，试述此文的艺术特色。

二、管仲和晏婴同为齐国名相，请分析一下二人的异同点。

三、自古知音难觅，人生得一知己足矣！《管晏列传》中管仲视鲍叔为知己，晏婴视越石父为知己，请结合这两个典故，谈谈你对知己的认识。

四、司马迁云："天下不多管仲之贤而多鲍叔能知人也。""假令晏子而在，余虽为之执鞭，所忻慕焉。"请结合司马迁的《报任安书》，谈谈你对此的理解。

垓下之围

《史记》

阅读提示

《项羽本纪》是司马迁《史记》中最重要、最精彩的篇章之一。它成功地塑造了项羽这位叱咤风云的悲剧英雄形象，并在各种矛盾冲突中，展现了秦汉之际错综复杂的社会变革。

本文节选自《项羽本纪》的最后一部分。司马迁在塑造人物形象时，运用了多种艺术手法，其中最主要的是选择影响项羽命运发展的关键事件，具体描述项羽，说明项羽既是一位叱咤风云、气盖一世的英雄豪杰，更是一位情感丰富、个性鲜明的悲剧英雄。

本篇还巧于构思，善于将复杂的事件安排得井然有序，丝毫没有杂乱之感。作者在激烈的军事冲突中，插入情意缠绵的悲歌别姬一段，使情节发展急徐有致，节奏疏密相映成趣。突围快战，高潮迭起，情节连接紧密，过渡自然，结构浑然天成，气势磅礴。

篇末作者的评价公允深刻，而且寓有作者的身世感，使项羽这个悲剧人物形象具备了浓厚的抒情色彩。

项王军壁垓下，兵少食尽，汉军及诸侯兵围之数重。夜闻汉军四面皆楚歌[1]，项王乃大惊曰："汉皆已得楚乎？是何楚人之多也！"项王则夜起，饮帐中。有美人名虞，常幸从[2]；骏马名骓[3]，常骑之。于是项王乃悲歌忼慨[4]，自为诗曰："力拔山兮气盖世，时不利兮骓不逝[5]。骓不逝兮可奈何，虞兮虞兮奈若何[6]！"歌数阕，美人和之[7]。项王泣数行下，左右皆泣，莫能仰视。

于是项王乃上马骑，麾下壮士骑从者八百余人，直夜溃围南出[8]，驰走。平明，汉军乃觉之，令骑将灌婴以五千骑追之。项王渡淮，骑能属者[9]百余人耳。项王至阴陵，迷失道，问一田父[10]，田父绐曰[11]："左[12]。"左，乃陷大泽中。以故汉追及之。项王乃复引兵而东。至东城，乃有二十八骑。汉骑追者数千人。项王自度不得脱[13]。谓其骑曰："吾起兵至今八岁矣，身七十余战[14]，所当者破，所击者服，未尝败北，遂霸有天下。然今卒困于此，此天之亡我，非战之罪也。今日固决死，愿为诸君快战[15]，必三胜之，为诸君溃围，斩将，刈旗[16]。令诸君知天亡我，非战之罪也。"乃分其骑以为四队，四向[17]。汉军围之数重。项王谓其骑曰："吾为公取彼一将。"令四面骑驰下，期山东为三处[18]。于是项王大呼驰下。汉军皆披靡[19]，遂斩汉一将。是时，赤泉侯为骑将，追项王，项王瞋目而叱之[20]，赤泉侯人马俱惊，辟易[21]数里。与其骑会为三处。汉军不知项王所在，乃分军为三，复围之。项王乃驰，复斩汉一都尉，杀数十百人，复聚其骑，亡其两骑耳。乃谓其骑曰："何如？"骑皆伏曰[22]："如大王言。"

于是项王乃欲东渡乌江[23]。乌江亭长舣船待[24]，谓项王曰："江东虽小，地方千里，众数十万人，亦足王也。愿大王急渡。今独臣有船，汉军至，无以渡。"项王笑曰："天之亡我，我何渡为！且籍与江东子弟八千人渡江而西，今无一人还，纵江东父兄怜而王我[25]，我何面目见之？纵彼不言，籍独不愧于心乎？"乃谓亭长曰："吾知公长者[26]。吾骑此马五岁，所当无敌，尝一日行千里，不忍杀之，以赐公。"乃令骑皆下马步行，持短兵接战[27]。独籍所杀汉军数百人。项王身亦被十余创[28]。顾见汉骑司马吕马童[29]，曰："若非吾故人乎？"马童面之[30]，指王翳曰[31]："此项王也。"项王乃曰："吾闻汉购我头千金，邑万户[32]，吾为若德[33]。"乃自刎而死[34]。

……

……

太史公曰：吾闻之周生曰，"舜目盖重瞳子[35]"，又闻项羽亦重瞳子，羽岂其苗裔邪？何兴之暴也[36]！夫秦失其政，陈涉首难，豪杰蜂起，相与并争，不可胜数。然羽非有尺寸乘势，起陇亩之中，三年，遂将五诸侯灭秦，分裂天下，而封王侯，政由羽出，号为"霸王"，位虽不终，近古以来未尝有也。及羽背关怀楚[37]，放逐义帝而自立，怨王侯叛己，难矣[38]。自矜功伐[39]，奋其私智而不师古[40]，谓霸王之业，欲以力征经营天下[41]，五年卒亡其国，身死东城，尚不觉悟，而不自责，过矣。乃引"天亡我，非用兵之罪也"，岂不谬哉！

注释

[1] 楚歌：楚国人用楚语唱的歌曲。

[2] 幸：为帝王所宠爱。

[3] 骓（zhuī）：毛色青白相杂的马。

[4] 忼慨：同"慷慨"，悲愤激昂。

[5] 不逝：跑不起来。逝：跑。

[6] 奈若何：把你怎样安顿呢？若：你。

[7] 阕（què）：乐歌终了一次叫"一阕"。数阕，几遍。和（hè）之：应和，跟着唱。

[8] 直：当。溃围：突破重围。

[9] 属：随从。

[10] 田父（fǔ）：农夫。

[11] 绐（dài）：欺骗。

[12] 左：方位名词用作动词，向左行。

[13] 度（duó）：揣测，估计。

[14] 身：用作动词，亲身参加。

[15] 快战：一作"决战"。这里指痛痛快快地打一仗。

[16] 刈（yì）：割，砍。刈旗：砍倒敌方军旗。

[17] 四向：向着四个方向。

[18] 期山东为三处：约定在山的东面，分三处集合。山：即四隤（tuí）山，在今安徽省和县北七十里。

[19] 披靡：草木随风倒伏。此喻军队溃逃之状。

[20] 瞋（chēn）目：张目，瞪大眼睛。

[21] 辟易：受惊吓而退避。辟：同"避"。易：易地，挪地方。

[22] 伏：通"服"，心服。

[23] 乌江：即今安徽和县东北四十里。

[24] 亭长：乡官，秦汉时每十里为一亭，设亭长一人。舣（yǐ），使船靠岸。

[25] 纵：即使。

[26] 长者：年高有德之人。

[27] 短兵：短小轻便的武器，如刀、剑等。

[28] 被：受。创：伤。

[29] 顾：回头看见。骑司马：官名，骑兵将领。吕马童原系项羽部下，故下文以"故人"称之。

[30] 面之：面向项羽。一说面之，背之，背对着，即背着他，因为是故人不敢正视。

[31] 指王翳：将（项羽）指给王翳看。王翳：汉将，后封杜衍侯。

[32] 邑万户：封为万户侯。

[33] 吾为若德：我就送你个人情吧。德：此处指封侯受赏的好事。

[34] 自刎（wěn）：自杀。

[35] 舜：三皇五帝之一，传说目有双瞳而取名重华，受尧的"禅让"而称帝于天下，其国号为"有虞"，故号为"有虞氏帝舜"。由于虞舜的治国功绩，华夏地域呈现出前所未有的清平局面，故世称"天下明德皆自虞帝始"。

[36] 兴：发迹。暴：突然。

[37] 背关怀楚：离开关中，怀思楚地。

[38] 难矣：想成就大事就难了。

[39] 自矜：自夸，自负。功伐：指武力征伐之功。

[40] 私智：一己之能。师古：以古代成功立业的帝王为师。

[41] 经营：治理。

思考与练习

一、本文选择影响项羽命运发展的关键事件，运用场面描写的方法，塑造了一位悲剧英雄。请认真阅读课文，思考：作者记叙了什么事件？描写了哪些场面？塑造了什么样的人物形象？

二、辨析下列一词多义现象。

1. 乃

①乃分其骑以为四队　　　　　②乃引兵解而东归

③汉军乃觉之　　　　　　　　④乃有二十八骑

2. 及

①汉军及诸侯兵围之数重　　　②以故汉追及之

③及其死，鲁最后下

3. 独

①今独臣有船　　　　　　　　②籍独不愧于心乎

4. 以
①君王能自陈以东傅海　　　②以与彭越
③以故汉追及之　　　④乃分其骑以为四队

5. 之
①美人和之　　　②此天之亡我

6. 为
①使各自为战　　　②愿为诸君快战
③期山东为三处　　　④为之奈何

三、太史公曰："乃引'天亡我，非用兵之罪也'，岂不谬哉！"你同意这个观点吗？请阅读《项羽本纪》，然后谈谈你的看法。

四、对比阅读下面的两首诗，试述你的看法。

题乌江亭

唐·杜牧

胜败兵家事不期，包羞忍耻是男儿。

江东子弟多才俊，卷土重来未可知。

夏日绝句

宋·李清照

生当作人杰，死亦为鬼雄。

至今思项羽，不肯过江东。

答客难

《汉书》

🦋 阅读提示

本文选自东汉班固著《汉书·东方朔传》（卷六五，列传第三五）。

东方朔（前161或162—前93），字曼倩，平原厌次县（今山东省惠民县何坊街道，一说山东省德州市陵城区）人。西汉辞赋家。汉武帝即位，征四方士人。东方朔上书自荐，诏拜为郎。后任常侍郎、太中大夫等职。他性格诙谐，言词敏捷，滑稽多智，常在武帝前谈笑取乐，"然时观察颜色，直言切谏"。武帝好奢侈，起上林苑，东方朔直言进谏，认为这是"取民膏腴之地，上乏国家之用，下夺农桑之业，弃成功，就败事"。他曾言政治得失，陈农战强国之计，但汉武帝始终把他当俳优看待，不得重用，于是写《答客难》《非有先生论》，以陈志向和抒发自己的不满。

"难"是西汉东方朔首创的一种古文体。文中假设有客难东方朔，讥他官微位卑而务修圣人之道不止，他进行答辩。《答客难》既保持主客答难的赋的结构，又用比较整饬而不拘对偶的古文语言，实质便是文赋。

客难东方朔曰："苏秦、张仪一当万乘之主[1]，而都卿相之位[2]，泽及后世。今子大夫修先王之术，慕圣人之义，讽诵《诗》《书》百家之言，不可胜记，著于竹帛，唇腐齿落，服膺而不可释[3]，好学乐道之效，明白甚矣[4]；自以为智能海内无双，则可谓博闻辩智矣[5]。然悉力尽忠以事圣帝，旷日持久，积数十年，官不过侍郎，位不过执戟[6]，意者尚有遗行邪[7]？同胞之徒无所容居，其故何也？"

东方先生喟然长息，仰而应之曰："是故非子之所能备也。彼一时也，此一时也，岂可同哉？夫苏秦、张仪之时，周室大坏，诸侯不朝，力政争权[8]，相擒以兵，并为十二国，未有雌雄。得士者强，失士者亡，故谈说行焉[9]。身处尊位，珍宝充内，外有廪仓，泽及后世，子孙长享。今则不然。圣帝流德[10]，天下震慑，诸侯宾服，连四海之外以为带[11]，安于覆盂[12]；天下平均[13]，合为一家，动发举事，犹运之掌，贤与不肖何以异哉[14]？尊天之道，顺地之理，物无不得其所；故绥之则安[15]，动之则苦[16]；尊之则为将，卑之则为虏；抗之则在青云之上[17]，抑之则在深渊之下；用之则为虎，不用则为鼠；虽欲尽节效情[18]，安知前后[19]？夫天地之大，士民之众，竭精驰说[20]，并进辐凑者[21]，不可胜数；悉力慕之[22]，困于衣食，或失门户[23]。使苏秦、张仪与仆并生于今之世，曾不得掌故[24]，安敢望常侍郎乎！传曰[25]：'天下无害[26]，虽有圣人，无所施才；上下和同，虽有贤者，无所立功。'故曰时异事异。

"虽然，安可以不务修身乎哉！《诗》曰：'鼓钟于宫，声闻于外。''鹤鸣九皋[27]，声闻于天。'苟能修身，何患不荣！太公体行仁义[28]，七十有二乃设用于文武[29]，得信厥说[30]，封于齐，七百岁而不绝。此士所以日夜孳孳[31]，修学敏行[32]而不敢怠也。譬若鹔鸹飞且鸣矣。传曰：'天不为人之恶寒而辍其冬，地不为人之恶险而辍其广，君子不为小人之匈匈而易其行[33]。''天有常度[34]，地有常形，君子有常行；君子道其常，小人计其功[35]。'《诗》云：'礼义之不愆[36]，何恤人之言[37]？'故曰：'水至清则无鱼，人至察则无徒[38]。冕而前旒[39]，所以蔽明[40]；黈纩充耳[41]，所以塞聪。'明有所不见[42]，聪有所不闻，举大德，赦小过，无求备于一人之义也。枉而直之[43]，使自得之；优而柔之[44]，使自求之；揆而度之[45]，使自索之。盖圣人之教化如此[46]，欲自得之；自得之，则敏且广矣。

"今世之处士[47]，时虽不用，魁然无徒，廓然独居[48]，上观许由，下察接舆，计同范蠡，忠合子胥[49]，天下和平，与义相扶，寡耦少徒，固其宜也。子何疑于我哉？若夫燕之用乐毅，秦之任李斯，郦食其之下齐[50]，说行如流，曲从如环[51]，所欲必得，功若丘山，海内定，国家安，是遇其时者也，子又何怪之邪！语曰：'以管窥天，以蠡测海，以莛撞钟'，[52]岂能通其条贯，考其文理[53]，发其音声哉！繇是观之[54]，譬犹鼱鼩之袭狗[55]，孤豚之咋虎[56]，至则靡耳[57]，何功之有？今以下愚而非处士，虽欲勿困，固不得已，此适足以明其不知权变而终惑于大道也。"

注释

[1] 苏秦、张仪：战国纵横家。苏秦主张"合纵"，张仪主张"连横"。一当：一旦遇上。

[2] 都：居。

[3] 服膺：烂熟于胸。

[4] 明白：明显。

[5] 辩智：口才敏捷。

[6] 执戟：指执戟侍从的官。

[7] 遗行：品德上有不足。

[8] 力政：以武力征伐。

[9] 说：游说。

[10] 流德：布德。

[11] 带：腰带。

[12] 覆盂：倒扣的痰盂，盂口大腹小。此喻国家之安稳。

[13] 平均：统一。

[14] 异：区分。

[15] 绥：安抚，抚慰。

[16] 动：折腾。

[17] 抗：提拔。

[18] 尽节效情：尽忠效力。

[19] 前后：进退（得宜）。

[20] 竭精驰说：竭尽全力去游说（的人）。

[21] 辐凑：车轮的辐条齐聚车毂，比喻人或物向一个中心集中。

［22］悉：全，竭尽。

［23］失：找不到。

［24］曾：简直。掌故：官名，指掌管历史资料的小官。

［25］传：古人把先代的典籍通称为"传"。《孟子·梁惠王下》"于传有之"可以为证。

［26］害：动乱。

［27］九皋：即九皋，指曲折深远的沼泽。

［28］太公：姜太公（约前1128—约前1015），本名姜尚，姓姜，字子牙，被尊称为太公望，后人多称其为姜子牙、姜太公。中国历史上享有盛名的政治家、军事家和谋略家。

［29］设：实现。

［30］信：通"伸"，施展。厥：他的。

［31］孳：通"孜"。孳孳：孜孜不倦。

［32］修学：治学。敏行：勉力修身。

［33］匈匈：讻讻，喧哗。

［34］常度：常规。

［35］君子道其常，小人计其功：君子遵循正道行事，小人计较利害得失。

［36］愆（qiān）：过失。

［37］恤：忧虑。

［38］察：精明苛察。徒：同类或伙伴。

［39］旒（liú）：帝王礼帽前后悬垂的玉串。

［40］所以：用来（做什么）的。蔽明：遮蔽视线。

［41］黈纩（tǒu kuàng）：黄绵所制的小球，悬于冕之两边。

［42］明：视力敏锐。

［43］枉：弯曲。

［44］优而柔：优雅和谐。

［45］揆（kuí）：度，揣测。

［46］盖：大概。

［47］处士：本指有才德而隐居不仕的人，后亦泛指未做过官的士人。

［48］魁然：孤独貌。魁，通"块"。廓然：静静地，空寂貌。

［49］许由：尧时隐士。尧让天下，不受，隐于颍水之滨。接舆：孔子时隐士。曾狂歌讥孔子，称楚狂。范蠡：越王勾践的谋臣，助勾践灭吴后退隐。子胥：伍子胥，吴王夫差忠臣，被杀。

［50］乐毅：燕昭王战将，曾破齐，称雄一时。李斯：秦始皇时为丞相。郦食其（lì yì jī）：汉高祖刘邦谋臣。曾说齐王田广归汉，下齐七十二城。

［51］说行如流，曲从如环：游说如流水，纳谏如转环。

［52］蠡：用瓠做的瓢。莝：草。

［53］条贯：规律。文理：原理。

［54］繇：同"由"，从，自。

［55］鼱鼩（jīng qú）：动物名，体小尾短，形似小鼠。

〔56〕孤豚：小猪。咋（zé）：咬，大喊大叫。

〔57〕至：一定，必。靡：毁灭，消灭。

思考与练习

一、《答客难》为客问主答的形式，那么客问的是什么？东方朔是如何回答的？从中显露出东方朔什么思想情感？

二、文中流传于后世的成语或俗语很多，请找出来细细品味。

三、文中的历史人物众多，请搜集资料，简要介绍一下。

四、东方朔生在汉武帝大一统时代，他认为"贤与不肖"没有什么区别，虽有才能也无从施展，"用之则为虎，不用则为鼠"。你认同此说吗？为什么？

诫兄子严敦书

《后汉书》

📖 **阅读提示**

《诫兄子严敦书》选自南朝宋时期史学家范晔编著的《后汉书·马援列传》。原传本无此题目，题目乃后人所加。

马援（前14—49），字文渊，扶风茂陵（今陕西兴平东北）人。少有大志，光武帝时，为伏波将军，曾南征交趾，功勋卓著，后卒于军中。严、敦，是指马援兄马余的儿子马严和马敦。

汉代士人生存环境的险恶与变幻莫测使人时刻保持戒惧状态，谦虚、谨慎以求保全自我，从而保证家族的延续和发展。因此，汉代士人们把这种戒惧意识在诫文中转化为对修身养德的强调。此封家书就是经典事例。更可贵的是，马援写这封家书给严敦二侄时，正是他率军远征交趾的时候。

本文语气平和恳切，教导晚辈要品行端正，言语谆谆，丝毫没有训斥的口气，和蔼可亲的长者风范从中自然显现。

援兄子严、敦并喜讥议[1]，而通轻侠客[2]。援前在交趾[3]，还书诫之曰[4]：

"吾欲汝曹闻人过失[5]，如闻父母之名[6]，耳可得闻，口不可得言也[7]。好议论人长短，妄是非正法[8]，此吾所大恶也[9]，宁死不愿闻子孙有此行也。汝曹知吾恶之甚矣，所以复言者[10]，施衿结缡[11]，申父母之戒[12]，欲使汝曹不忘之耳。

"龙伯高敦厚周慎[13]，口无择言[14]，谦约节俭，廉公有威[15]。吾爱之重之，愿汝曹效之。杜季良豪侠好义[16]，忧人之忧，乐人之乐，清浊无所失[17]，父丧致客[18]，数郡毕至。吾爱之重之，不愿汝曹效也。效伯高不得[19]，犹为谨敕之士[20]，所谓'刻鹄不成尚类鹜'者也[21]；效季良不得，陷为天下轻薄子[22]，所谓'画虎不成反类狗'者也[23]。迄今季良尚未可知，郡将下车辄切齿[24]，州郡以为言[25]，吾常为寒心[26]，是以不愿子孙效也。"

📚 **注释**

[1] 讥议：讥讽议论（别人）。

[2] 通：互相来往。轻：随便，轻率。通轻：喻指随便地与人交好。

[3] 交趾：汉郡，在今越南北部。

[4] 书：写信。

[5] 汝曹：你们。曹，辈。

[6] 闻父母之名：古时一般避父母之名讳，以示敬重。

[7] 言：议论。

［8］是非正法：议论朝廷的政策与法令。

［9］大恶：特别厌恶。

［10］复言：反复说，一再强调。

［11］施衿（jīn）结缡（lí）：古制，女子出嫁时，母亲把佩带和佩巾系在女儿身上，象征父母对子女的训诫。衿，一种彩色带子。缡，古代女子系在身前的佩巾。

［12］申：重复，一再。

［13］龙伯高（前1—88）：名述，京兆（今西安市）人，是龙氏有谱可查的共同先祖。汉光武帝25年敕封为零陵太守，"在郡四年，甚有治效""孝悌于家，忠贞于国，公明莅临，威廉赫赫"，历代史志皆有褒扬。周慎：周密谨慎。

［14］口无择言：所言皆善，没有不合法度的话。择，同"殬（dù）"，败坏。

［15］廉公：清廉公正。

［16］杜季良：杜保，字季良，京兆人，光武帝时任越骑司马，豪侠仗义，后被仇人上书攻击而免官。

［17］清浊无所失：各色人等都有所交往。

［18］致：使……来。

［19］得：成功。

［20］谨敕（chì）：谨慎稳重。敕，通"饬"，谨慎。

［21］刻鹄（hú）不成尚类鹜（wù）：天鹅虽然雕刻得不像，却还像鸭子。比喻虽然仿效不十分逼真，但还有些近似。后来这句演化为成语"刻鹄类鹜"。鹄，天鹅。鹜，鸭子。

［22］陷：堕落。轻薄子：纨绔子弟。

［23］画虎不成反类狗：没有画虎的本领，却要画虎，结果把虎画得像狗一样。比喻好高骛远，达不到目的，被人作为笑柄。后来这句演化为成语"画虎类狗"。

［24］下车：官员初上任。切齿：表示痛恨。

［25］以为言：把这作为话柄。

［26］寒心：戒惧，担心。

思考与练习

一、请认真阅读课文，思考一下：马援给侄子写信的起因是什么？他在信中列举龙伯高、杜季良的表现的用意是什么？这样写的好处是什么？

二、文中大量而恰当地使用句末语气词，请找出这些词句细细品味，并简述其表达效果。

三、"喜讥议""轻侠客"，今天还有没有这种现象？对此，你的看法是什么？请联系古今加以论述。

四、背诵全文。

遗[1] 黄琼书

《后汉书》

阅读提示

《遗黄琼书》选自南朝宋时范晔编著的《后汉书·左周黄列传》，是东汉大臣李固给黄琼所写的一封信。

李固（94—147），字子坚，东汉汉中南郑（今陕西汉中市南郑区）人。历事顺帝、冲帝、质帝、桓帝，官至太尉。在朝廷，敢于直言，曾因反对宦官、外戚专权，屡遭诬陷。汉桓帝幼年继位，梁太后临朝，李固遭梁冀的诬陷，被杀。

黄琼，江夏安陆（今湖北安陆）人。初以父任为太子舍人，辞病不就。顺帝永建中，由于公卿推荐，他被征入京都洛阳，行至纶氏（今河南登封），又托病滞留不进。李固平素十分敬佩黄琼，所以写了此信，鼓励他积极参与政事，施展雄才大略，以便洗刷"处士纯盗虚声"之议，为当时的"清流"争一口气。这封信写得简短有力，感情真挚。黄琼进了京师，初任议郎，后迁尚书令，官至太尉、司空，果然政绩卓著。

闻已度伊、洛[2]，近在万岁亭[3]，岂即事有渐，将顺王命乎[4]？

盖君子谓伯夷隘，柳下惠不恭[5]，故传曰：不夷不惠，可否之间[6]。盖圣贤居身之所珍也[7]。诚遂欲枕山栖谷，拟迹巢、由[8]，斯则可矣[9]；若当辅政济民，今其时也[10]。自生民以来，善政少而乱俗多[11]，必待尧舜之君，此为志士，终无时矣[12]。

常闻语[13]曰：峣峣者易缺，皎皎者易污[14]。阳春之曲，和者必寡[15]。盛名之下，其实难副[16]。近鲁阳樊君[17]被征，初至，朝廷设坛席，犹待神明[18]；虽无大异，而言行所守，亦无所缺[19]，而毁谤布流，应时折减者，岂非观听望深，声名太盛乎[20]？自顷征聘之士，胡元安、薛孟尝、朱仲昭、顾季鸿等[21]，其功业皆无所采[22]，是故俗论皆言处士纯盗虚声[23]，愿先生弘此远谟，令众人叹服，一雪此言耳[24]。

注释

[1] 遗（wèi）：赠送。

[2] 度：同"渡"。伊、洛：伊水和洛水。伊水：又称伊川，流经河南西部，在今偃师市入洛河。洛水：今名洛河，流经陕西东南部、河南西部，在巩县（今巩义市）入黄河。

[3] 万岁亭：位于洛阳市东，在今河南登封市西北。

[4] 即事：就事，指出来做官。有渐：逐渐地。"有"字是助词，无实际意义。这句话大意是莫不是你愿意逐渐参与政事，准备接受朝廷的任命吗？

[5] 伯夷隘，柳下惠不恭：出自《孟子·公孙丑》。伯夷：殷商时孤竹君之子，殷亡后，不食周粟而饿死。柳下惠：春秋时鲁国大夫，姓展，名获，字禽，封地在柳下，故称柳

下惠。惠是他死后的谥号。柳下惠曾任士师（掌管刑狱的官），三次被贬职，却仍旧继任，所以说他不恭。不恭：不严肃，不自重。

[6] 传：解释儒家经典的文字称为"传"，此处指汉代扬雄《法言·渊骞篇》"不夷不惠，可否之间"。可否之间：采取中间态度。意思是既不像伯夷那样狭隘固执，也不学柳下惠那样随便、不自尊，而是居于二者之间。

[7] 盖：大概。居身：立身处世。珍：珍视，看重。这句话的大意是：大概这就是圣贤所珍惜的立身处世的态度吧。

[8] 诚：果真。枕山：以山陵为枕头。栖谷：以山谷为栖身之所。枕山栖谷：指隐居于深山幽谷。拟迹：效法……的行为。巢、由：指巢父和许由，都是唐尧时的隐士。相传尧曾先后欲让位于二人，二人出逃，农耕而食。

[9] 斯：这。指黄琼称疾不进的做法。

[10] 辅政济民：助理朝政，拯救人民。其时：正是时候。

[11] 自生民以来：自人类社会开始。善政：良好的政治。乱俗：混乱的社会风气。

[12] "必待"两句：必定要等待有尧、舜那样的贤君才肯出来做官，那么要做一个辅政济民的有志之士，便永远没有机会。志士：有志救世济民的人。终：永远。

[13] 语：俗语或谚语。

[14] "峣峣"两句：高耸的物体容易被折断，洁白的东西容易被玷污。峣（yáo）峣：形容高峻的样子。

[15] 阳春之曲：指《阳春》《白雪》，属高雅乐曲。《楚辞·宋玉对楚王问》中有"其为《阳春》《白雪》，国中属而和者不过数十人"，这句大意是曲调越高雅，跟着唱的人就越少。和（hè）：应和，共鸣。寡：稀少。

[16] 盛名之下，其实难副：有很大名声的人，其实际难以与名声相称。

[17] 鲁阳樊君：指樊英，南阳鲁阳（今河南鲁山县）人，隐于壶山（今河南泌阳县东北）。州郡礼聘，公卿推荐，他都拒绝。永建二年（127），顺帝用重礼征召他，他到京称疾不起，于是用轿子强行将他抬上殿，他仍十分傲慢，不肯跪拜。顺帝于是为他筑坛，待以师礼，问他时政得失，拜五官中郎将。但他数月后即称病告归，并未提出实际治国良策，大失众望。

[18] 设坛席：筑坛安席，形容礼敬。犹：好像。神明：圣贤，有智慧的人。当时顺帝待樊英如对师傅，拜为五官中郎将，询问朝政得失，恩礼备至。

[19] "虽无"三句：这个人虽然没什么突出的表现，但他的所作所为也没有什么过失。大异：特殊突出的表现。所守：言行所遵循的准则。无：没有欠缺。

[20] 布流：散布流传。应时：即时。折减：降低，下降。观听望深：是说人们对樊英久闻其名，期待太高。

[21] 自顷：近来，不久以前。胡元安：名定，颍川颍阳（今河南许昌）人，居丧而饥，县官送食仅取一半，以此得名。薛孟尝：名包，汝南（今河南汝南）人，以能忍受后母虐待和分家产时礼让得名，被征拜郎中。朱仲昭：未详。顾季鸿：名奉，吴郡吴县（今江苏苏州）人，官至颍川太守。

[22] 其功业皆无所采：他们的功业都没有什么可取的。采：取，可取之处。

[23] 处士：封建时代隐居不仕的知识分子。一说指隐士。纯盗虚声：纯粹是盗取

虚名。

　　［24］弘：大，大力施展。谟：同"谋"，谋划。一：彻底地，全部地。雪：洗清，洗刷。此言：指上面"外士纯盗虚声"的舆论。耳：语末助词，犹言"吧"。

📖 **思考与练习**

　　一、本文是一篇行文目的明确、实用性很强的应用文，试分析作者的说服技巧，并谈谈对你的写作有何启发。

　　二、找出本文中可以作为名言警句的句子，并对其哲理性作简要分析。

　　三、找出本文中的历史名人，搜索其生平事迹，在课堂上交流，并探讨他们值得大家学习的地方。

登楼赋

王粲

王粲（177—217），字仲宣，汉末山阳高平（今山东邹城市）人，建安时期著名的才子。西京扰乱，他避难荆州，依刘表，未受重用。曹操征服荆襄后，归附曹操，官至侍中，为"建安七子"中文学成就较高者。后人将他和曹植相比，合称"曹王"。曹丕《典论·论文》谓其"长于辞赋"。

《登楼赋》选自《王粲集》，是王粲依靠刘表期间在荆州登麦城城楼所写，抒发了生逢乱世、长期流浪、思乡怀国、郁郁寡欢的处境和怀才不遇的忧愤，表现了作者忧虑时局、企望稳定、施展才华、建功立业的心情。

文中写景抒情兼顾，由眼前景色引发忧思，以景衬托心情，用写景辅助抒情，情随景迁，情景耦合相生，构作精妙。文章字词洗练，风格清雅，体现了魏晋辞赋的基本特色，堪称汉魏抒情小赋的代表作。

登兹楼以四望兮[1]，聊暇日以销忧[2]。览斯宇之所处兮[3]，实显敞而寡仇[4]。挟清漳之通浦兮[5]，倚曲沮之长洲[6]。背坟衍之广陆兮[7]，临皋隰之沃流[8]。北弥陶牧[9]，西接昭丘[10]。华实蔽野[11]，黍稷盈畴[12]。虽信美而非吾土兮[13]，曾何足以少留[14]！

遭纷浊而迁逝兮[15]，漫逾纪以迄今[16]。情眷眷而怀归兮[17]，孰忧思之可任[18]？凭轩槛以遥望兮，向北风而开襟[19]。平原远而极目兮，蔽荆山之高岑[20]。路逶迤而修迥兮[21]，川既漾而济深[22]。悲旧乡之壅隔兮[23]，涕横坠而弗禁[24]。昔尼父之在陈兮，有归欤之叹音[25]。钟仪幽而楚奏兮[26]，庄舄显而越吟[27]。人情同于怀土兮[28]，岂穷达而异心[29]！

惟日月之逾迈兮[30]，俟河清其未极[31]。冀王道之一平兮[32]，假高衢而骋力[33]。惧匏瓜之徒悬兮[34]，畏井渫之莫食[35]。步栖迟以徙倚兮[36]，白日忽其将匿[37]。风萧瑟而并兴兮[38]，天惨惨而无色[39]。兽狂顾以求群兮[40]，鸟相鸣而举翼[41]。原野阒其无人兮[42]，征夫行而未息[43]。心凄怆以感发兮[44]，意忉怛而憯恻[45]。循阶除而下降兮[46]，气交愤于胸臆[47]。夜参半而不寐兮[48]，怅盘桓以反侧[49]。

📖 **注释**

[1] 兹楼：这座楼，指王粲依刘表时登上的麦城城楼。麦城城楼故址在今湖北当阳东南，漳、沮二水汇合处。

[2] 聊：姑且，暂且。暇日：假借此日。暇：通"假"，借。销忧：解除忧虑。

[3] 斯宇之所处兮：指这座楼所处的环境。

[4] 实显敞而寡仇：很少能有与此楼的宽阔敞亮相比肩的。寡：少。仇：匹敌，比肩。

[5] 挟清漳之通浦兮：贴着清澈而通达的漳水。挟：带。清漳：指清澈的漳水，漳水发源于湖北南漳，流经当阳，与沮水会合，经江陵注入长江。通浦：通达宽敞的河流。

[6] 倚曲沮之长洲：紧靠着弯曲的沮水中间是一块长形陆地。倚：靠。曲沮：弯曲的沮水。沮水发源于湖北保康，流经南漳、当阳，与漳水会合。长洲：临水的长形陆地。

[7] 背坟衍之广陆兮：楼背靠地势较高的广袤原野。背：背靠，指北面。坟：高。衍：平。广陆：广袤的原野。

[8] 临皋（gāo）隰（xí）之沃流：城楼面对地势低洼的肥沃土地。临：面临，指南面。皋隰：水边低洼之地。

[9] 北弥陶牧：北接陶朱公所在的江陵。弥：接近。陶牧，相传春秋时越国的范蠡帮助越王勾践灭吴后弃官来到陶，自称陶朱公。后西迁至江陵，卒后葬于此。牧：郊外。湖北江陵西有陶朱公墓，故称陶牧。

[10] 昭丘：楚昭王的坟墓，在当阳郊外。

[11] 华实蔽野：花和果实覆盖着原野。华：同"花"。

[12] 黍（shǔ）稷（jì）盈畴：农作物遍布田野。黍稷：泛指农作物。盈畴：充满田野。

[13] 信美：确实美。吾土：我的故乡。

[14] 曾何足以少留：有什么值得在这里稍做停留的，即不能继续流寓于此。

[15] 遭纷浊而迁逝兮：生逢乱世到处迁徙流亡。纷浊：纷乱混浊，比喻乱世。

[16] 漫逾纪以迄今：至今这种流亡生活已超过了十二年。逾：超过。纪：十二年，古人以十二年为一纪。迄今：至今。

[17] 眷眷（juàn）：形容思念得深切。

[18] 孰忧思之可任：谁能经受得住这种忧思呢？任：承受。

[19] 凭：倚靠。开襟：敞开胸襟。

[20] 蔽荆山之高岑（cén）：高耸的荆山挡住了视线。荆山，在湖北南漳。岑：小而高的山。

[21] 路逶迤（wēi yí）而修迥兮：道路曲折漫长。修，长。迥，远。

[22] 川既漾而济深：河水荡漾而深，很难渡过。这两句是说路远水长归路艰难，实际上暗示战乱不休，归途不畅。

[23] 悲旧乡之壅（yōng）隔兮：想到与故乡阻塞隔绝就悲伤不已。壅：阻塞隔绝。

[24] 涕横坠而弗禁：禁不住泪流满面。涕：眼泪。弗禁：止不住。

[25] 昔尼父之在陈兮，有归欤之叹音：据《论语·公冶长》记载，孔子周游列国的时候，在陈、蔡绝粮时感叹："归欤，归欤！"尼父，指孔子。孔子周游列国，推行自己的主张，没有得到统治者的响应。王粲自比，即是没有发挥自己能力的机会，有归家的想法。

[26] 钟仪幽而楚奏兮：指钟仪被囚，仍不忘弹奏家乡的乐曲。《左传·成公九年》载，楚人钟仪被郑国作为俘虏献给晋国，晋侯让他弹琴，他弹的是楚国的音乐。晋侯称赞说："乐操土风，不忘旧也。"遂放他回到楚国，促成了晋楚联合。

[27] 庄舄（xì）显而越吟：指越人庄舄在楚国身居要职，吟诵说话时仍说越国方言。《史记·张仪列传》载，庄舄在楚国做官时病了，楚王说，庄舄原来是越国的穷人，现在楚国做了大官，还能思念越国吗？便派人去看，原来庄舄正在用家乡话自言自语。

[28] 人情同于怀土兮：人们思念故乡的情感是相似的。

[29] 岂穷达而异心：哪能因为不得志或显达就不同了呢?

[30] 惟：念。日月：指光阴。逾迈：流走，消逝。

[31] 俟（sì）河清其未极：黄河水还没有到澄清的那一天。俟：等待。河：黄河。未极：未至。

[32] 冀王道之一平兮：希望国家统一安定。冀：希望。

[33] 假高衢（qú）而骋力：凭借大道自己可以施展才能和抱负。假：凭借。高衢：大道，喻贤明君主的治国之道。

[34] 惧匏（páo）瓜之徒悬兮：担心自己像匏瓜那样被白白地挂在那里派不上用场。《论语·阳货》："（子曰）吾岂匏瓜也哉? 焉能系而不食?"

[35] 畏井渫（xiè）之莫食：害怕井淘好了，却没有人来打水吃。渫：淘去污泥。《周易·井卦》："井渫不食，为我心恻。"比喻一个洁身自持而不为人所重用的人。

[36] 步栖（qī）迟以徙倚兮：在楼上漫步徘徊。栖迟、徙倚都有徘徊、漫步意。

[37] 白日忽其将匿（nì）：太阳将要西落。匿，隐藏。

[38] 风萧瑟而并兴兮：林涛阵阵，八面来风。萧瑟，树木被风吹拂的声音。并兴，指风从不同的地方同时吹起。

[39] 天惨惨而无色：天空暗淡无光。

[40] 兽狂顾以求群兮：野兽惊恐地张望寻找伙伴。狂顾：惊恐地回头望。求群，寻找自己的群体。这里以野兽群居衬托自己的孤单。

[41] 鸟相鸣而举翼：鸟雀纷纷鸣叫着展翅高飞。

[42] 原野阒（qù）其无人兮：原野静寂无农作的人。阒，静寂。

[43] 征夫行而未息：参战的兵将还在匆匆赶路。

[44] 心凄怆以感发兮：指自己对周围景物所感触，不禁觉得凄凉悲怆。

[45] 意忉怛（dāo dá）而憯（cǎn）恻：指心情悲痛，无限伤感。这两句为互文。憯：同"惨"。

[46] 循阶除而下降兮：沿着阶梯下楼。循，沿着。阶除，阶梯。

[47] 气交愤于胸臆：胸中的闷气郁结，愤懑难平。

[48] 夜参半而不寐：直到半夜还难以入睡。

[49] 怅盘桓以反侧：惆怅难耐，辗转反侧。盘桓：徘徊不前的样子，此处指思前想后，思虑重重。

思考与练习

一、试分析"虽信美而非吾土兮，曾何足以少留"在文中的作用。

二、分析本文景物描写与抒情之间的关系。

三、作品中使用的典故有哪些，在表现作者情怀上有什么作用?

石崇与王恺争豪

《世说新语》

阅读提示

刘义庆（403—444），彭城（今江苏徐州）人，南朝宋武帝刘裕之侄，袭封临川王。性简素，好文学，撰有《世说新语》《幽明录》等。

《世说新语》是笔记小说集，全书分德行、言语等36门，记载汉末至东晋士大夫的逸事和言谈，较真实地反映了当时士族阶级的生活和精神面貌。语言简洁、生动，对后代笔记小说有一定影响。

本文选自《世说新语·汰侈门[1]》，通过石崇与王恺争豪斗富，揭露了东晋门阀豪富穷极奢侈的生活态度和依仗财势飞扬跋扈、骄横暴戾的品性。文章篇幅虽短小，但手法多样，人物形象鲜明，较突出的是对比手法和细节描写的运用。

石崇与王恺争豪[2]，并穷绮丽，以饰舆服[3]。武帝，恺之甥也，每助恺。尝以一珊瑚树，高二尺许赐恺。枝柯扶疏[4]，世罕其比[5]。恺以示崇。崇视讫[6]，以铁如意击之[7]，应手而碎。恺既惋惜，又以为疾己之宝[8]，声色甚厉。崇曰："不足恨[9]，今还卿[10]。"乃命左右悉取珊瑚树，有三尺四尺，条干绝世[11]，光彩溢目者六七枚[11]，如恺许比[13]甚众。恺惘然自失[14]。

注释

[1] 汰侈：指过分奢侈，骄纵。

[2] 石崇：字季伦，历任刺史、卫尉等重要官职，是当时的富豪，后为赵王伦所杀。王恺：字君夫，为司马炎（晋武帝）娘舅，官至骁骑将军、散骑常侍。争豪：比赛富有。

[3] "并穷"二句：双方都尽力用最华丽的东西来装饰车辆、衣冠。穷：穷尽，极尽。舆服：车辆、冠冕和服装。

[4] 枝柯扶疏：枝叶茂盛纷披的样子。柯：树枝。扶疏：繁茂纷披的样子。

[5] 比：相等，相当。

[6] 视讫：看过之后。讫：完毕，终了。

[7] 如意：用玉、石、竹、木、骨或金属制成的搔背痒的工具，一端做成灵芝形或云叶形，供观赏。

[8] 疾：通"嫉"，嫉妒。

[9] 不足恨：不值得懊恨。

[10] 卿：此处为对对方的称谓。

[11] 条干：枝条树干。绝世：世间绝无仅有。

［12］光彩：明亮而华丽。溢目：目不胜视。

［13］如恺许比：同王恺那棵珊瑚树差不多相等。

［14］惘然自失：心中怅然若有所失。惘然：失意的样子。

思考与练习

一、这篇小说反映了当时怎样的社会现实？

二、这篇小说是怎样运用对比手法的？

三、石崇以铁如意击碎珊瑚树对表现文章主题和刻画人物性格有何作用？

神思

《文心雕龙》

📖 阅读提示

刘勰（约465—520），字彦和，著名的文学理论家。他出身贫寒，父亲早逝，在寺庙里生活了很长时间，精研佛教经藏。刘勰的代表作是《文心雕龙》，该书在网罗前代文章、分门别类加以论述的基础上，总结文学发展规律，归纳文学创作经验，为中国文学理论和文学批评建立起完整的体系，具有极高的理论和艺术价值。

《神思》选自《文心雕龙》第二十六篇，主要探讨艺术构思的问题。"文思"（文章的构思过程）应以"神思"（艺术想象）为先导，而艺术想象活动的特点则是"思接千载""视通万里"，不受具体时空的限制。艺术想象活动必须结合具体的形象进行，即所谓"神与物游"，而高效的艺术想象活动必须有相应的主观条件准备，即写作主体必须摒除主观杂念，达至"虚静"状态，还需"积学""酌理""研阅""驯致"。在写作过程中，写作主体必须处理好"思"（即主观思想情感）、"意"（即写作构思和设想）、"言"（即具体的语言表达）三者之间的关系，否则就会"疏则千里""思隔河山"。刘勰还举出文学史上一系列的作家，说明成文过程的长短快慢可以各有不同，但一个成功的创作者必须做到"博而能一"。最后，作者指出了语言表达的局限性，一方面是内容上的"思表纤旨，文外曲致"难以传达，另一方面是写作规律本身的精妙之处难以言喻，就如"伊挚""轮扁"无法传授自己的高妙技艺一样。

《神思》在《文心雕龙》中列为创作论之首，其理论思想带有总纲的性质。本篇在用喻、辞藻等方面极富功力，文辞骈散结合，结构严整有致。

古人云：形在江海之上，心存魏阙之下，神思之谓也[1]。文之思也，其神远矣。故寂然凝虑，思接千载；悄焉动容[2]，视通万里。吟咏之间，吐纳珠玉之声[3]；眉睫之前，卷舒风云之色[4]。其思理之致乎[5]？

故思理为妙，神与物游[6]。神居胸臆，而气志统其关键[7]；物沿耳目，而辞令管其枢机[8]。枢机方通，则物无隐貌；关键将塞，则神有遁心。是以陶钧文思[9]，贵在虚静[10]，疏瀹五脏，澡雪精神[11]。积学以储宝，酌理以富才[12]，研阅以穷照[13]，驯致以绎辞[14]，然后使玄解之宰[15]，寻声律而定墨；独照之匠[16]，窥意象而运斤[17]。此盖驭文之首术，谋篇之大端[18]。

夫神思方运，万涂竞萌[19]，规矩虚位[20]，刻镂无形。登山则情满于山[21]，观海则意溢于海。我才之多少，将与风云而并驱矣。方其搦翰[22]，气倍辞前，暨乎篇成，半折心始[23]。何则？意翻空而易奇[24]，言征实而难巧也[25]。是以意授于思[26]，言授于意；密则无际[27]，疏则千里[28]。或理在方寸，而求之域表[29]；或义在咫尺，而思隔山河。是以秉心养术[30]，无务苦虑[31]；含章司契[32]，不必劳情也。

人之禀才，迟速异分[33]；文之制体，大小殊功[34]。相如含笔而腐毫[35]；扬雄辍翰而惊梦[36]；桓谭疾感于苦思[37]；王充气竭于思虑；张衡研《京》以十年[38]；左思练《都》以一纪[39]。虽有巨文，亦思之缓也。淮南崇朝而赋《骚》[40]；枚皋应诏而成赋[41]；子建援牍如口诵[42]；仲宣举笔似宿构[43]；阮瑀据案而制书[44]；祢衡当食而草奏[45]。虽有短篇，亦思之速也。

若夫骏发之士[46]，心总要术[47]，敏在虑前[48]，应机立断；覃思之人[49]，情饶歧路[50]，鉴在疑后[51]，研虑方定。机敏故造次而成功[52]；虑疑故愈久而致绩。难易虽殊，并资博练[53]。若学浅而空迟，才疏而徒速，以斯成器[54]，未之前闻。是以临篇缀虑[55]，必有二患：理郁者苦贫[56]，辞溺者伤乱[57]。然则博见为馈贫之粮，贯一为拯乱之药[58]。博而能一，亦有助乎心力矣。

若情数诡杂[59]，体变迁贸[60]。拙辞或孕于巧义[61]，庸事或萌于新意[62]。视布于麻，虽云未贵，杼轴献功[63]，焕然乃珍。

至于思表纤旨，文外曲致[64]，言所不追，笔固知止。至精而后阐其妙[65]，至变而后通其数[66]，伊挚不能言鼎[67]，轮扁不能语斤[68]，其微乎矣！

赞曰：神用象通[69]，情变所孕。物以貌求[70]，心以理应[71]。刻镂声律，萌芽比兴。结虑司契[72]，垂帷制胜。

📖 注释

[1] "形在"两句：语出《庄子·让王》"中山公子牟谓瞻子曰：'身在江海之上，心居乎魏阙之下，奈何？'"中山公子牟，魏国公子。江海，指代民间。魏阙，魏国宫门，指代在魏国宫廷做官。神思：想象性思维。神，神奇，神异。

[2] 悄（qiǎo）焉：肃静无声的状态。

[3] 吐纳：吐和咽。此处为偏义复词，指吐，发出义。

[4] 卷舒：卷缩和舒展，此处指变幻不定。

[5] 思理之致：构思所达致（的结果）。思理：文章的构思。致：达到。

[6] 神与物游：想象同物象相伴随。游：交游，结交。

[7] 气志统其关键：意为艺术的想象活动受作者思想情感的支配。气志：气质和情志，即思想情感。

[8] 沿：旁着，顺着。此处指（物象）经由耳目（被写作者观察和储存）。枢机：事物的关键。枢：门臼，门轴可以插入并转动。

[9] 陶钧：制作陶器所用的转轮。此处用作动词，指使构思臻于完善的过程。

[10] 虚静：指一种排除一切主观功利杂念，静观万物的精神状态。语出《老子》第十六章："致虚极，守静笃，万物并作，吾以观复。"

[11] 疏瀹（yuè）五脏，澡雪精神：给五脏和精神洗澡，借指清除一切主观杂念。疏瀹：沐浴，洗浴。澡雪：洗涤。

[12] 储宝：储存珍宝，借指为写作储备学养。酌理：斟酌事理，探究事物变化发展的规律。

[13] 研阅：研讨人生经历。阅，阅历。穷照：深入观察（事物的本质）。穷，尽。照，

观察。

[14] 驯致：使情趣和顺。致：情致，情趣。绎辞：使文辞和悦。绎：和悦，此处作动词使用。

[15] 玄解之宰：范文澜注"玄解之宰谓心"。玄解：深奥难解的（事物或道理）。宰：作家的心灵。

[16] 独照：眼光独特的。

[17] 意象：想象中的形象。

[18] 大端：重要开端。端：事物开始的部分。

[19] 万涂：通"途"，道路。万途：这里借指想象活动的多向特性。

[20] 规矩虚位：设想尚未成型的文章思路。规矩：原指画图的器具，后引申为规则、法度。此处用作动词，指规划、设想。虚位：空着的座位，此处借指尚未成型的文章思路。

[21] 镂：雕刻。登山：此处指"神思"（写作时的想象活动）中的登山，下句"观海"同。

[22] 搦（nuò）翰：握笔。

[23] 半折心始：只实现了开篇时设想的一半。折：折损。

[24] 意翻空：写作设想是多次凭空假想（的结果）。意：意图，设想。翻：反复研讨。

[25] 言征实：语言表达追求实效。征：追问，追究。

[26] 意授于思：作者的主观情感、思想（思）转化成写作设想（意）。授于：从……得到。

[27] 无际：没有缝隙。际：本意为两墙相合之处，泛指缝隙。

[28] 疏则千里：指语言不能准确地达意。

[29] 理：指文章的思想内容，下句"义"同。方寸：原义为"一寸见方"，后特指心、心中。域表：疆域之外，指遥远的地方。

[30] 秉心：用心地，专心地。术：为文的方法。

[31] 务：从事，专注于。

[32] 含章司契：含有文采而掌握规律。含章：内心怀抱美好的情操。司契：本义为掌握契据，引申为掌握规则、法则。

[33] 分（fèn）：本分。

[34] 制体：文章的体裁。功：功力、修养和造诣。

[35] 相如：司马相如，字子卿，西汉文学家，传说他文思慢。腐毫：毫，毛，引申为笔。腐毫喻其构思写作时间之长。

[36] 扬雄：西汉著名文学家。辍翰而惊梦：事见桓谭《新论·祛蔽》，据说扬雄写完了《甘泉赋》，因心力耗费过度，困倦而卧，梦其五脏尽出，以手收而纳之。

[37] 桓谭：东汉学者，文学家，其《新论·祛蔽》曰："余少时见扬子云之丽文高论，不自量年少新进，而猥欲逮及，尝激一事而作小赋，用精思太剧，而立感动发病。"

[38] 张衡：东汉著名科学家、文学家，据说其作《二京赋》十年乃成。

[39] 左思：西晋文学家，有名作《三都赋》。纪：十二年为一纪。

[40] 淮南崇朝而赋《骚》：淮南王刘安用一个早晨的时间写成《离骚传》。刘安（前179—前122），西汉皇族，封淮南王，西汉的思想家、文学家，曾奉汉武帝之命著《离骚

传》，今已失传。崇，同"终"。

[41] 枚皋：西汉文学家，《汉书·枚乘传》云，枚皋为文敏捷，"上有所感，辄使赋之，为文疾，受诏辄成"。

[42]"子建"句：曹植提笔写作的速度像朗读文章一样快。援：执，持。牍：古代写字用的木片。子建：曹植（192—232），字子建，魏武王曹操之子，魏文帝曹丕之弟，东汉末年著名文学家。

[43] 仲宣举笔似宿构：王粲下笔写作时快得像早已构思好一样。仲宣：王粲（177—217），字仲宣，东汉末年著名文学家。

[44] 阮瑀据案而制书：阮瑀靠在马鞍上替曹操代写书信，片刻就完成了，曹操想加以修改竟无从下笔。阮瑀（约165—212年），字元瑜，"建安七子"之一，东汉末年著名文学家。案，通"鞍"。据说曹操曾使其写信给韩遂，阮瑀于马上"书成呈之"（《三国志·魏书·王粲传》注引《典略》）。

[45]"祢衡"句：在章陵太守黄射的宴席上有人献鹦鹉，黄射命祢衡作赋娱乐宾客，祢衡提笔，很快便写成一篇文采华丽的《鹦鹉赋》。祢衡（173—198），字正平，东汉末年文学家。

[46] 骏发：文思敏捷。

[47] 总：总揽，全面掌握。

[48] 敏在虑前：在遇到需要考虑的问题时思维敏捷。敏：敏捷，思维敏锐、快捷。

[49] 覃（tán）思：深思，此指文思缓慢。

[50] 饶：额外增添。

[51] 鉴在疑后：在产生怀疑后开始审察。鉴：审察，详细考察。

[52] 造次：仓促，匆忙。

[53] 并资博练：都凭借（学识）广博和（写作技巧）熟练。

[54] 器：原义指器具，此处借指文章作品。

[55] 缀虑：连通写作思路。缀：连接。

[56] 理郁者苦贫：思路阻塞的人会为文章内容的贫乏而苦恼。郁，郁积，阻滞。

[57] 辞溺者伤乱：滥用辞藻的人会为文章思路紊乱而悲伤。溺，过分，无节制。辞溺：过分追求辞藻。乱：杂乱。

[58] 贯一：有其中心。

[59] 若：至于，连词，用于句首以引起下文。情数诡杂：（文章的内容上）思想情感诡变而复杂。情数，情况，情思。诡，出乎意料地改变。

[60] 体变迁贸：（文章的形式上）体制或风格的变化也在不断发生。体变，诗文体制或风格变化。迁贸，变迁。

[61] 拙辞或孕于巧义：拙笨的辞藻中可能孕育着精妙的含义。于，词缀，常嵌在动词或形容词之后，无含义。

[62] 庸事：平庸的事典。事典，指诗文中引用的古书里的故事。

[63] 杼（zhù）轴：织布机上的两个部件，即用来持纬线的梭子和用来承经线的筘。此处用作动词，"纺织"义。

[64] 曲致：曲折的情致。致，情致，情趣。

［65］至精：最为专心一意地（探究）。精，精诚。

［66］至变：穷尽一切可能的变化。数：规律。

［67］"伊挚"句：伊挚，伊尹，商汤的臣下。鼎：古代烹煮用具。《吕氏春秋·本味》载，伊尹曾借烹饪的道理比喻治国的方法，认为"鼎中之变，精妙微纤，口弗能言，志不能喻"。

［68］"轮扁"句：轮扁，古代善于制轮的工匠。斤：斧子。《庄子·天运》载轮扁云："斫轮徐则甘而不固，疾则苦而不入，不徐不疾，得之于手，而应于心，口不能言，有数存于其间焉。"

［69］神用象通：精神因为与物象往来交接。用，因。

［70］物以貌求：（文章）表现物象时要追求对外形的摹画。

［71］心以理应：（文章）表达的内心情感时要合乎情理。应：适应，顺应，符合。

［72］结虑：集中精神于，全神贯注于。结：聚合。契：法则。

思考与练习

一、请总结《神思》中有关文章构思过程的论述。

二、在《神思》中，有关艺术想象问题，刘勰阐明了哪些观点？

三、从《神思》的行文中，可以看出六朝骈文的哪些特点？

第三章　唐宋元明清文学

蜀道难

李白

阅读提示

李白（701—762），字太白，号青莲居士，唐代伟大的浪漫主义诗人，被后人誉为"诗仙"。自称祖籍陇西成纪（甘肃静宁西南），隋末其先人流寓碎叶（唐时属安西都护府，在今吉尔吉斯斯坦北部托克马克附近）。幼时随父迁居绵州昌隆（今四川江油）青莲乡。从二十五岁起离川，长期在各地漫游。天宝初曾供奉翰林。后世将李白和杜甫并称"李杜"。

李白的诗歌总体风格清新俊逸，既反映了时代的繁荣景象，也揭露了统治阶级的荒淫和腐败，体现了他蔑视权贵，反抗传统束缚，追求自由和理想的积极精神。

《蜀道难》这首诗大约是唐玄宗天宝元年（742）李白初入长安时所作。《蜀道难》是乐府古题，古词都以蜀道险阻为内容，寓有功业难成之意。正是这一点，触动了李白初入长安追求功名未成的心事。当友人入蜀时，他便用这一古题写诗送别友人。在诗中，作者极力描绘蜀地山川的险要，预示这样的地理条件易为野心家所利用，以期唤起朝廷的注意。因而诗中寄寓着作者的隐忧，反映了作者对国家的忠诚和对人民的关怀。

噫吁嚱[1]，危乎高哉！蜀道之难难于上青天！

蚕丛及鱼凫，开国何茫然[2]！

尔来四万八千岁，不与秦塞通人烟[3]。

西当太白有鸟道[4]，可以横绝峨眉巅[5]。

地崩山摧壮士死[6]，然后天梯石栈相钩连[7]。

上有六龙回日之高标，下有冲波逆折之回川[8]。

黄鹤之飞尚不得过，猿猱欲度愁攀援[9]。

青泥何盘盘，百步九折萦岩峦[10]。

扪参历井仰胁息[11]，以手抚膺坐长叹[12]。

问君西游何时还？畏途巉岩不可攀[13]！

但见悲鸟号古木[14]，雄飞雌从绕林间。

又闻子规啼夜月[15]，愁空山。

蜀道之难难于上青天！使人听此凋朱颜[16]！

连峰去天不盈尺，枯松倒挂倚绝壁[17]。

飞湍瀑流争喧豗，砯崖转石万壑雷[18]。

其险也如此，嗟尔远道之人，胡为乎来哉[19]！

剑阁峥嵘而崔嵬[20]，一夫当关，万夫莫开。

所守或匪亲，化为狼与豺[21]。

朝避猛虎，夕避长蛇。磨牙吮血[22]，杀人如麻。

锦城虽云乐[23]，不如早还家。

蜀道之难难于上青天，侧身西望长咨嗟[24]！

注释

[1] 噫（yī）吁（xū）嚱（xī）：即"噫！吁嚱!""吁嚱"又写作"于戏"，同"呜呼"。蜀方言，表示惊讶的声音。

[2] 蚕丛、鱼凫（fú）：传说中古蜀国的两个国王。扬雄《蜀王本纪》曰："蜀王之先名蚕丛、柏灌、鱼凫、蒲泽、开明。是时人民……不晓文字，未有礼乐。从开明上至蚕丛，积三万四千岁。"何：何等，多么。茫然：悠久迷茫，不可知道的样子。

[3] 尔来：从那时以来。尔，那，指开国之初。四万八千岁：极言时间久远。秦塞：秦地。秦地自古称为四塞之国。塞：山川险要的地方。

[4] 太白：秦岭主峰名，在今陕西省周至一带。《水经注》云："太白山在武功县南，去长安二百里，不知其高几许。俗云：'武功太白，去天三百。'"慎蒙《名山记》云："……其山巅高寒，不生草木，常有积雪不消，盛夏视之犹烂然，故以太白名。"鸟道：指连绵高山间的低缺处，唯有鸟儿能飞行，人迹所不能至。

[5] 横绝：飞越。峨眉：《一统志》云："峨眉山，在四川眉州城南二百里，来自岷山，连冈叠嶂，延袤三百余里，至此突起三峰，其二峰对峙，宛若蛾眉，自州城望之，又如人之拱揖于前也。"

[6] 地崩山摧壮士死：《华阳国志·蜀志》载，秦惠文王想征服蜀国，知道蜀王贪财好色，答应下嫁五个美女，蜀王令下属五力士移山开路，迎娶美女。返回梓潼时，遇一大蛇钻入山洞，五力士共拉蛇尾，用力往外拽，结果山崩地裂，力士与美女皆压死，山也分为五岭，入蜀之路遂通。这便是有名的"五丁开山"的故事。

[7] 天梯：指高峻险陡的山路。石栈：俗称"栈道"，在山崖上凿石架木建成的通道。

[8] 六龙回日：传说太阳神的车子由羲和驾驭六条龙拉着，每天早晨从扶桑西驰，直到若木。语出左思《蜀都赋》："羲和假道于峻歧，阳乌回翼乎高标。"羲和、阳乌代指太阳。回日，使日回。回，迂回，绕道。高标：指可以作一方标志的最高峰。一说，山名，又名"高望山"。逆折：回旋，倒流。

[9] 黄鹤：即黄鹄，一种高飞的鸟。猿猱（náo）：统指猿类。猱：猿的一种，善攀缘。

[10] 青泥：岭名，为唐入蜀要道。《元和郡县志》："悬崖万仞，山多云雨，行者屡逢泥淖，故号青泥岭。"在今陕西略阳县。盘盘：形容山路曲折盘旋。萦岩峦：绕着山岩转。

[11]　参、井：皆星宿名。古人认为地上某地区与天上某星宿相应，叫分野。参（shēn）：是蜀的分野；井：是秦的分野。故由秦入蜀，称"扪参历井"。扪（mén）：摸。胁息：鼻不敢出气，唯有两胁暗暗地运动，用以换气。

[12]　膺：胸。坐：徒然，空。

[13]　西游：古时从长安入蜀，先要西行一段，然后南折。但古人宏观的地理观念比较淡薄，故而说入蜀为"西去"。巉（chán）岩：险峭的山岩。

[14]　号（háo）：聒噪。

[15]　子规：杜鹃鸟，又名杜宇。据《华阳国志·蜀志》，古有蜀王杜宇，号望帝，后禅位出奔，其时杜鹃鸟鸣，蜀人因思念杜宇，故觉此鸟鸣声悲切。

[16]　凋朱颜：红润的容颜为之衰老，这里是吓得变了脸色的意思。凋：使动用法，使……凋谢。朱颜：红颜。

[17]　去：距离。盈：满，足。绝壁：陡峭的山壁。

[18]　湍（tuān）：急流。喧豗（huī）：轰响声。砯（pīng）：水冲击石壁发出的响声，这里作动词用，冲击的意思。转石：使巨石滚动。万壑（hè）雷：千山万壑间响起雷鸣般的声音。壑，山沟。

[19]　嗟（jiē）：叹惋之辞。胡为：为什么。乎：语助词，无义。

[20]　剑阁：一条三十里长的栈道，位于今四川剑阁县北的大剑山和小剑山之间，群峰如剑插天，两山如门，极为险要。《图书编》："蜀地之险甲于天下，而剑阁之险尤甲于蜀。"西晋张载《剑阁铭》："一夫荷戟，万夫趑趄。形胜之地，非亲勿居。"峥嵘、崔嵬（wéi）：高峻的样子。

[21]　或：倘若。匪：通"非"，不是。狼与豺：比喻叛乱的人。另一种解释是："狼与豺"比喻异类，"化为狼与豺"是指死亡，即不复为人之意，其主语是前面所说"君"，即友人。这种理解比较直接。

[22]　吮（shǔn）：吮吸。

[23]　锦城：锦官城，今四川成都的别称。云：说。

[24]　咨嗟：叹息。

思考与练习

一、本诗的思想感情是什么？
二、开篇"噫吁嚱……难于上青天"在全诗中的作用是什么？
三、简析本诗的艺术特色。
四、背诵本诗。

春江花月夜

张若虚

📖 **阅读提示**

本文选自宋朝郭茂倩编纂的《乐府诗集》，作者是张若虚。

张若虚（约660—约720），扬州（今江苏扬州）人，曾官兖州兵曹。唐中宗神龙年间，张若虚以文辞俊秀驰名京师。开元初，与张旭、贺知章、包融并称"吴中四士"。张若虚的作品多散佚，《全唐诗》仅存二首，《春江花月夜》被赞为"以孤篇盖全唐"，另一首为《代答闺梦还》。

《春江花月夜》是乐府旧题，相传曲创于陈后主，乃宫廷唱和之作。虽为旧题，但张若虚此作却赋予了作品不同凡响的艺术魅力。诗歌以春江花月夜为描写对象，在思妇怀人的主题中展示了耐人寻味的人生哲理。

春江潮水连海平，海上明月共潮生。
滟滟随波千万里[1]，何处春江无月明！
江流宛转绕芳甸[2]，月照花林皆似霰[3]。
空里流霜不觉飞[4]，汀上白沙看不见[5]。
江天一色无纤尘，皎皎空中孤月轮。
江畔何人初见月？江月何年初照人？
人生代代无穷已，江月年年只相似。
不知江月待何人[6]，但见长江送流水。
白云一片去悠悠，青枫浦上不胜愁[7]。
谁家今夜扁舟子[8]？何处相思明月楼[9]？
可怜楼上月徘徊[10]，应照离人妆镜台。
玉户帘中卷不去，捣衣砧上拂还来[11]。
此时相望不相闻，愿逐月华流照君。
鸿雁长飞光不度[12]，鱼龙潜跃水成文[13]。
昨夜闲潭梦落花[14]，可怜春半不还家。
江水流春去欲尽，江潭落月复西斜。
斜月沉沉藏海雾，碣石潇湘无限路[15]。
不知乘月几人归[16]，落月摇情满江树[17]。

注释

[1] 滟（yàn）滟：波光闪烁的样子。

[2] 芳甸：长满鲜花的草地。

[3] 霰（xiàn）：细密的雪珠。

[4] 流霜：古人认为霜也是从空中飞落的，但其过程所有人都看不到，这里解释为之所以看不到是因为它们完全融入月光中了。

[5] 汀（tīng）：水边或水中的沙洲。

[6] 待：有的版本作"照"。

[7] 青枫浦：又名双枫浦，在今湖南省浏阳市南清渭水边上。这里泛指游子所在之地。

[8] 扁舟子：扁舟，小舟。扁舟子：在此处泛指漂泊江湖的游子。

[9] 明月楼：明月照临的楼头，这里指思妇之所在。

[10]"可怜"句：曹植《七哀》："明月照高楼，流光正徘徊。上有愁思妇，悲欢有余哀。"徘徊，指月影移动。

[11]"玉户"二句：卷不去、拂还来，意谓月色带着离愁渗进思妇的心头，无法排遣。玉户，门的美称。捣衣砧（zhēn），古人洗衣，置石板上，用棒槌棰击去污，这石板就叫捣衣砧。捣：反复捶击。

[12] 鸿雁长飞光不度：鸿雁是候鸟，往返有期，故古人想象鸿雁能传递音讯，事见《汉书·苏武传》。长飞：飞走，飞远。光不度：月光依然如故。

[13] 鱼龙：偏义复词，即鱼。除雁足系书外，古人也有鲤鱼传书的传说，汉乐府《饮马长城窟行》即有"客从远方来，遗我双鲤鱼。呼儿烹鲤鱼，中有尺素书"之句。潜跃：潜入深水中。文：通"纹"。

[14] 闲潭：幽静的水边。梦落花：暗示游子为妻子日渐凋谢的红颜担忧，渴望回家。

[15] 碣石：即今河北省昌黎县城北的碣石山，又号"神岳"。潇湘：湖南省潇水和湘水的合称。此处用碣石、潇湘来泛指游子与思妇相距遥远。

[16] 乘月：随着月色。

[17]"落月"句：缭乱不宁的别绪离情，伴随着残月余光散落在江边的树林里。

思考与练习

一、诗中的"人生代代无穷已，江月年年只相似"与刘希夷的名句"年年岁岁花相似，岁岁年年人不同"的内涵有什么区别？

二、"可怜楼上月徘徊"一句中"徘徊"妙在何处？试简要分析。

三、"月光"是否是全诗的灵魂？为什么？

张中丞[1]传后叙

韩愈

阅读提示

本文选自《韩昌黎文集·卷十三》。

韩愈（768—824），字退之，河南河阳（今河南省孟州市）人，祖先原籍昌黎，世称"韩昌黎"。韩愈是唐代著名文学家。卒谥文，故世称"韩文公"。他反对六朝以来华而不实的形式主义文风，主张学习先秦两汉散文的优良传统，并因此倡导有古文革新意义的古文运动。他的诗文创作有很高的成就。其文与柳宗元合称"韩柳"，名列"唐宋八大家"之首。现存《韩昌黎文集》。

后叙，是写在文章后面的跋文。韩愈因李翰所写《张巡传》有缺漏，所以写了这篇"后叙"，对张巡、许远、南霁云等人的事迹作了补充。

议论与叙事紧密结合是本文突出的特色。文章前半部分侧重议论，针对污蔑许远的谬论进行驳斥，在驳斥中补叙许远的事迹，以此补充李翰《张巡传》的不足，高度赞扬了张巡、许远"守一城，捍天下"的历史功绩。后半部分侧重叙事，着重记叙南霁云的动人事迹，并补叙了张巡、许远的一些逸事，再现了睢阳保卫战中的几位英雄人物形象。前后两部分既有分工，又有内在联系：前之议论是后面叙事的纲领，后之叙事是为前面的议论提供事实佐证，两部分都紧紧围绕着赞扬英雄、斥责小人的主题。

元和二年四月十三日夜[2]，愈与吴郡张籍阅家中旧书[3]，得李翰所为《张巡传》。翰以文章自名[4]，为此传颇详密。然尚恨有阙者：不为许远立传[5]，又不载雷万春事首尾[6]。

远虽材若不及巡者，开门纳巡[7]，位本在巡上。授之柄而处其下[8]，无所疑忌，竟与巡俱守死、成功名；城陷而虏，与巡死先后异耳[9]。两家子弟材智下，不能通知二父志，以为巡死而远就虏，疑畏死而辞服于贼[10]。远诚畏死，何苦守尺寸之地[11]，食其所爱之肉[12]，以与贼抗而不降乎？当其围守时，外无蚍蜉蚁子之援[13]，所欲忠者，国与主耳；而贼语以国亡主灭[14]，远见救援不至，而贼来益众，必以其言为信。外无待而犹死守[15]，人相食且尽，虽愚人亦能数日而知死所矣[16]，远之不畏死亦明矣[17]！乌有城坏其徒俱死，独蒙愧耻求活[18]，虽至愚者不忍为，呜呼！而谓远之贤而为之邪[19]？

说者又谓远与巡分城而守[20]，城之陷，自远所分始。以此诟远[21]，此又与儿童之见无异。人之将死，其脏腑必有先受其病者；引绳而绝之，其绝必有处[22]，观者见其然，从而尤之，其亦不达于理[23]矣。小人之好议论，不乐成人之美，如是哉[24]！如巡、远之所成就，如此卓卓，犹不得免，其他则又何说[25]！

当二公之初守也，宁能知人之卒不救，弃城而逆遁[26]？苟此不能守，虽避之他处何益[27]？及其无救而且穷也，将其创残饿羸之余，虽欲去，必不达[28]。二公之贤，其讲之精矣[29]。守一城，捍天下，以千百就尽之卒，战百万日滋之师，蔽遮江淮，沮遏其势，天下之不亡，其谁之功也[30]！当是时，弃城而图存者，不可一二数[31]；擅强兵坐而观者，相环也。不追议此，而责二公以死守，亦见其自比于逆乱，设淫辞而助之攻也[32]！

愈尝从事于汴徐二府，屡道于两府间[33]，亲祭于其所谓双庙者[34]，其老人往往说巡、远时事，云：南霁云之乞救于贺兰也[35]，贺兰嫉巡、远之声威功绩出己上，不肯出师救。爱霁云之勇且壮，不听其语，强留之，具食与乐，延霁云坐[36]。霁云慷慨语曰："云来时，睢阳之人不食月余日矣！云虽欲独食，义不忍；虽食，且不下咽！"因拔所佩刀，断一指，血淋漓，以示贺兰。一座大惊，皆感激为云泣下。云知贺兰终无为云出师意，即驰去[37]。将出城，抽矢射佛寺浮图，矢著其上砖半箭[38]，曰："吾归破贼，必灭贺兰，此矢所以志也[39]。"愈贞元中过泗州[40]，船上人犹指以相语：城陷，贼以刃胁降巡，巡不屈，即牵去，将斩之；又降霁云，云未应。巡呼云曰："南八[41]，男儿死耳，不可为不义屈！"云笑曰："欲将以有为也[42]；公有言，云敢不死！"即不屈。

张籍曰："有于嵩者，少依于巡。及巡起事，嵩常[43]在围中。籍大历中，于和州乌江县见嵩[44]，嵩时年六十余矣。以巡初尝得临涣县尉[45]，好学无所不读。籍时尚小，粗问巡、远事，不能细也。云：'巡长七尺余，须髯若神。'尝见嵩读《汉书》，谓嵩曰：'何为久读此？'嵩曰：'未熟也。'巡曰：'吾于书，读不过三遍，终身不忘也。'因诵嵩所读书，尽卷不错一字。嵩惊，以为巡偶熟此卷，因乱抽他帙以试[46]，无不尽然。嵩又取架上诸书，试以问巡，巡应口诵无疑。嵩从巡久，亦不见巡常读书也。为文章，操纸笔立书[47]，未尝起草。初守睢阳时，士卒仅万人[48]，城中居人户亦且数万，巡因一见问姓名，其后无不识者。巡怒，须髯辄张。及城陷，贼缚巡等数十人坐，且将戮。巡起旋[49]，其众见巡起，或起或泣。巡曰：'汝勿怖！死，命也。'众泣不能仰视。巡就戮时，颜色不乱，阳阳如平常[50]。远宽厚长者，貌如其心；与巡同年生，月日后于巡，呼巡为兄，死时年四十九。"

嵩贞元初死于亳宋间。或传嵩有田在亳宋间[51]，武人夺而有之，嵩将诣州讼理[52]，为所杀。嵩无子。张籍云。

🍎 注释

[1] 张中丞，即张巡（709—757），邓州南阳（今河南省南阳）人。唐玄宗开元末进士，由太子通事舍人出任清河县令，调真源县令。安史乱起，张巡在雍丘一带起兵抗击，后与许远同守睢阳（今河南省商丘），肃宗至德二年（757）城破被俘，与部将三十六人同时殉难。乱平以后，朝廷小人竭力散布张、许降贼有罪的流言，为割据势力张目。韩愈感愤于此，遂于元和二年（807）继李翰撰《张巡传》（今佚）之后，写了这篇后叙。中丞，张巡驻守睢阳时朝廷所加的官衔。

[2] 元和二年：公元 807 年。元和，唐宪宗李纯的年号。

[3] 张籍：字文昌，吴郡（治所在今江苏省苏州）人，唐代著名诗人。李翰：字子羽，赵州赞皇（今河北省元氏县）人，官至翰林学士。与张巡友善，客居睢阳时，曾亲见张巡战守事迹。张巡死后，有人诬其降贼，因撰《张巡传》上肃宗。

[4] 以文章自名：《旧唐书·文苑传》载，翰"为文精密，用思苦涩"。自名：自负。

[5] 阙：缺陷，不足。许远（709—757）：字令威，杭州盐官（今浙江省海宁市）人。安史乱时，任睢阳太守，后与张巡合守孤城，城陷被掳往洛阳，至偃师被害。

[6] 雷万春：张巡部下勇将。首尾：事情的始末。

[7] "远虽材"三句：肃宗至德二年（757）正月，安庆绪部将太守尹子奇以兵十三万攻睢阳，睢阳太守许远乃向张巡告急，巡即自宁陵引兵来救。许远将兵权交给张巡指挥，自己担任调动军粮、修理战具等工作。材：才能。纳：接纳。

[8] 柄：权柄，指挥权。

[9] 城陷而虏：至德二年（757）十月，睢阳陷落，张、许被俘虏。死先后异耳：指二人就义的时间前后不同罢了。城破之后，张巡与部将被斩，许远被送往洛阳邀功，后被害于偃师。

[10] "两家"四句：据《新唐书·许远传》载，安史乱平定后，大历年间，张巡之子张去疾轻信小人挑拨，上书代宗，谓城破后张巡等被害，唯许远独存，是屈降叛军，请追夺许远官爵。材智下：才智低下，指他们听信谣言、不辨是非。通知：通晓。

[11] 诚：确实，果真。尺寸之地：形容地方狭小。

[12] "食其"句：尹子奇围睢阳时，城中粮尽，军民以雀鼠为食，最后只得以妇女与老弱男子充饥。当时，张巡曾杀爱妾、许远曾杀奴仆以充军粮。

[13] 蚍（pí）蜉（fú）蚁子：此指极为微弱的援助。蚍蜉，大蚂蚁。蚁子，小蚂蚁。

[14] "而贼"句：安史乱时，长安、洛阳陷落，玄宗逃往西蜀，唐室岌岌可危。国亡主灭指的是都城失守，君王死难。叛军以此告诉睢阳守军，意图瓦解军心。

[15] 益众：更加众多。信：真实。外无待：睢阳被围后，河南节度使贺兰进明等皆拥兵观望，不来相救。

[16] 且尽：将完。数：计算。

[17] 亦明矣：也是清楚的了。

[18] 乌有：哪有。城坏：城破。独蒙愧耻求活：独自蒙受惭愧与耻辱而求活。

[19] 为之：做出这种事。

[20] 说者：发议论的人，指张去疾等。分城而守：当时张巡和许远分兵守城，张守东北，许守西南。

[21] "城之陷"三句：意为城池的陷落是从许远所分守的西南地区开始的。当时张与许分兵把守睢阳，张守东北，许守西南，西南处先被攻破，于是张去疾等凭借此事诬蔑许远。诉：诬蔑，诽谤。

[22] 引绳：拉紧绳子。绝：断开。处：指绳子断开的地方。

[23] 尤之：归罪于它（指先受侵害的脏腑和绳子先断的地方）。不达于理：不通达事理。

[24] 成人之美：成全别人的好事。《论语·颜渊》："君子成人之美，不成人之恶，小人反是。"

[25] 卓卓：卓越出众。犹不得免：还不能免掉小人的议论。

[26] 宁：哪里。卒：最终。逆遁：事先逃跑。逆，预先。

[27] 苟：假设。虽：即使。

[28] 且穷：意谓将要陷入困境。将：率领。创残：受伤而致残。赢（léi）：瘦弱。不达：办不到。

[29] "二公"两句：他们的谋划研究是十分精密周到的。讲，研究。精，详细，周到。

此指李翰《进张中丞传表》所云："巡退军睢阳，扼其咽领，前后拒守，自春徂冬，大战数十，小战数百，以少击众，以弱击强，出奇无穷，制胜如神，杀其凶丑九十余万。贼所以不敢越睢阳而取江淮，江淮所以保全者，巡之力也。"

[30] 捍天下：捍卫天下。睢阳是江淮咽喉，地位重要。就尽：濒临死亡。卒：士兵。日滋：天天增多。师：军队。沮（jǔ）遏：阻止。也：语气助词，表示反问。

[31] 不可一二数：不能用一个两个来计算，形容不在少数。

[32] 自比于逆乱：把自己放在与叛贼同类的位置，捏造荒谬言辞，帮助叛军攻击张、许。比：比附，亲附。设淫辞：捏造荒谬的言辞。助之攻：帮助敌人攻击。

[33] 从事：唐时称节度使、观察使的幕僚为从事。汴：汴州，州治故地位于今河南开封。徐：徐州，今江苏徐州。屡道：屡次经过。

[34] 双庙：张巡、许远死后，后人在睢阳立庙祭祀，称为双庙。

[35] 南霁云（712—757年）：魏州顿丘（今河南省清丰县西南）人。安禄山反叛，被遣至睢阳与张巡议事，为张所感，遂留为部将。贺兰：复姓，指贺兰进明。时为御史大夫、河南节度使，驻节于临淮一带。

[36] 且：而且。强（qiǎng）：勉强，强迫。具食与乐：准备了酒食与音乐。延：请。

[37] 驰去：骑马离去。

[38] 浮图：佛塔。半箭：箭身一半射入佛塔砖中。

[39] 所以志：用来作为标志。

[40] 贞元：唐德宗李适（kuò）年号（785—805）。泗州：唐属河南道，州治在临淮（今江苏省泗洪县东南），当年贺兰屯兵于此。

[41] 南八：即南霁云，他在兄弟中排行第八，故称。

[42] 有为：有所作为，指暂时隐忍以图报仇。

[43] 常：通"尝"，曾经。

[44] 大历：唐代宗李豫年号（766—779）。和州乌江县：在今安徽省和县东北。

[45] "以巡"句：张巡死后，朝廷封赏他的亲戚、部下，于嵩因此得官。临涣：故城在今安徽省宿州市西南。

[46] 帙（zhì）：书套，也指书本。

[47] 立书：马上书写。

[48] 仅：接近，几乎。

[49] 起旋：起身环视四周。一说指起身小便。《左传·宣公三年》杜预注："旋，小便也。"

[50] 颜色不乱：指脸色不变。阳阳：镇定安详的样子。

[51] 亳（bó）：亳州，治所在今安徽省亳州谯城区。宋：宋州，治所在睢阳。

[52] 诣州讼理：到州里去告状。诣：往，到。

思考与练习

一、作者写作这篇文章的起因是什么？
二、分析文章议论和叙事并重的艺术特色。
三、分析文章塑造人物形象的手法。

种树郭橐驼传

柳宗元

阅读提示

柳宗元（773—819），字子厚，唐朝河东（今山西永济市）人。因参加王叔文集团革新政治活动，失败后被贬永州，十年后调柳州刺史。世称"柳河东""柳柳州"。柳宗元是唐代进步的思想家和著名文学家，古文运动的主要倡导者之一，与韩愈并称。他在漫长的贬逐生涯中，坚持自己的政治主张，写了许多战斗性很强的哲学、政治论文，创作出大量揭露当时社会黑暗、反映人民疾苦的寓言小品和传记，都具有较高的艺术性，尤以山水游记为佳。现存《柳河东集》。

本文选自《柳河东集》，写于柳宗元早年在长安为官时，虽题为"传"，却不是一般意义上的人物传记，而是一篇兼具寓言性质和强烈的政论色彩的散文。针对中唐官吏繁政扰民的各种现实弊端，作者巧借小人物传主（郭橐驼）之口，由种树的经验引申到为官治民的根本原理，通过对种树者郭橐驼既善种树又善管树的"养树术"的记叙，说明"顺木之天，以致其性"是"养树"的法则，并由此推论出"养人"也必须"顺性"，不能"好烦其令"的道理，以此来批评当时地方官吏的各种扰民、伤民行为，表达了作者同情人民的思想和力求改革当时弊政的愿望。

郭橐驼[1]，不知始何名。病偻[2]，隆然伏行[3]，有类橐驼者，故乡人号之"驼"。驼闻之，曰："甚善，名我固当。"因舍其名[4]，亦自谓"橐驼"云。其乡曰丰乐乡，在长安西。

驼业种树[5]，凡长安豪家富人为观游及卖果者，皆争迎取养[6]。视驼所种树，或移徙，无不活，且硕茂蚤实以蕃[7]。他植者虽窥伺效慕[8]，莫能如也。

有问之，对曰："橐驼非能使木寿且孳也[9]，能顺木之天[10]，以致其性焉尔[11]。凡植木之性：其本欲舒[12]，其培欲平，其土欲故[13]，其筑欲密[14]。既然已，勿动勿虑，去不复顾。其莳也若子[15]，其置也若弃，则其天者全而其性得矣[16]。故吾不害其长而已[17]，非有能硕茂之也；不抑耗其实而已[18]，非有能蚤而蕃之也。他植者则不然，根拳而土易[19]，其培之也，若不过焉则不及[20]。苟有能反是者，则又爱之太殷，忧之太勤[21]，旦视而暮抚，已去而复顾，甚者爪其肤以验其生枯[22]，摇其本以观其疏密[23]，而木之性日以离矣[24]。虽曰爱之，其实害之；虽曰忧之，其实仇之。故不我若也[25]。吾又何能为哉？"

问者曰："以子之道，移之官理[26]，可乎？"驼曰："我知种树而已，官理，非吾业也。然吾居乡，见长人者好烦其令[27]，若甚怜焉，而卒以祸[28]。旦暮吏来而呼曰：官命促尔耕，勖尔植[29]，督尔获，蚤缲而绪[30]，蚤织而缕；字而幼孩[31]，遂而鸡豚。鸣鼓而聚之，击木而召之[32]。吾小人辍飧饔以劳吏者[33]，且不得暇，又何以蕃吾生而安吾性耶[34]？故病且怠[35]。若是，则与吾业者其亦有类乎？"

问者嘻曰："不亦善夫！吾问养树，得养人术[36]。"传其事以为官戒[37]。

📖 **注释**

[1] 橐（tuó）驼：骆驼，这里特指驼背的人。

[2] 病偻：一种偻病，患者鸡胸驼背。

[3] 隆然伏行：（由于他的脊背异常突起）只能弯着腰走路。

[4] 因：于是，就，副词。舍：舍弃。其名：他原来的名字。

[5] 业：以……为业，名词用作动词。

[6] 为观游：指专门经营园艺来谋利的人。为：从事，经营。争迎取养：争着迎接雇用（郭橐驼）。取养：雇养，雇用。

[7] 蚤实以蕃：种植的树木不仅早结果实，而且果实累累。实：结果实，名词用作动词。蚤：通"早"。以：而且。蕃：多。

[8] 窥伺效慕：偷看模仿。效慕，仿效，慕也是"效"的意思。

[9] 寿且孳（zī）：活得长久且繁殖得多。孳：繁殖，生长。

[10] 顺木之天：依据树木的天性。天：天性，自然规律。

[11] 致其性：让树木依其本性生活、成长。

[12] 舒：伸展，舒展。

[13] 故：旧的，原有的。

[14] 筑欲密：筑土要密实。筑，培土。

[15] 莳（shì）：移栽或分种。若子：像对待子女一样精心。

[16] "其置"二句：栽种完成后就把它搁置在一旁，像丢弃了一样，毫不在意，那么树木本来的生长规律就可得以保全，而它的本性当然也就得到了。

[17] 不害其长：不会妨碍它自身的生长。

[18] 不抑耗其实：不会抑制、损耗树木的果实生长。

[19] 根拳而土易：树根卷曲，更换新土。

[20] 若不过焉则不及：培土时不是过多就是不够。

[21] 爱之太殷，忧之太勤：爱惜它太用情，担心它又太过分。殷：关切，爱惜，感情深厚。

[22] 爪其肤以验其生枯：抠破树皮来检验它到底是活着还是枯死了。

[23] 摇其本以观其疏密：不断摇动树根来观察周围所培植的土的松与紧。

[24] 日以离矣：一天天地失去了。离：失去，丧失。

[25] 不我若：不如我，比不上我。否定句宾语前置。若，及，赶得上。

[26] 道：道理，指种树的道理。官理：即"官治"，指地方官吏管理百姓的办法。理，治。唐人为避高宗李治的名讳，改"治"为"理"。

[27] 长人者好烦其令：看到当地的长官们比较喜欢频繁地发号施令。长人者，为人之长者，指为官治民的地方官。长，用作动词。烦其令，不断发号施令。

[28] 若甚怜焉：好像是很爱（百姓）的样子。卒以祸：最终造成祸患。

[29] 官命促尔耕：官府命令、催促你们快去耕田。勖（xù）：勉励。

[30] 缫而绪：把蚕茧放进热水里抽出蚕丝。缫：指煮茧抽丝。绪：指丝头。而：同"尔"。

［31］字而幼孩：精心养育好你们的孩子。字，抚育，养育，用作动词。

［32］鸣鼓而聚之：敲着鼓召集百姓。聚：使动用法，使百姓聚集。击木而召之：敲着木梆召集百姓来开会。木：这里指木梆或木铎。地方官吏常常用敲击木梆的方式召唤老百姓开会。

［33］吾小人辍飧（sūn）饔（yōng）以劳吏者：我们这些小百姓就得放下饭碗前去慰劳这些当差的。辍：停止。飧：晚饭。饔：早饭。劳吏者：慰劳当差的。

［34］又何以蕃吾生而安吾性耶：又怎么能使我们的子孙后代得以繁衍，使我们的日常生活得以安定呢？蕃、安均为使动用法。

［35］病且怠：既困苦又疲乏。

［36］养人术：指为官之人治理人民的方法，唐人因为避唐太宗李世民的名讳，改"民"为"人"。所以这里实为"养民术"。

［37］以为官戒：把它当作为官之人的一条戒律。以为：以之为，把它当作。

思考与练习

一、简述这篇文章的中心思想。

二、分析这篇文章的类比方法。

三、背诵全文。

蝜蝂传

柳宗元

《蝜蝂传》选自柳宗元的《柳河东集》，是一篇寓言性的小品文，借蝜蝂言事，讽刺"今世之嗜取者"聚敛资财、贪得无厌、至死不悟的丑恶面目和心态，揭露了当时社会的黑暗面，具有很强的批判精神。文章短小精悍，语言犀利，风格辛辣，形象生动。

蝜蝂者[1]，善负小虫也[2]。行遇物，辄持取，卬其首负之[3]。背愈重，虽困剧不止也[4]。其背甚涩[5]，物积因不散，卒踬仆不能起[6]。人或怜之，为去其负[7]，苟能行，又持取如故[8]。又好上高[9]，极其力不已[10]，至坠地死。

今世之嗜取者[11]，遇货不避[12]，以厚其室[13]，不知为己累也，唯恐其不积。及其怠而踬也[14]，黜弃之[15]，迁徙之[16]，亦以病矣[17]。苟能起，又不艾[18]。日思高其位，大其禄，而贪取滋甚[19]，以近于危坠[20]，观前之死亡不知戒[21]。虽其形魁然大者也[22]，其名人也，而智则小虫也[23]。亦足哀夫[24]！

📕 注释

[1] 蝜蝂（fù bǎn）：《尔雅》中记载的一种黑色小虫，背隆起部分可负物。

[2] 善负：擅长以背载物。

[3] 辄（zhé）：立即，就。辄持取：就去抓取。卬（áng）：同"昂"，仰，抬头。

[4] 背愈重：背的东西愈来愈重。虽：即使。困剧：非常困倦疲累。困：疲乏。剧：很，非常。

[5] 涩：不光滑。

[6] 卒：最后，最终。踬仆（zhì pū）：跌倒，这里是被东西压倒的意思。

[7] 去：除去，拿掉。负：负担，指小虫身上背的东西。

[8] 苟：只要，如果。故：原来。

[9] 好（hào）：喜爱。上高：爬高。

[10] 已：停止。

[11] 嗜取者：贪得无厌的人。嗜：贪，喜好。

[12] 货：这里泛指财物。

[13] 厚：动词，增加。室：家。

[14] 怠（dài）：通"殆"，松懈。踬：跌倒，这里是垮台失败的意思。

[15] 黜（chù）弃：罢官。

[16] 迁徙：这里指贬斥放逐，流放。

［17］以：通"已"，已经。病：困苦，吃尽苦头。

［18］不艾（yì）：不悔改。艾，悔改，反思。

［19］日：每天。高其位：使其官位高。大其禄：使其俸禄多。滋甚：更加厉害。

［20］以：通"已"，已经。危坠：从高处坠落的危险境地。

［21］观前之死亡：看到前面已经有人在这里摔死。戒：警惕。

［22］"虽其形"句：虽然他们的身躯是很魁梧高大的。形：形体。魁然：高大的样子。

［23］"其名"二句：他们在名义上叫作人，但他们的智力却仅仅相当于一条小虫。名：名义，名称。

［24］亦足哀夫：这也实在可悲啊。足：确实，实在。

思考与练习

一、试简析文章喻体与本体之间肖貌无间的讽刺效果。

二、文章题为"蝜蝂传"，行文至"至坠地死"，已可结束，后面的文字是否多余？试谈谈你的看法。

三、试当堂背诵全文。

朋党论

欧阳修

阅读提示

本文选自北宋欧阳修撰写的《欧阳修诗文集》。

欧阳修（1007—1072），字永叔，号醉翁，晚年号六一居士，吉州永丰人（今属江西省永丰县）人，北宋著名文学家、史学家、诗文革新运动领袖，唐宋八大家之一。仁宗天圣八年（1030）中进士，庆历三年（1043）任谏官，为人耿直，敢于谏诤，支持范仲淹等开明派的政治革新，屡遭排挤打击。晚年官至枢密副使、参知政事。谥号"文忠"。

欧阳修大力倡导诗文革新运动。在散文理论上，提出"明道、致用、事信、言文"的原则，提倡简而有法和流畅自然的文风。诗作风格多样。他的《六一诗话》是中国文学史上第一部诗话，以随意亲切的漫谈方式论诗，是论诗的新形式。今存《欧阳文忠公全集》。

此文写于宋仁宗庆历三年。由于范仲淹、欧阳修等人推行政治革新，侵犯了保守派的利益，保守派散布谣言，攻击范仲淹等人私立朋党，妄图离间仁宗与范仲淹等人的关系。早在景祐三年（1036），宰相吕夷简便以"引用朋党"的罪名诬陷范仲淹、欧阳修等人，至写此文的七年间，朋党之议喧嚣不息，"朋党"一词已成为有志改革之士的一大罪名。身为谏官的欧阳修"虑善人必不胜"，乃上《朋党论》，驳斥保守派的攻击和污蔑，指出皇帝是否能辨别"君子之朋"与"小人之朋"，并坚决黜退小人之伪朋、进用君子之真朋，事关国家的治乱兴亡。

　　臣闻朋党之说[1]，自古有之，惟幸人君辨其君子小人而已[2]。

　　大凡君子与君子，以同道为朋[3]；小人与小人，以同利为朋：此自然之理也。然臣谓小人无朋，惟君子则有之。其故何哉？小人所好者，利禄也[4]；所贪者，货财也。当其同利之时，暂相党引以为朋者[5]，伪也。及其见利而争先，或利尽而交疏，则反相贼害[6]，虽其兄弟亲戚，不能自保。故臣谓小人无朋，其暂为朋者，伪也。君子则不然，所守者道义，所行者忠信，所惜者名节[7]。以之修身，则同道而相益；以之事国，则同心而共济[8]。终始如一，此君子之朋也。故为人君者，但当退小人之伪朋，用君子之真朋[9]，则天下治矣[10]。

　　尧之时，小人共工、驩兜等四人为一朋[11]；君子八元、八恺十六人为一朋[12]。舜佐尧，退四凶小人之朋，而进元、恺君子之朋，尧之天下大治。及舜自为天子[13]，而皋、夔、稷、契等二十二人，并立于朝[14]，更相称美，更相推让[15]。凡二十二人为一朋，而舜皆用之，天下亦大治。《书》曰："纣有臣亿万，惟亿万心[16]；周有臣三千，惟一心。"纣之时，亿万人各异心，可谓不为朋矣，然纣以亡国；周武王之臣，三千人为一大朋，而周用以兴。后汉献帝时，尽取天下名士囚禁之，目为党人[17]。及黄巾贼起[18]，汉室大乱，后方悔悟，尽解党人而释之，然已无救矣。唐之晚年，渐起朋党之论[19]。及昭宗时，尽杀朝之名士，或投之黄河，曰："此辈清流，可投浊流[20]。"而唐遂亡矣[21]。

夫前世之主，能使人人异心不为朋，莫如纣；能禁绝善人为朋，莫如汉献帝；能诛戮清流之朋，莫如唐昭宗之世：然皆乱亡其国。更相称美推让而不自疑，莫如舜之二十二臣，舜亦不疑而皆用之，然而后世不诮舜为二十二人朋党所欺[22]，而称舜为聪明之圣者，以能辨君子与小人也[23]。周武之世，举其国之臣三千人共为一朋。自古为朋之多且大，莫如周。然周用此以兴者，善人虽多而不厌也[24]。

嗟夫！兴亡治乱之迹[25]，为人君者可以鉴矣。

📖 注释

[1] 朋党：人们因政治目的相同而结成的派别或集团。

[2] 惟：语助词，用于句首。幸：敬辞，表示对方如这样做，自己将感到幸运。人君：国君，下文的"主"同此。

[3] 同道：志同道合。

[4] 好：喜欢。

[5] 党引：结为同党，相互援引。

[6] 贼害：伤害。

[7] 名节：名誉节操。

[8] 共济：相互救助，这里指共图事业的成功。

[9] 退：黜退。用：进用。

[10] 治：政治清明，社会安定。

[11] 共（gōng）工、驩兜（huān dōu）等四人：指共工、驩兜、鲧（gǔn）、三苗，即后文被舜放逐的"四凶"。

[12] 君子八元、八恺十六人：传说中的人物。上古高辛氏有子八人，人称八元；高阳氏有八子，人称八恺。元：善良；恺：和乐。

[13] 及：等到。

[14] 皋（gāo）、夔（kuí）、稷（jì）、契（xiè）：都是传说中帝舜时的贤臣，皋掌管刑法，夔掌管音乐，稷掌管农业，契掌管教育。

[15] 更相推让：相互谦让。

[16]《书》：《尚书》，儒家经典之一，收录上古时代的政府文告，相传由孔子编选而成。这里引的四句话，见《尚书》中的《周书·泰誓》。《泰誓》是周武王伐纣，大军渡孟津（今河南孟州市南）时的誓师词。纣：商的末代君主，为周武王所灭。亿万：极言其多。

[17] "后汉献帝时"三句：献帝，东汉的末代君主。"献帝时"，实误，应为桓帝、灵帝时。当时宦官专权，一些名士如李膺、范滂等被污为朋党，被杀者百余人。此后，各州又陆续处死、流放、禁锢六七百人，史称"党锢之祸"。

[18] 黄巾贼起：黄巾，汉灵帝时爆发的以张角为首的农民起义军，起义军以黄巾裹头，故名。贼：封建社会对农民军的蔑称。

[19] "唐之晚年"二句：指唐穆宗至宣宗年间（821—859）以牛僧孺、李宗闵为首的和以李德裕为首的官僚集团之间的派别斗争，史称"牛李党争"。

[20] "此辈"两句：唐昭宣帝天祐二年（905），朱全忠专权，杀大臣裴枢等七人于滑州白马驿。朱全忠的谋士李振因屡试不第，厌恶朝中大臣，就对朱说："此辈自谓清流，宜投于黄河，永为浊流。"朱竟笑而从之，把裴枢等人的尸体抛入黄河。"昭宗"，误，应为昭宣帝。清流，品行高洁、负有时望之士。

[21] 唐遂亡矣：天祐四年（907）四月，昭宣帝被迫让位于朱全忠，唐亡。

[22] 诮（qiào）：讥讽。

[23] 能：原本无此字，据别本补。

[24] 多而不厌：多多益善。不厌，不满足。

[25] 迹：史迹，事迹。

🍎 **思考与练习**

一、试述你对作者朋党观的具体认识。

二、简析本文的对比论证法。

三、试找出文中的历史名人，择其一二进行深入了解后在班上交流分享。

伶官传序

欧阳修

阅读提示

　　欧阳修所撰《新五代史》，有《伶官传》，本文为其序。后唐庄宗李存勖夺天下后，因沉溺于音律而宠用伶人，致使国乱政衰，最后落得"身死国灭，为天下笑"的可悲下场。序文通过对后唐盛衰的分析，得出"忧劳可以兴国，逸豫可以亡身"的结论，说明国家兴亡不由"天命"，而是取决于"人事"，借以告诫封建统治者要力戒骄奢，防微杜渐，励精图治。

　　呜呼！盛衰之理，虽曰天命，岂非人事哉[1]！原庄宗[2] 之所以得天下，与其所以失之者，可以知之[3] 矣。

　　世言晋王之将终也[4]，以三矢赐庄宗而告之曰："梁，吾仇也[5]。燕王，吾所立[6]，契丹与吾约为兄弟[7]，而皆背晋以归梁。此三者，吾遗恨也。与尔三矢，尔其无忘乃父之志[8]！"庄宗受而藏之于庙[9]。其后用兵，则遣从事以一少牢告庙[10]，请其矢，盛以锦囊，负而前驱，及凯旋而纳之[11]。

　　方其系燕父子以组[12]，函梁君臣之首[13]，入于太庙，还矢先王，而告以成功，其意气之盛，可谓壮哉！及仇雠已灭[14]，天下已定，一夫夜呼，乱者四应[15]，仓皇东出，未及见贼而士卒离散。君臣相顾，不知所归，至于誓天断发，泣下沾襟[16]，何其衰也！岂得之难而失之易欤？抑本其成败之迹，而皆自于人欤[17]？

　　《书》曰："满招损，谦得益[18]。"忧劳可以兴国，逸豫可以亡身[19]，自然之理也。故方其盛也，举天下之豪杰，莫能与之争；及其衰也，数十伶人困之，而身死国灭[20]，为天下笑。夫祸患常积于忽微[21]，而智勇多困于所溺[22]，岂独伶人也哉[23]！作《伶官传》。

注释

　　[1]"虽曰"二句：虽然说是上天的意志，难道不是人为的吗？

　　[2]原：推究原因，推本求原。庄宗：后唐庄宗李存勖（xù）。他于后梁龙德三年（923）称帝，国号唐，年号同光。当年，攻灭后梁。同光四年（926），在兵变中被杀。

　　[3]之：指代"盛衰之理，虽曰天命，岂非人事哉"的道理。

　　[4]世言：世人说。晋王：指李存勖的父亲李克用，因出兵帮助唐王朝镇压黄巢起义有功，封陇西郡王，后又封为晋王。

　　[5]吾仇也：朱温，原为黄巢将领，降唐后，改名朱全忠，受封为梁王。后篡夺唐王朝政权，改国号为梁，东都汴州，西都洛阳。朱温曾经想杀害李克用。

[6] 吾所立：燕王，指刘仁恭。刘本为幽州将，李克用帮他夺得幽州，并保举他为卢龙节度使，故曰"吾所立"。不久，刘仁恭叛晋归梁。后来朱全忠封他的儿子刘守光为燕王。这里称刘仁恭为燕王，是笼统的说法。

[7] 契丹：唐末北方少数民族，这里指契丹族首领耶律阿保机。李克用曾与他结拜为兄弟，约定合力举兵灭梁。后来耶律阿保机背约，与梁通好。

[8] 其：语气副词，表示期望、命令的语气。乃：你的。

[9] 庙：太庙，帝王祭祀祖先的宗庙。

[10] 从事：这里指负责具体事务的官员。一少牢：用猪、羊各一头做祭品。牢：祭祀用的牲畜。告：祷告。

[11] 及：等到。纳：放回。

[12] 系燕父子以组：公元912年李存勖遣将攻破幽州，俘获刘仁恭，追捕了刘守光，押回太原，献于太庙。系：捆绑。组：丝带，这里指绳索。

[13] 函梁君臣之首：923年，李存勖（这时他已即皇帝位）攻破大梁。梁末皇帝朱友贞（朱温的儿子）命令部将皇甫麟将自己杀死，随即皇甫麟也刎颈自杀。函：木匣，这里名词用作动词，用木匣盛装。

[14] 仇雠：仇敌。

[15] 一夫夜呼，乱者四应：926年，屯驻在贝州（现在河北省清河县）的军人皇甫晖勾结党羽作乱，拥指挥使赵在礼为帅，攻入邺城（今河南安阳市）。刑周（今河北邢台市）、沧州（今河北沧州市）驻军相继作乱。一夫，一个人，指皇甫晖。

[16] "仓皇东出"六句：皇甫晖作乱以后，庄宗派李嗣源（李克用养子）前往镇压，不料李嗣源被部下拥立为帝，联合邺城乱军向京都洛阳进击。庄宗慌慌张张地率军东进，至万胜镇，闻李嗣源已占据大梁（开封），被迫引兵折回，至洛阳城东的石桥，置酒悲泣，部将元行钦等百余人，剪断头发，向天发誓，表示以死报国，君臣相顾哭泣。

[17] 抑：或，还。本：推究本源，名词作动词用。

[18] 《书》：《尚书》。"满招损，谦得益"：见《尚书·大禹谟》作"满招损，谦受益"。

[19] 逸豫：安乐。即指下文所说狎近伶人之事。

[20] "数十伶人困之……"句：庄宗灭梁后，宠用伶人，纵情声色，朝政日非。继李嗣源兵变后，伶人出身的皇帝近卫军首领郭从谦乘机作乱，庄宗中流矢而死。国灭，庄宗死后，李嗣源即位，称为明宗，后唐并未灭亡。不过李嗣源是李克用的养子，并非嫡传，按照当时的传统观念来看，也可以说"国灭"。

[21] 忽微：都是极小的度量单位名。忽：寸的十万分之一。微：寸的百万分之一。这里指细小的事情。

[22] 所溺：所沉溺而不能自拔的事物。溺：指爱之过甚，达到沉迷的地步。

[23] 岂独伶人也哉：难道仅仅是伶人吗？

思考与练习

一、本篇文章的中心论点是什么？

二、本篇文章所总结的经验教训是什么？

三、文中称"世言晋王之将终也，以三矢赐庄宗"，"晋王"指的是谁？"庄宗"又指的是谁？

四、试以本文第三段为例，说明作者是如何运用对比手法进行论证的？

赵武灵王胡服骑射

《资治通鉴》

阅读提示

　　本文选自司马光的《资治通鉴》。

　　司马光（1019—1086），字君实，陕西夏县（今属山西省）人，北宋著名政治家、文学家、史学家。官至尚书左仆射兼门下侍郎，追封温国公。他主持编纂了《资治通鉴》，并著有《司马文正公集》。

　　"胡服"不同于中原地区长袍大褂、宽领肥腰的汉族服装，比较轻便利索，适宜于骑马作战；"骑射"也不同于兵车布阵，驰骋沙场，灵活机动，利于克敌制胜。但是，"胡服骑射"与中原民情风习、战争模式相悖，与士大夫"夷夏有别"的观念冲突。因此，赵武灵王"胡服骑射以教百姓"时，"国人皆不欲"，群臣均反对。面对这种情况，赵武灵王没有退缩，而是坚持改革。他采取了正确方法来推行这一举措：一是靠耐心说服，不强制推行；二是以朝中重臣、自己的叔父作为突破口；三是亲自登门做说服工作；四是将国家利益放在首位。最终取得了成功。

　　这则故事具有多方面的历史文化意义。它揭开了我国古代战争史上由车战转变为"骑射"的重要一页，体现了我国古代各民族之间的交流与融合，同时也是古代思想文化方面的一场改革。赵武灵王勇于变革、坚持变革的精神，善于变革的智慧，在今天看来，尤其值得肯定，值得后人学习。

　　赵武灵王北略中山之地[1]，至房子，遂至代[2]，北至无穷，西至河，登黄华之上[3]。与肥义谋胡服骑射以教百姓[4]，曰："愚者所笑，贤者察焉[5]。虽驱世以笑我，胡地、中山，吾必有之[6]！"遂胡服。

　　国人皆不欲。公子成称疾不朝[7]。王使人请之曰[8]："家听于亲，国听于君。今寡人作教易服而公叔不服[9]。吾恐天下议已也[10]。制国有常，利民为本[11]；从政有经，令行为上[12]。明德先论于贱，而从政先信于贵[13]，故愿慕公叔之义以成胡服之功也[14]。"公子成再拜稽首曰[15]："臣闻中国者，圣贤之所教也，礼乐之所用也，远方之所观赴也，蛮夷之所则效也[16]。今王舍此而袭远方之服，变古之道，逆人之心，臣愿王孰图之也[17]！"使者以报[18]。

　　王自往请之曰："吾国东有齐、中山，北有燕、东胡，西有楼烦、秦、韩之边[19]。今无骑射之备，则何以守之哉[20]？先时中山负齐之强兵，侵暴吾地，系累吾民，引水围鄗[21]；微社稷之神灵，则鄗几于不守也，先君丑之[22]。故寡人变服骑射，欲以备四境之难，报中山之怨[23]。而叔顺中国之俗，恶变服之名[24]，以忘鄗事之丑，非寡人之所望也[25]。"

　　公子成听命，乃赐胡服，明日服而朝[26]。于是始出胡服令，而招骑射焉[27]。

![注释]

[1] 武灵王：战国时赵国国君，名雍，公元前325—前299年在位。中山：战国时中山国，后为赵武灵王所灭。故地在今河北省定州市一带。

[2] 房子：古代地名，今河北临城县。代：古代地名，代郡，今山西大同一带。

[3] 无穷：自代郡向北出塞外，大漠数千里，故称无穷。河：指黄河。黄华：黄华山，今地不详。

[4] 与：跟。肥义：赵国的大臣。谋：计议，商量。胡服：名词用如动词，改穿胡人服装。骑射：（学习）骑马射箭。古时用车战，穿宽袍大袖，不利于战斗，而胡人穿短衣，轻骑出击，行动迅速。为了提高战斗力，武灵王打算变服骑射。

[5] 愚者所笑，贤者察焉：愚蠢的人讥笑的，正是贤能的人明察到的。愚者、贤者：愚蠢的人、贤能的人。焉：代词，相当于"之"。

[6] 虽：即使。驱世：所有的人。驱：通"举"，全。以：同"而"。胡地、中山：北方土地的中山国。胡：古代中原对北方民族的蔑称。有之：占有它。之，代词，代中山。

[7] 公子成：赵武灵王的叔父。

[8] 王：武灵王。使人请之：派人告诉他。请：动词，告诉。之：代词，代公子成。

[9] 作教易服：改变（传统的）教化，改穿（胡人的）服装。作：变，改变。易：改换。公叔不服：叔父您不穿胡服。公：敬辞。叔：称呼。服：穿。

[10] 吾恐天下议已也：我怕天下人（指臣民）非议我啊！天下：天下之人。议：非议，议论。

[11] 制国有常，利民为本：治理国家有（一定的）原则，有利人民是（治国的）根本。制：裁断治理。常：规律原则。利：有利于。为：相当于"是"。

[12] 从政有经，令行为上：推行政令有（一定的）原则，令出（就能）实行是最重要的。从：动词，这里有"推行"的意思。经：意同"常"。令行：命令发出就能实行。上：通"尚"，重视重要。

[13] 明德先论于贱，而从政先信于贵：显明功绩先要考虑平民（的利益），推行政令先要让贵族信服（也就是要使贵族带头奉行）。明：显明，使动用法。德：德政功绩。明德：使功绩显明。论：考虑。贱：贱民，平民。信：取信，信服。贵：权贵，贵族。

[14] 慕公叔之义以成胡服之功：仰仗您叔父的声望，来完成改穿胡服之事。慕：仰慕，仰仗。义：声望。成：完成。功：同"事"。

[15] 再拜：古时的礼节，先后拜两次，表示礼节隆重。再：两次。稽首：当时的跪拜礼，叩头到地，表示恭敬。

[16] "臣闻中国"五句：我听说中国是圣贤教化的地方，是行礼乐的地方，是远方的国家观仰奔赴的地方，是蛮夷的国家视为准则和效法的地方。中国，赵国是中原国家，区别于蛮夷、戎狄，故称中国。教：动词，教化。所教，"所"字结构，即教化的地方。用：同"行"。远方：远方的国家。观赴，是两个动词，观仰、奔赴。蛮夷：蛮夷的国家。则：用如动词，"视为准则"的意思。效：仿效，效法。

[17] 臣愿王孰图之也：我希望大王您仔细考虑这件事吧！孰：同"熟"，仔细。图：考虑。之：代词，代变服这件事。

[18] 使者以报：传话的人把公子成的话向武灵王报告。使者：指传话的人。以：介词，后面省略了宾语"之"。"之"，代公子成说的话。

[19] 东胡：古代中国东北方的部族。楼烦：古代北方民族狄人建立的国家。边：边境。

[20] 今无骑射之备，则何以守之哉：现在没有骑战的军备，那么凭什么守卫我们的国家呢？备：军备。何以：即何以，"何"是介词"以"的宾语前置，凭什么，依靠什么。

[21] 负：依仗。侵暴：侵犯。系累吾民：俘虏我的人民。系累：用绳子捆绑，即"俘虏"的意思。鄗（hào）：古地名，在今河北柏乡县北。

[22] 微：无，没有。社稷：古代帝王、诸侯祭奉的土神和谷神，后用作国家的代称。则：表假设关系的连词，那么。几于不守：几乎不能守住。于：助词，同"乎"。先君：指赵简子和赵襄子，他们都是赵国的祖先。丑：羞耻，意动用法。之：代词，代中山侵赵这件事。

[23] "欲以备"二句：想用（变服骑射）来防备边境的危难，报复中山国（侵赵）的仇恨。以：介词，后面省略了宾语"之"。之：代词，代变服骑射。四境：指边境。

[24] 叔顺中国之俗：叔父您遵循中国的（传统）习俗。顺：循，遵循。恶变服之名：讨厌（承担）变服的名义，也就是不愿意带头变服。

[25] "以忘"二句：而忘记了（中山国）围鄗这件事的耻辱，不是我期望的啊！

[26] 明日服而朝：（公子成）第二天穿胡服上朝。连词"而"连接"服""朝"这两个动词。

[27] 招骑射：召集（臣民们）骑马射箭。招：同"召"。

思考与练习

一、赵武灵王的胡服骑射令为什么能够成功推行？
二、赵武灵王是怎样说服公子成的？
三、赵武灵王胡服骑射有何历史意义？

戊午上高宗封事[1]

胡铨

📖 阅读提示

　　本文选自南宋胡铨的《澹庵文集》。

　　胡铨（1102—1180），字邦衡，号澹庵。吉州庐陵（今江西吉安）人。南宋建炎年间进士。曾在赣州招募义兵抗金，保卫乡里。后任枢密院编修官。因上疏请诛秦桧等，被贬。孝宗即位后被起用，历任国史院编修官、兵部侍郎等职。一生反对议和。能诗词，多抒爱国忧愤情怀。著有《澹庵文集》。

　　绍兴七年（1137）金国利诱南宋降金。宋高宗习于苟安，不图恢复，不顾朝野反对，信任宰相秦桧，主持和议。绍兴八年，秦桧与朝臣孙近决策，向金乞和，派王伦使金，引来金使，称"江南诏谕"，把南宋看作金国属下的一个地区，把高宗看作金主的臣下。一时南宋朝野都很激愤，反对屈辱求和。任枢密院编修官的胡铨上封事力陈议和即等于亡国的利害兴系，措辞指斥皇帝，并请斩秦桧、孙近、王伦三人，以平民愤。此文在当时产生了很大的影响，金人闻之，君臣失色。

　　绍兴八年十一月日，右通直郎、枢密院编修官臣胡铨，谨斋沐裁书，昧死百拜，献于皇帝陛下：

　　臣谨案[2]：王伦本一狎邪小人[3]，市井无赖，顷缘宰相无识[4]，遂举以使敌[5]。专务诈诞[6]，欺罔天听[7]。骤得美官[8]，天下之人切齿唾骂。今者无故诱致虏使，以诏谕江南为名[9]，是欲臣妾我也[10]，是欲刘豫我也[11]。刘豫臣事丑虏[12]，南面称王，自以为子孙帝王万世不拔之业[13]，一旦豺狼改虑，捽而缚之[14]，父子为虏。商鉴不远[15]，而伦又欲陛下效之。

　　夫天下者，祖宗之天下也；陛下所居之位，祖宗之位也。奈何以祖宗之天下为犬戎之天下，以祖宗之位为犬戎藩臣之位？陛下一屈膝，则祖宗庙社之灵，尽污夷狄；祖宗数百年之赤子，尽为左衽[16]；朝廷宰执，尽为陪臣[17]；天下之士大夫皆当裂冠毁冕，变为胡服。异时豺狼无厌之求，安知不加我以无礼如刘豫者哉？

　　夫三尺童子至无知也，指犬豕而使之拜，则怫然怒[18]。今丑虏，则犬豕也，堂堂天朝，相率而拜犬豕，曾童稚之所羞，而陛下忍为之耶？

　　伦之议乃曰：我一屈膝，则梓宫可还，太后可复，渊圣可归，中原可得[19]。呜呼！自变故以来[20]，主和议者，谁不以此说啖陛下哉[21]？然而卒无一验，则虏之情伪[22]，已可知矣。陛下尚不觉悟，竭民膏血而不恤[23]，忘国大仇而不报，含垢忍耻[24]，举天下而臣之，甘心焉[25]！就令虏决可和，尽如伦议，天下后世谓陛下何如主[26]！况丑虏变诈百出[27]，而伦又以奸邪济之[28]，梓宫决不可还，太后决不可复，渊圣决不可归，中原决不可得。而此膝一屈不可复伸，国势陵夷[29]不可复振，可为恸哭流涕长太息者矣[30]。

向者陛下间关海道[31]，危如累卵[32]，当时尚不肯北面臣虏[33]，况今国势稍张，诸将尽锐，士卒思奋。只如顷者丑虏陆梁[34]，伪豫入寇[35]，固尝败之于襄阳[36]，败之于淮上[37]，败之于涡口[38]，败之于淮阴[39]，较之前日蹈海之危[40]，已万万矣[41]。傥不得已而遂至于用兵，则我岂遽出虏人下哉[42]？今无故而反臣之，欲屈万乘之尊[43]，下穹庐之拜[44]，三军之士不战而气已索。此鲁仲连所以义不帝秦[45]，非惜夫帝秦之虚名，惜夫天下大势有所不可也。今内而百官，外而军民，万口一谈，皆欲食伦之肉。谤议汹汹[46]，陛下不闻，正恐一旦变作，祸且不测。臣窃谓不斩王伦，国之存亡未可知也。

虽然，伦不足道也，秦桧以心腹大臣而亦为之[47]。陛下有尧舜之资，桧不能致陛下如唐虞，而欲导陛下为石晋[48]。近者礼部侍郎曾开等引古谊以折之[49]，桧乃厉声曰："侍郎知故事[50]，我独不知。"则桧之遂非狠愎[51]已自可见，而乃建白[52]，令台谏从臣佥议可否[53]，是明畏天下议己，而令台谏从臣共分谤议。有识之士皆以为朝廷无人，吁！可惜哉！孔子曰："微管仲，吾其被发左衽矣[54]。"夫管仲，霸者之佐耳，尚能变左衽之区为衣冠之会[55]。秦桧，大国之相也，反驱衣冠之俗，归左衽之乡；则桧也，不惟陛下之罪人，实管仲之罪人矣。

孙近附会桧议，遂得参知政事[56]。天下望治有如饥渴，而近伴食中书[57]，漫不可否事[58]。桧曰"虏可和"；近亦曰"可和"。桧曰"天子当拜[59]"；近亦曰"当拜"。臣尝至政事堂[60]，三发问而近不答，但曰："已令台谏侍从议矣。"呜呼！参赞大政徒取容充位如此[61]，有如虏骑长驱[62]，尚能折冲御侮耶[63]？臣窃谓秦桧、孙近亦可斩也。

臣备员枢属[64]，义不与桧等共戴天[65]。区区之心，愿断三人头，竿之藁街[66]。然后羁留虏使[67]，责以无礼，徐兴问罪之师[68]，则三军之士不战而气自倍。不然，臣有赴东海而死耳[69]，宁能处小朝廷求活耶？[70]小臣狂妄，冒渎天威[71]，甘俟斧钺[72]，不胜陨越之至[73]！

📖 注释

[1] 封事：密封的奏章。古时群臣上奏章表，一般不用封缄，如事涉机密，为防泄露，就封以皂囊（黑色丝织口袋）。

[2] 臣谨案：奏疏常用这三个字开头。谨，表恭敬、谨慎。案：考察之意。

[3] 王伦：字正道，大名莘县（今属山东）人。《宋史·王伦传》载他"家贫无行，为任侠，往来京、洛间，数犯法幸免"。宋高宗时，屡次使金请和，后为金人所缢杀。

[4] 顷：不久以前。缘：因为。宰相：指秦桧，时任宰相，力主与金讲和。北宋末年任御史中丞，与宋徽宗、宋钦宗一起被金人俘获。被释南归后，两任南宋宰相，前后执政十九年。曾因以"莫须有"的罪名处死岳飞而遗臭万年。

[5] 举：推举。使敌：出使金朝。

[6] 专务诈诞：只说些欺诈虚妄的话。

[7] 斯罔天听：骗取皇帝的信任。天听：皇帝的听闻。

[8] 骤得美官：《宋史·王伦传》载，绍兴七年（1137）春，徽宗及宁德后（徽宗郑皇后）讣至，四月以王伦为徽猷阁待制假直学士充迎奉梓官帝、后棺枢使。八年秋，又遣王伦以端明殿学士再使金国。

[9] 诏谕江南：《宋史·王伦传》载，绍兴八年（1138）十月，金主"遣签书宣徽院事萧哲、左司郎中张通古为江南诏谕使，偕伦来。朝论以金使肆嫚，抗论甚喧，多归罪伦"。金国派遣使者到南宋议事，竟称"江南诏谕使"，把宋朝皇帝当作臣下看待。

[10] 臣妾我：使我为臣妾，意为降服。

[11] 刘豫我：使我为刘豫。此句中"刘豫"与上句"臣妾"，皆名词作动词用。

[12] 刘豫臣事丑虏：《宋史·叛臣·刘豫传》载：豫字彦游，景州阜城（今属河北）人，建炎二年（1128）知济南府。金人攻济南，豫杀其将关胜降金。三年三月，兀术闻高宗渡江，乃徙豫知东平府，充京东、京西、淮南等路安抚使，畀旧（黄）河以南，俾豫统之。四年七月，金人遣人册刘豫为皇帝，国号"大齐"，都大名府。九月，豫即伪位，奉金正朔，称天会八年。后尚书省奏豫治国无状，当废，七年十一月，废豫为蜀王。擒豫子刘麟，又囚豫于汴京金明池。后又徙其父子于临潢（今内蒙古巴林左旗东南波罗城，本契丹之上京）。臣事：像臣子那样去侍奉。

[13] 不拔：不可拔除，不可动摇，形容牢固。

[14] 捽（zuó）：泛指抓，揪。

[15] 商鉴不远：《诗·大雅·荡》："殷鉴不远，在夏后之世。"言殷当以夏为鉴，意在周当以殷为鉴。此处引用，是说宋主当以刘豫为鉴戒。宋人避宋太祖赵匡胤之父赵弘殷讳，改"殷"为"商"。

[16] 左衽：我国古代某些少数民族的服装，前襟向左掩，异于中原人的右掩，故以左衽代指受异族统治。

[17] 宰执：宰相和执政官。宋之宰相有同中书门下平章事、左右仆射、左右丞相等名称；执政官包括参知政事（副宰相）、尚书左右丞、枢密使、副使。陪臣：古代诸侯的大夫，对天子自称陪臣，即臣之臣。此两句意谓，若宋帝对金称臣，则朝廷大臣皆为陪臣。

[18] 怫然：愤怒貌。

[19] "伦之议乃曰"六句：《宋史·王伦传》：绍兴七年冬，"伦入对言：金人许还梓宫及太后，又许归河南地九年春，赐伦同进士出身，端明殿学士，签书枢密院事，充迎梓宫奉还两宫交割地界使"。《宋史·张焘传》："时金使至境，诏欲屈己就和，令侍从台谏条上。焘言：'金使之来，欲议和好，将归我梓官，归我渊圣，归我母后，归我宗社，归我土地人民，其意甚美，其言甚甘，庙堂以为信然，而群臣国人，未敢以为信然也。'梓（zǐ）宫，此指宋徽宗棺木。徽宗被金人掳去后，于绍兴五年四月死于五国城（今黑龙江哈尔滨依兰）。太后，指徽宗韦贤妃，高宗生母，随徽宗北迁，高宗即位，遥尊为宣和皇后。绍兴七年，又遥尊为皇太后。十二年，自金归国，八月至临安，入居慈宁宫。渊圣，即宋钦宗。高宗即位，遥尊为孝慈渊圣皇帝。中原，指河南州郡。《金史·熙宗纪》：天眷元年（宋绍兴八年，1138）八月："己卯（廿六日），以河南地与宋。"

[20] 变故：指靖康之变。宋钦宗靖康二年（1127），金兵南下，攻克汴京，俘虏徽宗、钦宗二帝。

[21] 啖（dàn）：喂食，引申为利诱。

[22] 情伪：真情和假象。

[23] 膏血：犹言民脂民膏。

[24] 含垢忍耻：忍受耻辱。

［25］举天下而臣之，甘心焉：甘心拿着天下而臣事金国。

［26］何如主：怎样的君主。

［27］变诈：欺诈。

［28］济之：指王伦帮助金朝。

［29］陵夷：由盛到衰，衰颓，衰落。

［30］可为恸哭流涕长太息者矣：贾谊《陈政事疏》："臣窃惟事势，可为痛哭者一，可为流涕者二，可为长太息者六。"太息，叹气。

［31］间关海道：宋高宗于建炎三年（1129）十二月，自明州（今浙江宁波）乘楼船至定海县（今舟山市定海区）。四年正月初一，船碇泊海中；初三至台州章安镇，廿一日泊温州港口，二月十七日入温州。待金兵退，始辗转还绍兴。见《宋史·高宗纪》。间关，形容道路艰险。

［32］累卵：把鸡蛋堆叠起来，比喻极其危险。

［33］北面：古代君主面朝南坐，臣子朝见君主则面朝北，所以对人称臣称为北面。

［34］陆梁：跳走的样子，引申为嚣张。

［35］伪豫：指刘豫的伪政权。伪，不合法的。

［36］固：通"故"，已经。败之于襄阳：《宋史·岳飞传》记载，绍兴四年（1134）飞奏："襄阳等六郡，为恢复中原基本，今当先取六郡，以除心膂之病。"五月，复郢州（今湖北钟祥），伪齐守将京超投崖死。遣张宪、徐庆复随州（今属湖北）；飞趋襄阳（今湖北襄阳），李成迎战大败，夜遁，复襄阳，及邓州（今河南邓州）、唐州（今河南南阳唐河）、信阳军（今河南信阳），襄汉悉平。

［37］败之于淮上：《宋史·韩世忠传》载，绍兴四年，金人与刘豫合兵分道入侵，世忠自镇江至大仪（镇名，在扬州市西北，近安徽天长市境），设伏兵，大破敌军，擒金将挞孛也等二百余人，复亲追至淮，金人惊溃，相蹈藉溺死者甚众。

［38］败之于涡口：《宋史·叛臣·刘豫传》载，绍兴六年九月，刘豫"籍民兵三十万，分三道入寇。（刘）麟总十路兵由寿春犯庐州，（刘）猊率东路兵取紫荆山，出涡口以犯定远，西兵趋光州寇六安，孔彦舟统之。……猊众数万过定远，欲趋宣化犯建康，杨沂中遇猊兵于越家坊，破之；又遇于藕塘，大破之，猊遁。麟闻，亦拔寨走"。藕塘，镇名，在安徽定远县东南。涡口，涡水入淮之口，在安徽怀远县东北。

［39］败之于淮阴：《宋史·韩世忠传》载，绍兴六年，"授京东淮东路宣抚处置使，置司楚州。……刘豫数入寇，辄为世忠所败。时张浚以右相祠面，命世忠自承（承州，今江苏高邮）。图淮阳（淮阳军，治所在今江苏睢宁西北古邳镇）……呼延通与金将牙合孛董搏战，扼其吭而擒之，乘锐掩击，金人败去"。楚州：治所在山阳（今江苏淮安），淮阴县亦其所属；历史上曾治淮阴，并改名为淮阴郡。

［40］蹈海之危：航海，比喻危险。

［41］万万：谓远远胜过当初。

［42］遽（jù）：竟，就。出虏人下：指比敌人弱。

［43］万乘：古时一车四马为一乘。周制：天子地方千里，出兵车万乘。后称皇帝为"万乘"。

［44］穹庐：古代北方游牧民族居住的毡帐，其形穹窿，故曰穹庐。此处指金国。

［45］此鲁仲连所以义不帝秦：据《战国策·赵策三》及《史记·鲁仲连列传》载，秦围赵都邯郸，魏王派使者新垣衍劝赵尊秦王为帝，可解围。齐人鲁仲连适游赵，往见新垣衍，说秦称帝之害。新垣衍被说服，不敢复言帝秦。秦将闻之，为此退军五十里。

［46］谤议：非议。汹汹：形容声势盛大。

［47］心腹大臣：皇帝亲信的大臣。

［48］唐虞：尧、舜的朝代名。石晋：五代时石敬瑭借契丹兵灭后唐，受契丹册封为帝，建都于汴州（今河南开封），国号晋。对契丹主自称"儿皇帝"。

［49］礼部侍郎：掌管礼乐、祭祀、教育、科举等事务机构的副长官。曾开：字天游，曾几之兄。他曾当面反对秦桧的议和，《宋史·曾几传》载："公当强兵富国，尊主庇民，奈可自卑辱至此。"因而触怒秦桧，被贬徽州。古谊：即古义，古人所说的道理。折：驳斥，责难。

［50］故事：旧事，典故。

［51］遂非狠愎（bì）：坚持错误，固执而不听他人意见。

［52］建白：陈述意见或有所倡议。

［53］令台谏从臣佥议可否：《宋史·高宗纪》载，绍兴八年（1138）十一月辛丑，"诏：金国遣使入境，欲朕屈己就和，命侍从台谏详思条奏。从官张焘、晏敦复、魏矼、曾开、李弥逊、尹焞、梁汝嘉、楼炤、苏符、薛徽言，御史方廷实皆言不可。"台谏：指谏议官；从臣，指侍从官，在皇帝周围以备顾问的文学近臣。洪迈《容斋续笔》卷一云："自观文殿大学士至待制，为侍从官，令文所载也。"佥（qiān）：众，皆。

［54］"孔子曰"三句：语出《论语·宪问》，意在肯定管仲的历史功绩，意思说如果没有管仲，我们可能还受外族的统治。微：非，无。管仲，名夷吾，字仲，春秋时期齐国著名的政治家。他被称为"春秋第一相"，辅佐齐桓公成为春秋时期的第一霸主。被（pī）发，散发。

［55］衣冠之会：指齐桓公主持的各诸侯国的盟会。

［56］"孙近"二句：《宋史·高宗纪》载，绍兴八年十一月，"以翰林学士承旨孙近参知政事，兼同知枢密院事"。孙近，字叔诸，无锡（今属江苏）人。参知政事：官职名称。参知政事和枢密使、副使、知枢密院事、签书枢密院事等，通称执政，与宰相合称宰执。

［57］伴食中书：《旧唐书·卢怀慎传》云："怀慎与紫微令姚崇对掌枢密。怀慎自以为吏道不及崇，每事皆推让之，时人谓之伴食宰相。"宰相议事处称政事堂，北宋设于中书内省，简称中书。元丰改革官制后，以尚书省的都堂为政事堂。孙近为参知政事（副宰相），在政事堂办公，而事事附和秦桧，自己毫无主见，故称他"伴食中书"。

［58］漫：完全。可否：赞成或反对。

［59］当拜：指宋天子向金人跪拜。

［60］政事堂：唐宋时宰相的总办公处。唐初始有此名，设在门下省，后迁到中书省。下设吏、枢机、兵、户、刑礼五房。北宋就中书内省设政事堂，简称中书，与枢密院分掌政、军，号称"二府"。元丰改制后，遂以尚书省的都堂为宰相办公所在，因也称都堂为政事堂。

［61］参赞大政：参与决定国家大事。取容充位：占据官位而不负责任。

［62］有如：如果。

［63］折冲：击退敌军。折，挫败。御侮：抵御侵侮，与"折冲"意同。

［64］备员枢属：当时胡铨任枢密院编修，故云。备员：充数，这里是谦称。

［65］义不与桧等共戴日：意谓与秦桧等人仇恨极深，不愿共生于天下。

［66］区区：谦辞，用于自称。指小的意思，含有愚拙的意思。竿之藁（gǎo）街：将人头悬挂于高竿示众。藁（gǎo）街，在长安城内，汉时少数民族及外国使者居住之所。竿，用作动词，犹言"悬"。把头挂在竹竿上。

［67］羁留：扣押。

［68］徐兴问罪之师：出兵讨伐敌人。徐兴，从容不迫地发起。

［69］赴东海而死耳：这是借用战国鲁仲连的话，以此表示他坚决反对议和的态度。鲁仲连曾云："彼则肆然而为帝，过而遂正于天下，则连有赴东海而死矣，吾不忍为之民也！"

［70］小朝廷：指如果议和告成，宋朝将成为金国的附属。

［71］冒渎：冒犯。天威：皇帝的威严。

［72］甘俟斧钺（yuè）：甘心等待处罚。俟，等待。斧钺，泛指兵器，借指刑罚、杀戮。

［73］不胜陨越之至：此为奏疏的套语。陨越，本是跌倒、颠坠之意，引申为惶恐。此谓犯上而表示死罪之意。

思考与练习

一、分析本文的结构层次。

二、你认为这篇奏章最有魅力的地方表现在哪些方面？

三、找出文章中的成语，并加以解释。

永遇乐[1]·落日熔金

李清照

阅读提示

　　本文选自《李清照全集》，宋李清照撰。

　　李清照（1084—1155），号易安居士，山东济南章丘人，以词著称。父李格非为当时著名学者，夫赵明诚为金石考据家。早期生活优裕，与丈夫赵明诚共同致力于书画金石的搜集整理。靖康二年（1127）北宋亡，夫妻相继南渡避难。不久赵明诚在建康病逝，从此她只身漂泊于杭州、越州、台州和金华一带，晚景困苦凄凉。所作词，前期多写其悠闲生活，后期多悲叹身世，情调感伤，有的也流露出对中原的怀念。形式上善用白描手法，自辟途径，语言清丽。论词强调协律，崇尚典雅、情致，提出词"别是一家"之说，反对以作诗文之法作词。有《漱玉词》辑本。

　　《永遇乐·落日熔金》创作时间已不可考，但是词作的内容是通过今昔元宵节不同情景作对比，抒发深沉的盛衰之感和身世之悲，应是晚年避难江南时的作品。

　　落日熔金，暮云合璧[2]，人在何处。染柳烟浓，吹梅笛怨[3]，春意知几许[4]。元宵佳节，融和天气，次第岂无风雨。来相召、香车宝马，谢他酒朋诗侣[5]。

　　中州盛日[6]，闺门多暇，记得偏重三五[7]。铺翠冠儿，捻金雪柳[8]，簇带争济楚[9]。如今憔悴，风鬟霜鬓[10]，怕见夜间出去。不如向、帘儿底下，听人笑语。

注释

[1] 永遇乐：词牌名。

[2] 落日镕金：落日的光辉像熔解的金子一样。是以熔融的黄金形容落日的光泽、形态、热度等方面的特点。暮云合璧：是用白玉聚合形容暮云的形态，形容四周像璧玉一样合成一块。璧：美玉的通称。

[3] 吹梅笛怨：梅，指乐曲《梅花落》，用笛子吹奏此曲，其声哀怨。

[4] 春意：春天气象。几许：多少。

[5] 香车宝马：这里指贵族妇女所乘坐的、雕镂工致装饰华美的车驾。谢：谢绝。

[6] 中州：即中土、中原。这里指北宋的都城汴京（今河南开封）。

[7] 三五：古代有时候把月半称作三五。此处指元宵节。

[8] 铺翠冠儿：以翠羽装饰的帽子。雪柳：以素绢和银纸做成的头饰。周密《武林旧事·卷二》曾记："元夕节物，妇人皆戴珠翠，闹娥，玉梅，雪柳，菩提叶，灯球。"

[9] 簇带：簇，聚集之意。带即戴，加在头上谓之戴。济楚：整齐，漂亮。簇带、济楚均为宋时方言，意谓头上所插戴的各种饰物。

[10] 风鬟霜鬓：发髻凌乱，两鬓如霜，形容自己衰老。霜：一作"雾"。

思考与练习

一、分析对比手法在本词中的运用。

二、结合本首词谈谈李清照词的语言特色。

三、背诵这首词。

破阵子[1]·为陈同甫赋壮词以寄之[2]

辛弃疾

阅读提示

本文选自辛弃疾的《稼轩长短句》。

辛弃疾（1140—1207），字幼安，号稼轩，历城（今山东济南）人，南宋著名豪放派词人。有将相之才，平生以气节自负，功业自许。出生时，山东已为金兵所占。青年时组织义兵2000余人，参加耿京的抗金义军，不久归南宋，历任湖北、江西、湖南、福建、浙东等地的转运使、安抚使等职。屡受主和派排挤，长期落职闲居江西上饶、铅山一带。晚年韩侂胄当政，辛弃疾先后被起用，为绍兴知府、镇江知府等职，不久病卒。辛弃疾诗词文兼擅。在词作方面，他继承了苏轼的豪放词风和南宋前期爱国词人的传统，进一步扩大了词的表现范围，境界更阔大，手法更多样，推动了词风的转变，在词史上具有重要意义。著有《稼轩长短句》。

本文是作者写给陈亮的壮词。通过对自己当年在起义军生活往事的回忆，描绘了火热的战斗生活，抒发了作者壮怀激烈、拼杀疆场的豪情壮志，也流露出功业未成、老之将至的惆怅和郁愤之情。

醉里挑灯看剑，梦回吹角连营[3]。八百里分麾下炙[4]，五十弦翻塞外声[5]。沙场秋点兵[6]。

马作的卢飞快[7]，弓似霹雳弦惊[8]。了却君王天下事[9]，赢得生前身后名。可怜白发生！

注释

[1] 破阵子：唐玄宗时教坊曲名，出自《破阵乐》，后用为词调。

[2] 陈同甫：即陈亮，字同甫，辛弃疾的挚友之一，亦为爱国词人。

[3] "梦回"句：意谓梦里号角响彻军营。

[4] "八百里"句：部下将士都分到牛肉。八百里指牛，出典见《世说新语》："王君夫（恺）有牛，名八百里骏，常莹其蹄角。"麾下：即部下。

[5] "五十弦"句：五十弦指各种乐器。《史记·封禅书》："太帝使素女鼓五十弦，悲，帝禁不止。"翻：演奏。塞外声：以边塞为题材的雄壮悲凉的军歌。

[6] 沙场：战场。点兵：检阅部队。

[7] 作：如。的卢：一种性格暴烈的马。相传刘备在荆州遭遇危难，骑的卢马"一跃三丈"，脱离险境，见《三国志》本传引《世语》。

[8] 霹雳：比喻疾烈的弓弦声。《北史·长孙晟传》："突厥之内，大畏长孙总管，闻其

弓声，谓为霹雳。"

[9] 天下事：指恢复中原，完成统一大业。

思考与练习

一、这首词抒发了怎样的思想感情，请简要分析。

二、"马作的卢飞快，弓似霹雳弦惊"描绘了一幅什么样的场景？有何表达作用？

三、本词是一首"壮词"，词人却在结尾发出"可怜白发生"的慨叹，你对此如何理解？

先妣事略

归有光

阅读提示

本文选自明朝归有光著的《震川先生集》。

归有光（1506—1571），字熙甫，号震川，昆山（今属江苏）人，明代优秀散文家。35 岁中举，以后屡试不中，退居嘉定（今属上海市），教书授徒二十余年。60 岁始中进士，出任长兴（今属浙江）知县，官至南京太仆寺丞。他反对以李攀龙、王世贞为首的"后七子""追章逐句，模拟剽窃"的文风，主张继承唐宋散文的优秀传统。他的散文长于记叙抒情，以简洁的语言写人叙事，寄托自己的感情。著有《震川先生集》。

本文是归有光追忆亡母的一篇记叙文。作者拾取母亲生前的一些日常生活琐事，刻画出一位贤妻良母的形象，她恭顺、宽厚、善良，治家勤俭而不吝啬，慈爱育子而教子极严。在看似平淡的叙述中，流露出对亡母的深切怀念。全篇语言精练，文字简洁，情感含蓄深沉，于平易质朴之中见真情。

先妣周孺人[1]，弘治元年二月二十一日生[2]。年十六来归[3]。逾年生女淑静[4]。淑静者，大姊也。期而生有光；又期而生女、子[5]，殇一人[6]；期而不育者一人[7]；又逾年，生有尚，妊十二月[8]；逾年，生淑顺；一岁，又生有功。有功之生也，孺人比乳他子加健[9]，然数颦蹙顾诸婢曰："吾为多子苦[10]。"老妪以杯水盛二螺进[11]，曰："饮此后，妊不数矣[12]。"孺人举之尽，喑不能言[13]。正德八年五月二十三日[14]，孺人卒[15]。诸儿见家人泣，则随之泣。然犹以为母寝也[16]。伤哉！于是家人延画工画[17]，出二子，命之曰："鼻以上画有光，鼻以下画大姊。"以二子肖母也[18]。

孺人讳桂[19]。外曾祖讳明。外祖讳行，太学生[20]。母何氏。世居吴家桥，去县城东南三十里，由千墩浦而南，直桥并小港以东[21]，居人环聚，尽周氏也。外祖与其三兄皆以赀雄，敦尚简实[22]；与人姁姁说村中语[23]，见子弟甥侄无不爱。孺人之吴家桥[24]，则治木绵[25]；入城，则缉纑[26]，灯火荧荧[27]，每至夜分[28]。外祖不二日使人问遗[29]。孺人不忧米盐，乃劳苦若不谋夕[30]。冬月炉火炭屑，使婢子为团[31]，累累暴阶下[32]。室靡弃物[33]，家无闲人。儿女大者攀衣[34]，小者乳抱[35]，手中纫缀不辍[36]，户内洒然[37]。遇僮奴有恩[38]，虽至笞楚[39]，皆不忍有后言[40]。吴家桥岁致鱼蟹饼饵，率人人得食[41]。家中人闻吴家桥人至，皆喜。

有光七岁，与从兄有嘉入学[42]。每阴风细雨，从兄辄留[43]。有光意恋恋[44]，不得留也。孺人中夜觉寝，促有光暗诵《孝经》[45]，即熟读，无一字龃龉[46]，乃喜。

孺人卒，母何孺人亦卒。周氏家有羊狗之疴[47]，舅母卒，四姨归顾氏，又卒，死三十人而定，惟外祖与二舅存。

孺人死十一年，大姊归王三接，孺人所许聘者也[48]。十二年，有光补学官弟子[49]，十六年而有妇[50]，孺人所聘者也。期而抱女，抚爱之，益念孺人。中夜与其妇泣，追惟一二[51]，仿佛如昨，馀则茫然矣。世乃有无母之人，天乎！痛哉！

📖 注释

[1] 先妣（bǐ）：亡母。妣，母，后只用于称亡母。《礼记·曲礼》："生曰父，曰母，曰妻；死曰考，曰妣，曰嫔。"孺人：古代贵族、官吏之母或妻的封号，明代用以封赠七品官母亲或者妻子的封号。

[2] 弘治：明孝宗朱祐樘（chēng）的年号。

[3] 归：女子出嫁。

[4] 逾（yú）年：过了一年。

[5] 生女、子：生一男一女双胞胎。

[6] 殇（shāng）：未成年而死。

[7] 期（jī）：一年。

[8] 妊（rèn）：怀孕。

[9] 乳：养育。加健：加倍强健。

[10] 数：屡次。颦（pín）蹙（cù）：皱眉。

[11] 老妪（yù）：老妇人。

[12] 妊不数（shuò）矣：不会经常怀孕。

[13] 举之尽：端起来喝完了。喑（yīn）：哑。

[14] 正德：明武宗朱厚照的年号。

[15] 卒：死。

[16] 寝（qǐn）：睡着。

[17] 延画工画：请来画工（为死去的母亲）画像。

[18] 肖（xiào）：像。

[19] 讳：古时称尊长者的名为讳。又于人死后书其名，名前亦称"讳"以示尊敬。

[20] 太学生：在国子监读书的学生。太学：即国学，古学校名，是设于京城的最高学府。汉武帝元朔五年（前124）始置，隋炀帝时改为国子监。唐宋兼置国子、太学。明以后只有国子监。

[21] 直桥并小港以东：正对吴家桥沿着小港以东一带。直：指示方位之辞，对着。并：沿着。

[22] 赀雄：以有资财而称雄一方。敦尚简实：崇尚简易朴实。敦尚：崇尚。《图画见闻志》："高丽国敦尚文雅，渐染华风。"

[23] 姁姁（xǔ xǔ）：和颜悦色的样子。《汉书·韩信传》："项王见人恭谨，言语姁姁。"

[24] 之：到。

[25] 木棉：棉花。

[26] 绩纑（lú）：把麻搓成线，准备织布。

　　[27] 荧（yíng）荧：微光闪烁的样子。

　　[28] 夜分：半夜。

　　[29] 问遗（wèi）：赠物问安。

　　[30] 不谋夕：即"朝不谋夕"。原意谓早晨不能为晚间之事预作打算。形容处境窘迫，只能顾及眼前，难作长久之计。

　　[31] 为团：做成圆团。

　　[32] 累（lěi）累暴（pù）阶下：一个一个地晒在台阶下边。累累：繁多的样子。暴：同"曝"，晒。

　　[33] 室靡（mǐ）弃物：屋里没有废弃无用的东西。靡：无。弃物：废物。

　　[34] 攀衣：拉着衣角行走。

　　[35] 乳抱：抱在怀中喂奶。

　　[36] 纫（rèn）缀不辍：缝缝补补。

　　[37] 洒然：整洁的样子。

　　[38] 遇僮（tóng）奴有恩：对待奴仆很讲情义。

　　[39] 箠（chuí）楚：杖打。箠：竹板；楚，荆条。

　　[40] 不忍有后言：不肯在背后说埋怨的话。

　　[41] 致：送给。率人人得食：都能人人吃到。

　　[42] 从（zòng）兄：堂兄。

　　[43] 辄（zhé）留：请假不去上学。

　　[44] 恋恋：依依不舍。

　　[45] 中夜觉寝：半夜睡醒。暗诵《孝经》：默诵《孝经》。《孝经》：儒家经典之一。传为孔门后学所作，是宣扬封建孝道和孝治思想的书。

　　[46] 龃（jǔ）龉（yǔ）：牙齿上下不整齐，这里指默诵生疏，时断时续。

　　[47] 羊狗之痾（kē）：疾病，羊癫疯，即癫痫。

　　[48] 许聘：定下的亲事。

　　[49] 学官弟子：即秀才，经过本省各级考试取入府、州、县学的生员。学官是各级地疗教官的统称，府学称教授，州学称学正，县学称教谕，负责管教在学的生员。

　　[50] 有妇：结婚。

　　[51] 追惟：追念。

🍎 思考与练习

　　一、文章表达了作者对母亲怎样的深情？

　　二、作者在文中记叙外祖父家的情况有何作用？

　　三、试背诵全文。

报刘一丈书[1]

宗臣

本文选自明朝宗臣所著的《宗子相集》。

宗臣（1525—1560），字子相，号方城山人，兴化（今属江苏）人。明代文学家。嘉靖二十九年（1550）进士。初授刑部主事，后改吏部员外郎。性耿介，不附权贵。嘉靖三十六年（1557），因作文祭奠杨继盛而得罪严嵩，被贬为福州布政使司左参议。因抗击倭寇迁提学副使，卒于任上。

宗臣为"后七子"之一。他的创作较少模拟堆砌习气，散文成就在"后七子"中较为突出。有《宗子相集》。

本文属书信体记叙文。明代嘉靖年间，严嵩父子把持朝政，一些无耻之徒奔走钻营于严府门下，趋炎附势，丑态百出。本文以某人投奔权门、拍马求宠的具体事例，对权要者的贪婪虚伪、干谒者的奴颜婢膝、"门者"的狐假虎威、"闻者"的趋炎附势的现象作了尖锐的揭露、抨击，从不同的角度反映了当时官场的污浊和官吏的腐败，显示出所谓"上下相孚"的真实内情和丑恶本质。其实，本文所揭露的问题并非明朝所特有，而是中国古代历史长河中长期存在的社会现象，故而这篇文章也就具有了超越其时代的恒久而普遍的社会批判价值。因此，不仅清人称其为"有关世教之文"，即使在今天，人们仍然可以深切感受到它强烈的现实意义。

数千里外，得长者时赐一书[2]，以慰长想[3]，即亦甚幸矣；何至更辱馈遗[4]，则不才益将何以报焉[5]。书中情意甚殷[6]，即长者之不忘老父，知老父之念长者深也。至以"上下相孚，才德称位"语不才[7]，则不才有深感焉。夫才德不称，固自知之矣；至于不孚之病[8]，则尤不才为甚。

且今世之所谓"孚"者何哉？日夕策马，候权者之门[9]。门者故不入[10]，则甘言媚词作妇人状[11]，袖金以私之[12]。即门者持刺入[13]，而主者又不即出见。立厩中仆马之间[14]，恶气袭衣裙，即饥寒毒热不可忍，不去也。抵暮则前所受赠金者出，报客曰："相公倦[15]，谢客矣[16]，客请明日来。"即明日，又不敢不来。夜披衣坐，闻鸡鸣即起盥栉[17]，走马抵门[18]。门者怒曰："为谁？"则曰："昨日之客来。"则又怒曰："何客之勤也[19]！岂有相公此时出见客乎？"客心耻之，强忍而与言曰："亡奈何矣，姑容我入[20]。"门者又得所赠金，则起而入之。又立向所立厩中。幸主者出，南面召见[21]，则惊走匍匐阶下[22]。主者曰："进！"则再拜[23]，故迟不起；起则上所上寿金[24]。主者故不受，则固请。主者故固不受，则又固请，然后命吏内之[25]，则又再拜，又故迟不起，起则五六揖始出。出，揖门者曰："官人幸顾我！他日来，幸亡阻我也！[26]"门者答揖，大喜奔出。马上遇所交识[27]，即扬鞭语曰："适自相公家来，相公厚我，厚我！"且虚言状[28]。即所交识，亦心畏相公厚之矣[29]。相公又稍稍语人曰："某也贤[30]！某也贤！"闻者亦心计交赞之[31]。此世所谓"上下相孚"也。长者谓仆能之乎？

前所谓权门者，自岁时伏腊一刺之外[32]，即经年不往也。间道经其门[33]，则亦掩耳闭目，跃马疾走过之，若有所追逐者。斯则仆之褊哉[34]，以此常不见悦于长吏[35]，仆则愈益不顾也。每大言曰[36]："人生有命[37]，吾惟守分尔[38]。"长者闻此，得无厌其为迂乎[39]？

乡园多故[40]，不能不动客子之愁[41]。至于长者之抱才而困[42]，则又令我怆然有感[43]。天之与先生者甚厚[44]，亡论长者不欲轻弃之[45]，即天意亦不欲长者之轻弃之也，幸宁心哉[46]！

📖 注释

[1] 报：答复。刘一丈：号墀（chí）石，宗臣父亲的朋友。一：排行；丈：对男性长辈的尊称。

[2] 长者：对长辈的称呼，指刘墀石。赐：敬语，赏，给。

[3] 长想：深长的思念。

[4] 辱：谦辞。馈遗（wèi）：赠送礼物。

[5] 不才：无才，自谦之称。

[6] 殷：殷切，深厚。

[7] 相孚：互相信任。称：合适，称职。

[8] 不孚之病：不被上司信任的毛病。

[9] 日夕：白天和晚上，一天到晚。策马：用鞭赶马，意是骑马。权者：有权有势的人，指当时的宰相严嵩等人。

[10] 故不入：故意不让进去。

[11] 甘言媚词：甜言蜜语，巴结人的话。作妇人状：故意扭捏作态。

[12] 袖金以私之：取出衣袖里藏着的银子，偷偷地送给守门人。私之：偷偷送给守门者，指贿赂。

[13] 刺：名刺，谒见时用的名片。明代官场谒见，用红纸写官衔、姓名投递通报。

[14] 仆马：仆人和马匹。

[15] 相公：唐宋以后对宰相的尊称。

[16] 谢客：谢绝见客。

[17] 盥（guàn）栉：洗脸梳头。

[18] 走马抵门：骑着马跑到相府门口。

[19] 何客之勤也：怎么你这个人来得这样勤呢。勤：含有讥刺来客努力巴结的意思。

[20] 亡奈何：没奈何，没办法。亡，同"无"。

[21] 南面：面向南。古代尊者接见卑者，尊者面向南，卑者面向北。

[22] 惊走：慌忙跑上前。匍匐：在地上爬行，这里指趴倒。

[23] 再拜：拜了又拜。

[24] 所上："所"字结构，送给的。寿金：祝寿的礼金，实即贿赂。

[25] 内之：收下它（礼金）。内，同"纳"。

[26] 官人：称呼做大官的人，这里是对守门人的尊称。亡，同"毋"，不要。

[27] 所交识：朋友，熟人。

[28] 虚言状：虚假地描述了相公厚待的情景。

[29] 畏：佩服，惊羡。

[30] 某也贤：某人很有才德。某：指上文的"客"。

[31] 心计：心中盘算。

[32] 岁时伏腊：泛指逢年过节。岁时：一年的四时节令。伏腊：即夏伏、冬腊，都是一年中举行祭祀的重要节日。

[33] 间：间或，偶然。

[34] 褊（biǎn）：心胸狭隘。

[35] 见悦于长吏：被上司喜欢。

[36] 大言：扬言，这里带有对人表白自己心迹的意思。

[37] 人生有命：化用孔子"死生有命，富贵在天"之语，表示不钻营。

[38] 守分：安分守己。

[39] 迂：迂腐，固执，不通世故。

[40] 乡园多故：家乡经常闹灾。当指倭寇侵扰频繁。

[41] 动客子之愁：触动游子的乡思情怀。

[42] 抱才而困：有才能而陷于困厄的境地，即怀才不遇。

[43] 怆然：悲伤的样子。

[44] 天之与先生者：先生的先天禀赋，针对刘一丈"抱才"而言。

[45] 轻弃之：抛弃才干而不用。

[46] 幸宁心哉：希望能够心情平静。幸：表示希望的意思。

思考与练习

一、本文揭露了当时社会的何种现象？文章主要通过什么方法来揭露这一现象？

二、概括文中三个反面人物的性格特征。

三、本文主要是抓住刘一丈来信中的哪一句话展开议论的？

四、文章详写谒见前，而略写谒见后，这在艺术上取得了何种效果？

西湖七月半

张岱

阅读提示

张岱（1597—1679），字宗子，又字石功，号陶庵，山阴（今浙江绍兴）人，出身于仕宦人家，有家学渊源，精通音乐、戏剧。素喜游历，交游广泛。明亡后，曾参加抗清斗争，后避居剡溪山中，布衣素食，寄情山水，专心著述。张岱是晚明小品文集大成者，著有文集《陶庵梦忆》和《西湖梦寻》等。

本文选自张岱的散文小品集《陶庵梦忆》。介绍了明末杭州人七月半游西湖的盛况，并通过对各类游客看月情态的描摹刻画，嘲讽达官贵人附庸风雅的丑态和市井百姓凑热闹的俗气，标榜文人雅士清高拔俗的情趣。褒贬不尽妥当，但立意颇为别致。

西湖七月半[1]，一无可看，止可看看七月半之人[2]。看七月半之人，以五类看之[3]。其一，楼船箫鼓[4]，峨冠盛筵[5]，灯火优傒[6]，声光相乱，名为看月而实不见月者，看之；其一，亦船亦楼，名娃闺秀[7]，携及童娈[8]，笑啼杂之，环坐露台，左右盼望，身在月下而实不看月者，看之；其一，亦船亦声歌，名妓闲僧，浅斟低唱[9]，弱管轻丝[10]，竹肉相发[11]，亦在月下，亦看月而欲人看其看月者，看之；其一，不舟不车[12]，不衫不帻[13]，酒醉饭饱，呼群三五，跻入人丛[14]，昭庆、断桥，嚣呼嘈杂[15]，装假醉，唱无腔曲，月亦看，看月者亦看，不看月者亦看，而实无一看者，看之；其一，小船轻幌，净几暖炉，茶铛旋煮[16]，素瓷静递，好友佳人，邀月同坐，或匿影树下，或逃嚣里湖，看月而人不见其看月之态，亦不作意看月者[17]，看之。

杭人游湖，巳出酉归[18]，避月如仇[19]。是夕好名，逐队争出，多犒门军酒钱[20]，轿夫擎燎[21]，列俟岸上[22]。一入舟，速舟子急放断桥[23]，赶入胜会。以故二鼓以前[24]，人声鼓吹[25]，如沸如撼[26]，如魇如呓[27]，如聋如哑[28]。大船小船，一齐凑岸，一无所见，止见篙击篙[29]，舟触舟，肩摩肩[30]，面看面而已。少刻兴尽，官府席散，皂隶喝道去[31]。轿夫叫，船上人怖以关门[32]，灯笼火把如列星，一一簇拥而去。岸上人亦逐队赶门，渐稀渐薄，顷刻散尽矣。

吾辈始舣舟近岸[33]。断桥石磴始凉，席其上，呼客纵饮。此时月如镜新磨，山复整妆，湖复颒面[34]。向之浅斟低唱者出，匿影树下者亦出。吾辈往通声气[35]，拉与同坐。韵友来，名妓至，杯箸安[36]，竹肉发。月色苍凉，东方将白，客方散去。吾辈纵舟[37]，酣睡于十里荷花之中，香气拍人[38]，清梦甚惬[39]。

注释

[1] 西湖：即今杭州西湖。七月半：农历七月十五，又称中元节。

[2]"止可看"句：只可看那些来看七月半景致的人。止，同"只"。

[3]以五类看之：把看七月半的人分作五类来看。

[4]楼船：指考究的有楼的大船。箫鼓：指吹打音乐。

[5]峨冠：头戴高冠，指士大夫。盛筵：摆着丰盛的酒筵。

[6]优僎：优伶和仆役。

[7]名娃：美女。闺秀：有才德的女子。

[8]童娈：容貌美好的家童。

[9]浅斟低唱：慢慢喝酒，轻声唱歌。

[10]弱管轻丝：箫笛低吹，琴瑟轻弹。

[11]竹肉相发：器乐声伴着歌声。竹，竹制管乐器，这里泛指器乐演奏。肉：歌喉。

[12]不舟不车：不坐船不乘车。

[13]不衫不帻：不穿长衫，不戴头巾。形容衣冠不整，不修边幅。帻：头巾。

[14]跻（jǐ）：通"挤"，挤入。

[15]嚣呼：大喊大叫。

[16]茶铛（chēng）：煮茶用的三足小锅。

[17]逃嚣：躲避喧嚣。作意：刻意，特别用心。

[18]巳：巳时，约为上午九时至十一时。酉：酉时，约为下午五时至七时。

[19]避月如仇：讽刺语，指缺乏赏月的这种雅兴。

[20]犒（kào）门军：赏赐把守城门的士兵。犒：以酒食或他物慰劳。

[21]擎（qíng）：举。燎（liào）：火把。

[22]列俟（sì）：排着队等候。

[23]速：催促。舟子：船夫。

[24]二鼓：二更，约为夜里十一点。

[25]鼓吹：指鼓、钲、箫、笳等打击乐器、管弦乐器奏出的乐曲。

[26]如沸如撼：像水沸腾，像物体震撼，形容喧嚷。

[27]魇（yǎn）：梦中惊叫。呓：说梦话。这句指在喧嚷中的种种怪声。

[28]如聋如哑：指喧闹中震耳欲聋，自己说话别人听不见。

[29]篙：用竹竿或杉木做成的撑船的工具。

[30]摩：碰，触。

[31]皂隶：衙门的差役。

[32]怖以关门：用关城门恐吓。

[33]舣（yǐ）：通"移"。

[34]颒（huì）面：洗脸。

[35]通声气：过去打招呼。

[36]箸（zhù）：筷子。安：放好。

[37]纵舟：放开船。

[38]拍：扑。

[39]惬（qiè）：快意。

思考与练习

一、"西湖七月半，一无可看，止可看看七月半之人"，这样的开头对全文有何作用？

二、分析"杭人游湖"与"吾辈赏月"构成的对比情景。

三、举例说明本文语言传神和笔调诙谐的特点。

传是楼记

汪琬

昆山徐健庵先生筑楼于所居之后[1]，凡七楹[2]。间命工斫木为橱[3]，贮书若干万卷，区为经史子集四种。经则传注义疏之书附焉[4]；史则日录、家乘、山经、野史之书附焉[5]；子则附以卜筮、医药之书[6]；集则附以乐府、诗余之书[7]。凡为橱者七十有二，部居类汇[8]，各以其次，素标缃帙[9]，启钥灿然。

于是先生召诸子登斯楼而诏之曰："吾何以传女曹哉[10]？吾徐先世，故以清白起家，吾耳目濡染旧矣[11]。盖尝慨夫为人之父祖者，每欲传其土田货财，而子孙未必能世富也；欲传其金玉珍玩鼎彝尊罍之物[12]，而又未必能世宝也；欲传其园池台榭舞歌舆马之具，而又未必能世享其娱乐也。吾方以此为鉴。然则吾何以传女曹哉？"因指书而欣然曰："所笑传者惟是矣！"遂名其楼为"传是"，而问记于琬。

琬衰病不及为，则先生屡书督之，最后复于先生曰：甚矣，书之多厄也！由汉氏以来，人主往往重官赏以购之，其下名公贵卿又往往厚金帛以易之[13]，或亲操翰墨，及分命笔吏以缮录之[14]。然且衰聚未几，而辄至于散佚[15]，以是知藏书之难也。琬顾谓藏之之难不若守之之难，守之之难不若读之之难，尤不若躬体而心得之之难[16]。是故藏而弗守，犹勿藏也；守而弗读，犹勿守也。夫既已读之矣，而或口与躬违，心与迹忤，采其华而忘其实，是则呻佔记诵之学，所为哗众而窃名者也[17]，与弗读奚以异哉？古之善读书者，始乎博，终乎约。博之而非夸多斗靡也，约之而非保残安陋也。善读书者，根柢于性命而究极于事功[18]。沿流以溯源，无不探也；明体以适用[19]，无不达也。尊所闻，行所知，非善读书者而能如是乎？

今健庵先生既出其所得于书者[20]，上为天子之所器重，次为中朝士大夫之所矜式[21]，藉是以润色大业，对扬休命有余矣[22]。而又推之以训敕其子姓[23]，俾后先跻巍科[24]。取肶仕^[25]，翕然有名于当世^[26]。琬然后喟焉太息，以为读书之益弘矣哉！循是道也，虽传诸子孙世世，何不可之有？

若琬则无以与于此矣^[27]。居平质驽才下^[28]，患于有书而不能读^[29]；延及暮年，则又跧伏穷山僻壤之中^[30]，耳目固陋，旧学消亡，盖本不足以记斯楼。不得已，勉承先生之命，姑为一言复之^[31]，先生亦恕其老悖否耶^[32]？

注释

[1] 崐山：又作"昆山"，今江苏昆山市。徐健庵（1631—1694），名乾学，字原一，号健庵，康熙九年（1670）进士，授编修。曾任内阁学士、刑部尚书等职。奉命编纂《大清一统志》《大清会典》及《明史》。著有《通志堂经解》《读礼通考》。康熙二十九年（1690）告老还乡，藏书甚多，有《传是楼书目》《澹园集》。

[2] 七楹：横排的七间房子。楹：厅堂前的柱子，代指房屋一间。

[3] 间：隔些时候，稍后。斫（zhuó）：砍，削。

[4] 传注义疏：汉以前对儒家经典的训释叫传，东汉以后统称为注。义：即正义；疏：即注疏。义和疏是既解经文又解传注的。

[5] 家乘（shèng）：家谱。山经：记录山脉河流的地理书籍。

[6] 卜筮：占卜。

[7] 乐府：初指乐府官署所采制的诗歌，后将魏晋至唐可以入乐的诗歌，以及仿乐府古题的作品统称乐府。诗余：词的别称。

[8] 部居：按部归类。

[9] 素标：白色的标志。缃帙（zhì）：淡黄色的书套。

[10] 女曹：你们。女，同"汝"。曹，辈。

[11] 旧：久。

[12] 鼎：古代烹煮用的器物。彝（yí）：古代青铜器的统称，多指祭器。斝（jiǎ）：古代盛酒的器具。

[13] 易：交换。

[14] 分命：命令。缮录：抄写。

[15] 裒（póu）聚：聚集。

[16] 躬体：亲身实践。

[17] 呻佔（zhān）：诵读。

[18] 根柢（dǐ）：根底，根基，基础。性命：上天赋予人的本质，此指个人品德修养。事功：功业。

[19] 体：本体，实质。适用：适合使用。

[20] 出：指拿出使用。

[21] 矜式：敬重效法。

[22] 对扬休命：对答宣扬皇帝美善的命令。休：美善。

[23] 子姓：子孙。

[24] 巍科：古代科举考试，榜上名分等次，排在前面的叫巍科。

[25] 取胹（wǔ）仕：获得高官厚禄。胹：美，厚。

[26] 翕然：一致的样子。

[27] 与（yù）：参与。

[28] 居平：平常。

[29] "患于有书"句：担心读书不多和不得法。

[30] 踡（quán）伏：蜷伏，此指隐居。

[31] 为一言：说一番话。

[32] 老悖：指年老昏乱，不通事理。

思考与练习

一、文章题为"传是楼记"，其中的"是"指的是什么？楼主人将楼命名为"传是楼"有何深刻用意？

二、文中分别提到了对藏书之难、善于读书和书中道理的认识，反映了作者什么样的读书观？对我们有何启发？

三、试背诵第二、三自然段。

中国现当代文学与外国文学鉴赏

第四章 中国现当代文学

文学的趣味

朱光潜

📖 阅读提示

本文是一篇文艺论文。文章围绕文学的趣味问题，深入细致地论述了文学趣味的重要性、造成文学趣味分歧的主要因素、如何克服文学趣味的欠缺、不断培养新的趣味等内容。行文中，作者提出了许多重要观点，除了"文学的修养可以说就是趣味的修养"这一中心论点外，他还指出：文学作品的欣赏和创作都"需要纯正的趣味"；人们趣味分歧主要是由"资禀性情，身世经历和传统习尚"三方面因素决定的；许多人在文艺趣味上的欠缺主要表现为"精神上的残废""精神上的中毒"和"精神上的短视"，要诊治这三种毛病，"唯一的方剂是扩大眼界，加深知解""生生不息的趣味才是活的趣味""活的趣味时时刻刻在发现新境界"等。

朱光潜（1897—1986），安徽桐城人，现当代著名美学家、文艺理论家。主要著作有《悲剧心理学》《文艺心理学》《西方美学史》《谈美》等。他的《谈文学》《谈美书简》等理论读物，深入浅出，内容切实，文笔流畅，对提高青年的写作能力与艺术鉴赏能力颇有启迪。

文学作品在艺术价值上有高低的分别，鉴别出这高低而特有所好，特有所恶，这就是普通所谓趣味。辨别一种作品的趣味就是评判，玩索一种作品的趣味就是欣赏，把自己在人生自然或艺术中所领略的趣味表现出就是创造。趣味对于文学的重要于此可知。文学的修养可以说就是趣味的修养。趣味是一个比喻，由口舌感觉引申出来的。它是一件极寻常的事，却也是一件极难的事。虽说"天下之口有同嗜"，而实际上"人莫不饮食也，鲜能知味"。它的难处在于没有固定的客观的标准，而同时又不能全凭主观的抉择。说完全没有客观标准吧，文章的美丑犹如食品的甜酸，究竟容许公是公非的存在；说完全可以凭客观的标准吧，一般人对于文学作品的欣赏有许多个别的差异，正如有人嗜甜，有人嗜辣。在文学方面下过一番工夫的人都明白文学上趣味的分别是极微妙的，差之毫厘往往谬以千里。极深厚的修养常在毫厘之差上见出，极艰苦的磨炼也常是在毫厘之差上做功夫。

举一两个实例来说。南唐中主李璟的《浣溪沙》是许多读者所熟读的：

菡萏香销翠叶残，西风愁起绿波间。还与韶光共憔悴，不堪看。

细雨梦回鸡塞远，小楼吹彻玉笙寒。多少泪珠何限恨，倚阑干。

冯正中、王荆公诸人都极赏"细雨梦回"二句，王静安在《人间词话》里却说"菡萏香销二句大有众芳芜秽美人迟暮之感，乃古今独赏其细雨梦回二句，故知解人之不易得"。《人间词话》又提到秦少游的《踏莎行》，这首词最后两句是"郴江幸自绕郴山，为谁流下潇湘去"，最为苏东坡所叹赏；王静安也不以为然："少游词境最为凄婉，至'可堪孤馆闭春寒，杜鹃声里斜阳暮'，则变而为凄厉矣。东坡赏其后二语，犹为皮相。"

这种优秀的评判正足见趣味的高低。我们玩味文学作品时，随时要评判优劣，表示好恶，就随时要显趣味的高低。冯正中、王荆公、苏东坡诸人对于文学不能说算不得"解人"，他们所指出的好句也确实是好，可是细玩王静安所指出的另外几句，他们的见解确不无可议之处，至少是"郴江绕郴山"二句实在不如"孤馆闭春寒"二句。几句中间的差别微妙到不易分辨的程度，所以容易被人忽略过去。可是它所关却极深广，赏识"郴江绕郴山"的是一种胸襟，赏识"孤馆闭春寒"的是另一种胸襟；同时，在这一两首词中所用的鉴别的眼光可以用来鉴别一切文艺作品，显出同样的抉择，同样的好恶，所以对于一章一句的欣赏大可见出一个人的一般文学趣味。好比善饮者有敏感鉴别一杯酒，就有敏感鉴别一切的酒。趣味其实就是这样的敏感。离开这一点敏感，文艺就无由欣赏，好丑妍媸就变成平等无别。

不仅欣赏，在创作方面我们也需要纯正的趣味。每个作者必须是自己的严正的批评者，他在命意布局遣词造句上都须辨析锱铢，审慎抉择，不肯有一丝一毫含糊敷衍。他的风格就是他的人格，而造成他的特殊风格的就是他的特殊趣味。一个作家的趣味，在他的修改锻炼的功夫上最容易见出。西方名家的稿本多存在博物馆，其中修改的痕迹最足发人深省。中国名家修改的痕迹多随稿本淹没，但在笔记杂著中也偶可见一斑。姑举一例。黄山谷的《冲雪宿新寨》一首七律五六两句原为"俗学原知回首晚，病身全觉折腰难"。这两句本甚好，所以王荆公在都中听到，就击节赞叹，说"黄某非风尘俗吏"。但是黄山谷自己仍不满意，最后改为"小吏有时须束带，故人颇问不休官"。这两句仍是用陶渊明见督邮的典故，却比原文来得委婉有含蓄。弃彼取此，亦全凭趣味。如果在趣味上不深究，黄山谷既写成原来两句，就大可苟且偷安。

以上谈欣赏和创作，摘句说明，只是为其轻而易举，其实一切文艺上的好恶都可作如是观。你可以特别爱好某一家，某一体，某一时代，某一派别，把其余都看成左道狐禅。文艺上的好恶往往和道德上的好恶同样地强烈深固，一个人可以在趣味异同上区别敌友，党其所同，伐其所异。文学史上许多派别，许多笔墨官司，都是这样起来的。

在这里我们会起疑问：文艺有好坏，爱憎起于好坏，好的就应得一致爱好，坏的就应得一致憎恶，何以文艺的趣味有那么大的分歧呢？你拥护六朝，他崇拜唐宋；你赞赏苏辛，他推尊温李，纷纭扰攘，莫衷一是。作品的优越不尽可为凭，莎士比亚、布莱克、华兹华斯一般开风气的诗人在当时都不很为人重视。读者的深厚造诣也不尽可为凭，托尔斯泰攻击莎士比亚和歌德，约翰逊看不起弥尔顿，法朗士讥诮荷马和维吉尔。这种趣味的分歧是极有趣的事实。粗略地分析，造成这事实的有下列的因素：

第一是资禀性情。文艺趣味的偏向在大体上先天已被决定。最显著的是民族根性。拉丁民族最喜欢明晰，条顿民族最喜欢力量，希伯来民族最喜欢严肃，他们所产生的文艺就各具一种风格，恰好表现他们的国民性。就个人论，据近代心理学的研究，许多类型的差异都可以影响文艺的趣味。比如在想象方面，"造形类"人物要求一切像图画那样一目了然，"涣散类"人物喜欢一切像音乐那样迷离隐约；在性情方面，"硬心形"人物偏袒阳刚，"软心形"人物特好阴柔；在天然倾向方面，"外倾"者喜欢戏剧式的动作，"内倾"者喜欢独语体诗式的默想。这只是就几个荦荦大端来说，每个人在资禀性情方面还有他特殊个性，这和他的文艺的趣味也密切相关。

其次是身世经历。谢安有一次问子弟"《毛诗》何句最佳？"谢玄回答，"昔我往矣，杨柳依依；今我来思，雨雪霏霏。"谢安表示异议，说"'订谟定命，远猷辰告'句有雅人深致。"这两人的趣味不同，却恰合两人不同的身份。谢安自己是当朝一品，所以特别能欣赏那形容老成谋国的两句；谢玄是翩翩佳公子，所以那流连风景、感物兴怀的句子很合他的口味。本来文学欣赏，贵能设身处地去体会。如果作品所写的与自己所经历的相近，我们自然更容易了解，更容易起同情。杜工部的诗在这抗战期中读起来，特别亲切有味，也就是这个道理。

第三是传统习尚。法国学者泰纳著《英国文学文》，指出"民族"、"时代"、"周围"为文学的三大决定因素，文艺的趣味也可以说大半受这三种势力形成。各民族、各时代都有它的传统，每个人的"周围"（法文 Milieu 略似英文 Circle，意谓"圈子"，即常接近的人物，比如说，属于一个派别就是站在那个圈子里）都有它的习尚。在西方，古典派与浪漫派、理想派与写实派；在中国，六朝文与唐宋古文，选体诗、唐诗和宋诗，五代词、北宋词和南宋词，桐城派古文和阳湖派古文，彼此中间都树有很森严的壁垒。投身到某一派旗帜之下的人就觉得只有那一派是正统，阿其所好，以至目空其余一切。我个人与文艺界朋友的接触，深深地感觉到传统习尚所产生的一些不愉快的经验。我对新文学属望很殷，费尽千言万语也不能说服国学者宿们，让他们相信新文学也自有一番道理。我也很爱读旧诗文，向新文学作家称道旧诗文的好处，也被他们嗤为顽腐。此外新旧文学家中又各派别之下有派别，京派海派，左派右派，彼此相持不下。我冷眼看得很清楚，每派人都站在一个"圈子"里，那圈子就是他们的"天下"。

一个人在创作和欣赏时所表现的趣味，大半由上述三个因素决定。资禀性情，身世经历和传统习尚，都是很自然地套在一个人身上的，不轻易能摆脱，而且它们的影响有好有坏，也不必完全摆脱。我们应该做的工夫是根据固有的资禀性情而加以磨砺陶冶，扩充身世经历而加以细心的体验，接收多方的传统习尚而求截长取短，融会贯通。这三层工夫就是普通所谓学问修养。纯恃天赋的趣味不足为凭，纯恃环境影响造成的趣味也不足为凭，纯正的可凭的趣味必定是学问修养的结果。

①孔子有言："知之者不如好之者，好之者不如乐之者"，仿佛以为知、好、乐是三层事，一层深一层；其实在文艺方面第一难关是知，能知就能好，能好就能乐。知、好、乐三种心理活动融为一体就是欣赏，而欣赏所凭的就是趣味。许多人在文艺趣味上有欠缺，大半由于在知上有欠缺。

②有些人根本不知，当然不会触感到趣味，看到任何好的作品都如蠢牛听琴，不起作用。这是精神上的残废。犯这种毛病的人失去大部分生命的意味。

③有些人知得不正确，于是趣味低劣，缺乏鉴别力，只以需要刺激或麻醉，取恶劣作品疗饥过瘾，以为这就是欣赏文学。这是精神上的中毒，可以使整个的精神受腐化。

④有些人知得不周全，趣味就难免窄狭，像上文所说的，被圈于某一派别的传统习尚，不能自拔。这是精神上的短视，"坐井观天，诬天蔑小"。

⑤要诊治这三种流行的毛病，唯一的方剂是扩大眼界，加深知解。一切价值都由比较得来，生长在平原，你说一个小山坡最高，你可以受原谅，但是你错误。"登东山而小鲁，登泰山而小天下"，那"天下"也只是孔子所能见到的天下。要把山估计得准确，你必须把世界名山都游历过，测量过。研究文学也是如此，你玩索的作品愈多，种类愈复杂，风格愈分歧，你的比较资料愈丰富，远视愈正确，你的鉴别力（这就是趣味）也就愈可靠。

⑥人类心理都有几分惰性，常以先入为主，想获得一种新趣味，往往须战胜一种很顽强的抵抗力。许多旧文学家不能欣赏新文学作品，就因为这个道理。就我个人的经验来说，起初习文言文，后来改习语体文，颇费过一番冲突与挣扎。在才置信语体文时，对文言文颇有些反感，后来多经摸索，觉得文言文仍有它的不可磨灭的价值。专就学文言文说，我起初学桐城派古文，跟着古文家们骂六朝文的绮靡，后来稍致力于六朝人的著作，才觉得六朝文也有为唐宋文所不可及处。在诗方面我从唐诗入手，觉宋诗索然无味，后来读宋人作品较多，才发现宋诗也特有一种风味。我学外国文学的经验也大致相同，往往从笃嗜甲派不了解乙派，到了解乙派而对甲派重新估定价值。我因而想到培养文学趣味好比开疆辟土，须逐渐把本来非我所有的征服为我所有。英国诗人华兹华斯说道："一个诗人不仅要创造作品，还要创造能欣赏那种作品的趣味。"我想不仅作者如此，读者也须时常创造他的趣味。生生不息的趣味才是活的趣味，像死水一般静止的趣味必定陈腐。活的趣味时时刻刻在发现新境界，死的趣味老是圈在一个窄狭的圈子里。这道理可以适用于个人的文学修养，也可以适用于全民族的文学演进史。

思考与练习

一、阅读从"孔子有言"一段到文末部分，完成下列题目。

1. 本文第①段从孔子的名言谈起，指出许多人在文艺趣味上有欠缺。第②③④段列举，第⑤段提出_____，从第⑥段起，作者就文艺欣赏问题，提出一系列重要的论断。

2. 精神上的残废、精神上的中毒、精神上的短视具体指什么？请简要概括。
（1）精神上的残废：
（2）精神上的中毒：
（3）精神上的短视：

3. 第⑥段说许多旧文学家不能欣赏新文学作品，为什么不能欣赏呢？

4. 下列对原文的理解和分析，符合原文意思的一项是（　　）。
A. 知的欠缺，大半会导致文学趣味的欠缺。
B. 要提高文学的鉴赏力，应读尽古今中外作品。
C. 文学的趣味，必须靠作者自己去创造。
D. 培养文学趣味好比开疆辟土，必须快速征服。

二、请问文学欣赏方面的三种不良现象是什么？作者对此是如何论述的？采用了哪种论述方法，请简要叙述。

三、文中多处引用名言，请举三个例子，说说每一句名言的具体作用。

听听那冷雨

余光中

📖 **阅读提示**

　　余光中，1928 年生于南京，祖籍福建永春，1949 年随父母去了香港，1950 年迁居台湾之后，辗转漂泊在台湾、香港，间或赴美国任客座教授。1974 年，到香港中文大学任教，并于同年写下了《听听那冷雨》这篇散文。

　　雨是古今作家反复歌咏的对象。余光中借"冷雨"这个意象，运用通感、比喻、叠字等多种修辞手法，构建出一个空蒙而迷幻的出神入化之境，把人带进了一个冷寂、凄迷的氛围之中，抒发了身在海岛、异域的游子对故国、故土的无尽乡愁。

　　惊蛰一过，春寒加剧。先是料料峭峭，继而雨季开始，时而淋淋漓漓，时而淅淅沥沥，天潮潮地湿湿，即使在梦里，也似乎有把伞撑着。而就凭一把伞，躲过一阵潇潇的冷雨，也躲不过整个雨季。连思想也都是潮润润的。每天回家，曲折穿过金门街到厦门街迷宫式的长巷短巷，雨里风里，走入霏霏令人更想入非非。想这样子的台北凄凄切切完全是黑白片的味道，想整个中国整部中国的历史无非是一张黑白片子，片头到片尾，一直是这样下着雨的。这种感觉，不知道是不是从安东尼奥尼那里来的。不过那一块土地是久违了，二十五年，四分之一的世纪，即使有雨，也隔着千山万山，千伞万伞。二十五年，一切都断了，只有气候，只有气象报告还牵连在一起，大寒流从那块土地上弥天卷来，这种酷冷吾与古大陆分担。不能扑进她怀里，被她的裙边扫一扫也算是安慰孺慕之情。

　　这样想时，严寒里竟有一点温暖的感觉了。这样想时，他希望这些狭长的巷子永远延伸下去，他的思路也可以延伸下去，不是金门街到厦门街，而是金门到厦门。他是厦门人，至少是广义的厦门人，二十年来，不住在厦门，住在厦门街，算是嘲弄吧，也算是安慰。不过说到广义，他同样也是广义的江南人，常州人，南京人，川娃儿，五陵少年。杏花春雨江南，那是他的少年时代了。再过半个月就是清明。安东尼奥尼的镜头摇过去，摇过去又摇过来。残山剩水犹如是，皇天后土犹如是，纭纭黔首纷纷黎民从北到南犹如是。那里面是中国吗？那里面当然还是中国，永远是中国。只是杏花春雨已不再，牧童遥指已不再，剑门细雨渭城轻尘也都已不再。然则他日思夜梦的那片土地，究竟在哪里呢？

　　在报纸的头条标题里吗？还是香港的谣言里？还是傅聪的黑键白键马思聪的跳弓拨弦？还是安东尼奥尼的镜底勒马洲的望中？还是呢，故宫博物院的壁头和玻璃柜内，京戏的锣鼓声中太白和东坡的韵里？

　　杏花，春雨，江南。六个方块字，或许那片土就在那里面。而无论赤县也好神州也好中国也好，变来变去，只要仓颉的灵感不灭，美丽的中文不老，那形象磁石般的向心力当必然长在。因为一个方块字是一个天地。太初有字，于是汉族的心灵他祖先的回忆和希望便有了寄托。譬如凭空写一个"雨"字，点点滴滴，滂滂沱沱，淅淅沥沥，一切云情雨意，就宛然其中了。视觉上的这种美感，岂是什么 rain 也好 pluie 也好所能满足？翻开一部《辞源》或《辞海》，金木水火土，各成世界，而一入"雨"部，古神州的天颜千变万化，便悉在望中，美丽的霜雪云霞，骇人的雷电霹雳，展露的无非是神的好脾气与坏脾气，气象台百读不厌门外汉百思不解的百科全书。

听听，那冷雨。看看，那冷雨。嗅嗅闻闻，那冷雨。舔舔吧，那冷雨。雨下在他的伞上这城市百万人的伞上雨衣上屋上天线上，雨下在基隆港在防波堤海峡的船上，清明这季雨。雨是女性，应该最富于感性。雨气空蒙而迷幻，细细嗅嗅，清清爽爽新新，有一点薄荷的香味，浓的时候，竟发出草和树林沐发后特有的淡淡土腥气，也许那竟是蚯蚓和蜗牛的腥气吧，毕竟是惊蛰了啊。也许地上的地下的生命也许古中国层层叠叠的记忆皆蠢蠢而蠕，也许是植物的潜意识和梦吧，那腥气。

第三次去美国，在高高的丹佛他山居住了两年。美国的西部，多山多沙漠，千里干旱。天，蓝似盎格鲁-撒克逊人的眼睛；地，红如印第安人的肌肤；云，却是罕见的白鸟，落基山簇簇耀目的雪峰上，很少飘云牵雾。一来高，二来干，三来森林线以上，杉柏也止步，中国诗词里"荡胸生层云"或是"商略黄昏雨"的意趣，是落基山上难睹的景象。落基山岭之胜，在石，在雪。那些奇岩怪石，相叠互倚，砌一场惊心动魄的雕塑展览，给太阳和千里的风看。那雪，白得虚虚幻幻，冷得清清醒醒，那股皑皑不绝一仰难尽的气势，压得人呼吸困难，心寒眸酸。不过要领略"白云回望合，青霭入看无"的境界，仍须来中国。台湾湿度很高，最富云情雨意迷离的情调。两度夜宿溪头，树香沁鼻，宵寒袭肘，枕着润碧湿翠苍苍交叠的山影和万籁都歇的俱寂，仙人一样睡去。山中一夜饱雨，次晨醒来，在旭日未升的原始幽静中，冲着隔夜的寒气，踏着满地的断柯折枝和仍在流泻的细股雨水，一径探入森林的秘密，曲曲弯弯，步上山去。溪头的山，树密雾浓，蓊郁的水汽从谷底冉冉升起，时稠时稀，蒸腾多姿，幻化无定，只能从雾破云开的空处，窥见乍现即隐的一峰半壑，要纵览全貌，几乎是不可能的。至少上山两次，只能在白茫茫里和溪头诸峰玩捉迷藏的游戏。回到台北，世人问起，除了笑而不答心自问，故作神秘之外，实际的印象，也无非山在虚无之间罢了。云萦烟绕，山隐水迢的中国风景，由来予人宋画的韵味。那天下也许是赵家的天下，那山水却是米家的山水。而究竟，是米氏父子下笔像中国的山水，还是中国的山水上纸像宋画，恐怕是谁也说不清楚了吧？

雨不但可嗅，可亲，更可以听。听听那冷雨。听雨，只要不是石破天惊的台风暴雨，在听觉上总是一种美感。大陆上的秋天，无论是疏雨滴梧桐，或是骤雨打荷叶，听去总有一点凄凉、凄清、凄楚，于今在岛上回味，则在凄楚之外，再笼上一层凄迷了，饶你多少豪情侠气，怕也经不起三番五次的风吹雨打。一打少年听雨，红烛昏沉。再打中年听雨，客舟中江阔云低。三打白头听雨在僧庐下，这便是亡宋之痛，一颗敏感心灵的一生：楼上，江上，庙里，用冷冷的雨珠子串成。他曾在一场摧心折骨的鬼雨中迷失了自己。雨，该是一滴湿漓漓的灵魂，窗外在喊谁。

雨打在树上和瓦上，韵律都清脆可听。尤其是铿铿敲在屋瓦上，那古老的音乐，属于中国。王禹偁（chēng）在黄冈，破如椽的大竹为屋。据说住在竹楼里面，急雨声如瀑布，密雪声比碎玉，而无论鼓琴，咏诗，下棋，投壶，共鸣的效果都特别好。这样岂不像是住在竹筒里，任何细脆的声响，怕都会加倍夸大，反而令人耳朵过敏吧。

雨天的屋瓦，浮漾湿湿的流光，昏而温柔，迎光则微明，背光则幽黯，对于视觉，是一种低沉的安慰。至于雨敲在鳞鳞千瓣的瓦上，由远而近，轻轻重重轻轻，夹着一股股的细流沿瓦槽与屋檐潺潺泻下，各种敲击音与滑音密织成网，谁的千指百指在按摩耳轮。"下雨了"，温柔的灰美人来了，她冰冰的纤手在屋顶拂弄着无数的黑键啊灰键，把晌午一下子奏成了黄昏。

在古老的大陆上，千屋万户是如此。二十多年前，初来这岛上，日式的瓦屋亦是如此。先是天黯了下来，城市像罩在一块巨幅的毛玻璃里，阴影在户内延长复加深。然后凉凉的水意弥漫在空间，风自每一个角落里旋起，感觉得到，每一个屋顶上呼吸沉重都覆着灰云。雨来了，最轻的敲打乐敲打这城市。苍茫的屋顶，远远近近，一张张敲过去，古老的琴，那细细密密的节奏，单调里自有一种柔婉与亲切，滴滴点点滴滴，似幻似真，若孩时在摇篮里，一曲耳熟的童谣摇摇欲睡，母亲吟哦鼻音与喉音。或是在江南的泽国水乡，一大筐绿油油的桑叶被啮于千百头蚕，细细琐琐屑屑，口器与口器咀咀嚼嚼。雨来了，雨来的时候瓦这么说，一片瓦说千亿片瓦说，说轻轻地奏吧沉沉地弹，徐徐地叩吧挞挞地打，间间歇歇敲一个雨季，即兴演奏从惊蛰到清明，在零落的坟上冷冷奏挽歌，一片瓦吟千亿片瓦吟。

在日式的古屋里听雨，听四月，霏霏不绝的黄梅雨，朝夕不断，旬月绵延，湿黏黏的苔藓从石阶下一直侵到舌底，心底。到七月，听台风台雨在古屋顶一夜盲奏，千寻海底的热浪沸沸被狂风挟持，掀翻整个太平洋只为向他的矮屋檐重重压下，整个海在他的蜗壳上哗哗泻过。不然便是雷雨夜，白烟一般的纱帐里听羯鼓一通又一通，滔天的暴雨滂滂沛沛扑来，强劲的电琵琶忐忑忐忑忐忑忑，弹动屋瓦的惊悸腾腾欲掀起。不然便是斜斜的西北雨斜斜刷在窗玻璃上，鞭在墙上打在阔大的芭蕉叶上，一阵寒潮泻过，秋意便弥漫旧式的庭院了。

在旧式的古屋里听雨，春雨绵绵听到秋雨潇潇，从少年听到中年，听听那冷雨。雨是一种单调而耐听的音乐是室内乐是室外乐，户内听听，户外听听，冷冷，那音乐。雨是一种回忆的音乐，听听那冷雨，回忆江南的雨下得满地是江湖，下在桥上和船上，也下在四川在秧田和蛙塘，下肥了嘉陵江，下湿布谷咕咕的啼声，雨是潮潮润润的音乐下在渴望的唇上，舔舔吧那冷雨。

因为雨是最最原始的敲打乐从记忆的彼端敲起。瓦是最最低沉的乐器灰蒙蒙的温柔覆盖着听雨的人，瓦是音乐的雨伞撑起。但不久公寓的时代来临，台北你怎么一下子长高了，瓦的音乐竟成了绝响。千片万片的瓦翩翩，美丽的灰蝴蝶纷纷飞走，飞入历史的记忆。现在雨下下来，下在水泥的屋顶和墙上，没有音韵的雨季。树也砍光了，那月桂，那枫树，柳树和擎天的巨椰，雨来的时候不再有丛叶嘈嘈切切，闪动湿湿的绿光迎接。鸟声减了啾啾，蛙声沉了咯咯，秋天的虫吟也减了唧唧。七十年代的台北不需要这些，一个乐队接一个乐队便遣散尽了。要听鸡叫，只有去诗经的韵里找。只剩下一张黑白片，黑白的默片。

正如马车的时代去后，三轮车的时代也去了。曾经在雨夜，三轮车的油布篷挂起，送她回家的途中，篷里的世界小得可爱，而且躲在警察的辖区以外，雨衣的口袋越大越好，盛得下他的一只手里握一只纤纤的手。台湾的雨季这么长，该有人发明一种宽宽的双人雨衣，一人分穿一只袖子，此外的部分就不必分得太苟。而无论工业如何发达，一时似乎还废不了雨伞。只要雨不倾盆，风不横吹，撑一把伞在雨中仍不失古典的韵味。任雨点敲在黑布伞或是透明的塑胶伞上，将骨柄一旋，雨珠向四方喷溅，伞缘便旋成了一圈飞檐。跟女友共一把雨伞，该是一种美丽的合作吧。最好是初恋，有点兴奋，更有点不好意思，若即若离之间，雨不妨下大一点。真正初恋，恐怕是兴奋得不需要伞的，手牵手在雨中狂奔而去，把年轻的长发和肌肤交给漫天的淋淋漓漓，然后向对方的唇上颊上尝甜甜的雨水。不过那要非常年轻且激情，同时，也只能发生在法国的新潮片里吧。

大多数的雨伞想不会为约会张开。上班下班，上学放学，菜市来回的途中。现实的伞，灰色的星期三。握着雨伞。他听那冷雨打在伞上。索性更冷一些就好了，他想。索性把湿湿的灰雨冻成干干爽爽的白雨，六角形的结晶体在无风的空中回回旋旋地降下来。等须眉和肩头白尽时，伸手一拂就落了。二十五年，没有受故乡白雨的祝福，或许发上下一点白霜是一种变相的自我补偿吧。一位英雄，经得起多少次雨季？他的额头是水成岩削成还是火成岩？他的心底究竟有多厚的苔藓？厦门街的雨巷走了二十年与记忆等长，一座无瓦的公寓在巷底等他，一盏灯在楼上的雨窗子里，等他回去，向晚餐后的沉思冥想去整理青苔深深的记忆。

前尘隔海。古屋不再。听听那冷雨。

思考与练习

一、分析本文运用多种感觉方式展开想象，将多种意象会聚于统一意境的结构特点。

二、举例分析本文采用的比喻、对照、联想、烘托等表现手法及作用。

三、分析本文的语言特点。

洞庭一角

余秋雨

阅读提示

　　本文选自余秋雨文化散文集《文化苦旅》，是一篇历史文化底蕴特别丰富的借景抒情散文。作者通过对岳阳楼、三醉亭和君山岛的种种历史文化遗迹的叙述，展现了中国文化的悠久、博大以及它的多元性、神秘性，启迪人们去"想人生，思荣辱，知使命"。从体裁上说，本文是一篇游记作品，但又和传统意义上的游记有所不同，它不是单纯地对景物进行形象的描摹，而是侧重从文化的角度审视景物，探索景物或经典中蕴藏的文化内涵，因而思想深刻，内容丰富。

　　文化散文是指在 20 世纪八九十年代出现，由一批从事人文学科或社会科学研究的学者写作，在取材和行文上表现出鲜明的文化意识和理性思考色彩，风格上大多较为节制，有着深厚的人文情怀和终极追问的散文，又称"学者散文"或"散文创作上的'理性干预'"，从文化视觉来关照表现对象，但与历史文化反思的作品相比，在美学风格上往往表现出理性的凝重与诗意的激情以及浑然一体的气度。代表作家及作品：余秋雨《文化苦旅》《文明的碎片》，张中行《负暄琐话》，陈平原《学者的人间情怀》等。他们的散文创作将科学研究的"理"与文学创作的"情"结合起来，既充满思考的智性，又不乏文化关怀和个人感受。

　　余秋雨，1946 年生，浙江余姚人。当代中国文化史学者、美学专家、散文家。1968 年毕业于上海戏剧学院戏剧文学系，历任上海戏剧学院院长、教授。著有系列散文集《文化苦旅》《山居笔记》《千年一叹》等，学术专著《戏剧理论史稿》《戏剧审美心理学》等，还在海内外出版史论专著多部。余秋雨还曾被授予"国家级突出贡献专家""上海市十大高教精英"等荣誉称号。

一

　　①中国文化中极其夺目的一个部位可称之为"贬官文化"。随之而来，许多文化遗迹也就是贬官行迹。贬官失了宠，摔了跤，孤零零的，悲剧意识也就爬上了心头；贬到了外头，这里走走，那里看看，只好与山水亲热。这一来，文章有了，诗词也有了，而且往往写得不坏。过了一个时候，或过了一个朝代，事过境迁，连朝廷也觉得此人不错，恢复名誉。于是，人品和文品双全，传之史册，诵之后人。他们亲热过的山水亭阁，也便成了遗迹。地因人传，人因地传，两相帮亲，俱著声名。

　　②例子太多了。这次去洞庭湖，一见岳阳楼，心头便想：又是它了。1046 年，范仲淹倡导变革被贬，恰逢另一位贬在岳阳的朋友滕子京重修岳阳楼罢，要他写一篇楼记，他便借

楼写湖，凭湖抒怀，写出了那篇著名的《岳阳楼记》。直到今天，大多数游客都是先从这篇文章中知道有这么一个楼的。文章中"先天下之忧而忧，后天下之乐而乐"这句话，已成为一般中国人都能随口吐出的熟语。

③不知哪年哪月，此景此楼，已被这篇文章重新构建。文章开头曾称颂此楼"北通巫峡，南极潇湘"。于是，人们在楼的南北两方各立一个门坊，上刻这两句话。进得楼内，巨幅木刻中堂，即是这篇文章，书法厚重畅丽，洒以绿粉，古色古香。其他后人题咏，心思全围着这篇文章。

④这也算是个有趣的奇事：先是景观被写入文章，再是文章化作了景观。借之现代用语，或许可说，是文化和自然的互相生成吧。在这里，中国文学的力量倒显得特别强大。

⑤范仲淹确实是文章好手，他用与洞庭湖波涛差不多的节奏，把写景的文势张扬得滚滚滔滔。游人仰头读完《岳阳楼记》的中堂，转过身来，眼前就会翻卷出两层浪涛，耳边的轰鸣也更加响亮。范仲淹趁势突进，猛地递出一句先忧后乐的哲言，让人们在气势的卷带中完全吞纳。

⑥于是，浩淼的洞庭湖，一下子成了文人骚客胸襟的替身。人们对着它，想人生，思荣辱，知使命，游历一次，便是一次修身养性。

⑦胸襟大了，洞庭湖小了。

二

⑧但是，洞庭湖没有这般小。

⑨范仲淹从洞庭湖讲到了天下，还小吗？比之心胸狭隘的文人学子，他的气概确也令人惊叹，但他所说的天下，毕竟只是他胸中的天下。

⑩大一统的天下，再大也是小的。普天之下，莫非王土，于是，忧耶乐耶，也是丹墀金銮的有限度延伸，大不到哪里去，在这里，儒家的天下意识，比之于中国文化本来具有的宇宙，逼仄得多了。

⑪而洞庭湖，则是一个小小的宇宙。

⑫你看，正这么想着呢，范仲淹身后就闪出了吕洞宾。岳阳楼旁侧，躲着一座三醉亭，说是这位吕仙人老来这儿，弄弄鹤，喝喝酒，可惜人们都不认识他，他便写下一首诗在岳阳楼上：朝游北海暮苍梧，袖里青蛇胆气粗。三醉岳阳人不识，朗吟飞过洞庭湖。

他是唐人，题诗当然比范仲淹早。但范文一出，把他的行迹掩盖了，后人不平，另建三醉亭，祭祀这位道家始祖。若把范文、吕诗放在一起读，真是有点"秀才遇到兵"的味道，端庄与顽泼，执着与旷达，悲壮与滑稽，格格不入。但是，对着这么大个洞庭湖，难道就许范仲淹的朗声悲抒，就不许吕洞宾的仙风道骨？中国文化，本不是一种音符。

吕洞宾的青蛇、酒气、纵笑，把一个洞庭湖搅得神神乎乎。至少，想着他，后人就会跳出范仲淹，去捉摸这个奇怪的湖。一个游人写下一幅著名的长联，现也镶于楼中：

一楼何奇，杜少陵五言绝唱，范希文两字关情，滕子京百废俱兴，吕纯阳三过必醉。诗耶？儒耶？史耶？仙耶？前不见古人，使我怆然泪下。

诸君试看，洞庭湖南极潇湘，扬子江北通巫峡，巴陵山西来爽气，岳州城东道岩疆。潴者，流者，峙者，镇者，此中有真意，问谁领会得来？

他就把一个洞庭湖的复杂性、神秘性、难解性，写出来了。眼界宏阔，意象纷杂，简直有现代派的意韵。

三

那么，就下洞庭湖看看吧。我登船前去君山岛。

这天奇热。也许洞庭湖的夏天就是这样热。没有风，连波光都是灼人烫眼的。记起了古人名句："气蒸云梦泽，波撼岳阳楼"，这个"蒸"字，我只当俗字解。

丹纳认为气候对文化有决定性的影响，我以前很是不信。但到盛暑和严冬，又倾向于信。范仲淹写《岳阳楼记》是九月十五日，正是秋高气爽的好天气。秋空明净，可让他想想天下；秋风萧瑟，又吹起了他心底的几丝悲壮。即使不看文后日期，我也能约略推知，这是秋天的辞章。要是他也像今天的日子来呢？衣冠尽卸，赤膊裸裎，挥汗不迭，气喘吁吁，那篇文章会连影子也没有。范仲淹设想过阴雨霏霏的洞庭湖和春和景明的洞庭湖，但那也只是秋天的设想。洞庭湖气候变化的幅度大着呢，它是一个脾性强悍的活体，仅仅一种裁断哪能框范住它？

推而广之，中国也是这样。一个深不见底的海，顶着变幻莫测的天象。我最不耐烦的，是对中国文化的几句简单概括。哪怕是它最堂皇的一脉，拿来统摄全盘总是霸道，总会把它丰富的生命节律抹杀。那些委屈了的部位也常常以牙还牙，举着自己的旗幡向大一统的霸座进发。其实，谁都是渺小的。无数渺小的组合，才成伟大的气象。

终于到了君山。这个小岛，树木葱茏，景致不差。尤其是文化遗迹之多，令人咋舌。它显然没有经过后人的精心设计，突出哪一个主体遗迹。只觉得它们南辕北辙而平安共居，三教九流而和睦相邻。是历史，是空间，是日夜的洪波，是洞庭的晚风，把它们堆涌到了一起。

挡门是一个封山石刻，那是秦始皇的遗留。说是秦始皇统一中国，巡游到洞庭，恰遇湖上狂波，甚是恼火，于是摆出第一代封建帝王的雄威，下令封山。他是封建大一流的最早肇始者，气魄宏伟，决心要让洞庭湖也成为一个驯服的臣民。

但是，你管你封，君山还是一派开放襟怀。它的腹地，有尧的女儿娥皇、女英坟墓，飘忽瑰艳的神话，端出远比秦始皇老得多的资格，安坐在这里。两位如此美貌的公主，飞动的裙裾和芳芬的清泪，本该让后代儒生非礼勿视，但她们依凭着乃父的圣名，又不禁使儒生们心旌缭乱，不知定夺。

岛上有古庙废基。据记载。佛教兴盛时，这里曾鳞次栉比，拥挤着寺庙无数。缭绕的香烟和阵阵钟磬声，占领过这个小岛的晨晨暮暮。吕洞宾既然几次来过，道教的事业也曾非常蓬勃。面对着秦始皇的封山石，这些都显得有点邪乎。但邪乎得那么久，那么隆重，对山石也只能静默。

岛的一侧有一棵大树，上嵌古钟一口。信史凿凿，这是宋代义军杨么的遗物。杨么为了对抗宋廷，踞守此岛，宋廷即派岳飞征剿。每当岳军的船只隐隐出现，杨么的部队就在这里鸣钟为号，准备战斗。岳飞是一位名垂史册的英雄，他的抗金业绩，发出过民族精神的最强音。但在这里，岳飞扮演的是另一种角色，这口钟，时时鸣着民族精神的另一方面。我曾在杭州的岳坟前徘徊，现在又对着这口钟久久凝望。我想，两者加在一起，也只是民族精神的一小角。

可不，眼前又出现了柳毅井。洞庭湖的底下，应该有一个龙宫了。井有台阶可下，直至水面，似是龙宫入口。一步步走下去，真会相信我们脚底下有一个热闹世界。那个世界里也有霸道，也有指令，但也有恋情，也有欢爱。一口井，只想把两个世界联结起来。人们想了那么多年，信了那么多年，今天，宇航飞船正从另外一些出口去寻找另外一些世界。

……

杂乱无章的君山，静静地展现着中国文化的无限。

君山岛上只住着一些茶农，很少有闲杂人等。夜晚，游人们都坐船回去了，整座岛阒寂无声。洞庭湖的夜潮轻轻拍打着它，它侧身入睡，怀抱着一大堆秘密。

四

回到上海之后，这篇洞庭湖的游记，迟迟不能写出。

突然从报纸上看到一则有关洞庭湖的新闻，如遇故人。新闻记述了一桩真实的奇事：一位湖北的农民捉住一只乌龟，或许是出于一种慈悲心怀，在乌龟背上刻名装环，然后带到岳阳，放入洞庭湖中。没有想到，此后连续八年，乌龟竟年年定时爬回家来。每一次，都"将头高高竖起来，长时间地望着主人，似乎在静静聆听主人的教诲，又似乎在向主人诉说自己一年来风风雨雨的经历"。

至少现代科学还不能解释，这个动物何以能爬这么长的水路和旱路，准确找到一间普通的农舍，而且把年份和日期搞得那样清楚。难道它真是龙宫的族员？

洞庭湖，再一次在我眼前罩上了神秘的浓雾。

我们对这个世界，知道得还实在太少。无数的未知包围着我们，才使人生保留迸发的乐趣。当哪一天，世界上的一切都能明确解释了，这个世界也就变得十分无聊。人生，就会成为一种简单的轨迹，一种沉闷的重复。因此，我每每以另一番眼光看娥皇、女英的神话，想柳毅到过的龙宫。应该理会古人对神奇事端作出的想象，说不定，这种想象蕴含着更深层的真实。洞庭湖的种种测量数据，在我的书架中随手可以寻得。我是不愿去查的，只愿在心中保留着一个奇奇怪怪的洞庭湖。

我到过的湖可谓多矣。每一个，都会有洞庭湖一般的奥秘，都隐匿着无数似真似幻的传说。

我还只是在说湖。还有海，还有森林，还有高山和峡谷……那里会有多少蕴藏呢？简直连想也不敢想了。然而，正是这样的世界，这样的国度，这样的多元，这样的无限，才值得来活一活。

思考与练习

一、阅读文中①~⑫段，回答以下问题。

1. 第 4 段中的"有趣的奇事"具体指什么？

2. 第 5 段中加点的"两层浪涛"分别指什么？

3. 作者为什么说"洞庭湖没有这般小"？

4. 作者在文章中多次提到范仲淹散文名篇《岳阳楼记》，并给予了很高的评价。具体有哪些评价？请分条说明。

二、举例分析本文采用了哪些修辞手法，找出文中运用联想修辞手法的句子。

三、分析本文的语言特点。

故乡的野菜

周作人

📖 **阅读提示**

　　《故乡的野菜》是周作人创作于1924年2月的一篇散文，体现了作者的思乡之情。作者一开始便极力地掩盖自己对故乡满怀的深情，紧接着又用理性观照的方式尽力拉开自己与故乡——浙东的距离，然而，在外生活得越久，思乡的情感就越浓烈，故乡的一切为作者筑起了一个"自救"的精神家园，经过回忆洗涤后的故乡的野菜在作者那平淡无奇的言语中甚至在作者长久以来的心中早已幻化成了美丽、有趣的形象。《故乡的野菜》从溢出的情感、理性的观照、无言的平淡，为作者铺设出一条走向平淡冲和的路，那已遥不可及却又清晰可见的故土的一切安抚了他那颗羁于现实的心。通过写作此文，作者实现了情感的冷却处理，在平和冲淡中完成了对故乡的野菜的追忆。

　　周作人（1885—1967），原名周櫆寿，又名周奎绶，后改名周作人，字星杓，又名启明、启孟、起孟，笔名遐寿、仲密、岂明，号知堂、药堂、独应等。浙江绍兴人，是鲁迅（周树人）之弟、周建人之兄。中国现代散文家、文学理论家、评论家、诗人、翻译家、思想家，中国民俗学开拓人，新文化运动的杰出代表。"五四"以后，周作人成为《语丝》周刊的主编和主要撰稿人之一，并在《语丝》上发表了大量散文。

　　我的故乡不止一个，凡我住过的地方都是故乡。故乡对于我并没有什么特别的情分，只因钓于斯游于斯的关系，朝夕会面，遂成相识，正如乡村里的邻舍一样，虽然不是亲属，别后有时也要想念到他。我在浙东住过十几年，南京东京都住过六年，这都是我的故乡，现在住在北京，于是北京就成了我的家乡了。

　　日前我的妻往西单市场买菜回来，说起有荠菜在那里卖着，我便想起浙东的事来。荠菜是浙东人春天常吃的野菜，乡间不必说，就是城里只要有后园的人家都可以随时采食，妇女小儿各拿一把剪刀一只"苗篮"，蹲在地上搜寻，是一种有趣味的游戏的工作。那时小孩们唱道："荠菜马兰头，姊姊嫁在后门头。"后来马兰头有乡人拿来进城售卖了，但荠菜还是一种野菜，须得自家去采。关于荠菜向来颇有风雅的传说，不过这似乎以吴地为主。《西湖游览志》云："三月三日男女皆戴荠菜花。谚云：三春戴荠花，桃李羞繁华。"顾禄的《清嘉录》上亦说："荠菜花俗呼野菜花，因谚有三月三蚂蚁上灶山之语，三日人家皆以野菜花置灶径上，以厌虫蚁。清晨村童叫卖不绝。或妇女簪髻上以祈清目，俗号眼亮花。"但浙东人却不很理会这些事情，只是挑来做菜或炒年糕吃罢了。

　　黄花麦果通称鼠曲草，系菊科植物，叶小微圆互生，表面有白毛，花黄色，簇生梢头。春天采嫩叶，捣烂去汁，和粉作糕，称黄花麦果糕。

小孩们有歌赞美之云：

"黄花麦果韧结结，关得大门自要吃。半块拿弗出，一块自要吃。"

清明前后扫墓时，有些人家——大约是保存古风的人家——用黄花麦果作供，但不做饼状，做成小颗如指顶大，或细条如小指，以五六个作一攒，名曰茧果，不知是什么意思，或因蚕上山时设祭，也用这种食品，故有是称，亦未可知。自从十二三岁时外出不参与外祖家扫墓以后，不复见过茧果，近来住在北京，也不再见黄花麦果的影子了。日本称作"御形"，与荠菜同为春天的七草之一，也采来做点心用，状如艾饺，名曰"草饼"，春分前后多食之，在北京也有，但是吃去总是日本风味，不复是儿时的黄花麦果糕了。

扫墓时候所常吃的还有一种野菜，俗称草紫，通称紫云英。农人在收获后，播种田内，用作肥料，是一种很被贱视的植物，但采取嫩茎瀹食，味颇鲜美，似豌豆苗。花紫红色，数十亩接连不断，一片锦绣，如铺着华美的地毯，非常好看，而且花朵状若蝴蝶，又如鸡雏，尤为小孩所喜，间有白色的花，相传可以治痢。很是珍重，但不易得。日本《俳句大辞典》云："此草与蒲公英同是习见的东西，从幼年时代便已熟识。在女人里边，不曾采过紫云英的人，恐未必有罢。"中国古来没有花环，但紫云英的花球却是小孩常玩的东西，这一层我还替那些小人们欣幸的。浙东扫墓用鼓吹，所以少年常随了乐音去看"上坟船里的姣姣"；没有钱的人家虽没有鼓吹，但是船头上篷窗下总露出些紫云英和杜鹃的花束，这也就是上坟船的确实的证据了。

一九二四年二月

思考与练习

一、本文的主要内容是什么？

二、简要说说本文怎样运用对比手法的？

三、文中运用了大量的引用，试分析其起到了怎样的表达效果？

四、第一自然段中，作者为什么说"故乡对于我并没有什么特别的情分"？从全文看，作者这样说的用意是什么？

五、第四自然段中，作者在介绍浙东的黄花麦果糕时，为什么又提起北京、东京的"草饼"。

六、文章在介绍荠菜、黄花麦果、紫云英等三种野菜时各有侧重，其侧重点分别是什么？这样写有什么好处？

一只特立独行的猪

王小波

阅读提示

　　文章以一只猪的境遇，揭示出我们大多数人的生存处境：有一种力量，时时企图左右我们的生活，为我们设计生活、安排命运、准备前途、决定去留；而我们在相当多的时候，却浑然不觉，安然处之。作者笔下这只特立独行的猪显示出了无所顾忌旁若无人的气概，大胆地逃出人类为其设置的樊篱，潇洒随意、自由自在地活，甚至连婚姻也自己决定，常常跑到村寨里去找好看的母猪。就是这样一只敢于狂奔的猪、一只终于长出獠牙的猪，它的鸣叫，惊醒了我们，它的潇洒、冷静、警惕，对比出我们的浑浑噩噩、躁动不宁和惘然无知。本文以近乎口语的幽默诙谐喻示人生哲理。

　　王小波（1952—1997），中国当代学者、作家。代表作品有《黄金时代》《白银时代》《青铜时代》《黑铁时代》等。

　　插队的时候，我喂过猪、也放过牛。假如没有人来管，这两种动物也完全知道该怎样生活。它们会自由自在地闲逛，饥则食，渴则饮，春天来临时还要谈谈爱情；这样一来，它们的生活层次很低，完全乏善可陈。人来了以后，给它们的生活做出了安排：每一头牛和每一口猪的生活都有了主题。就它们中的大多数而言，这种生活主题是很悲惨的：前者的主题是干活，后者的主题是长肉。我不认为这有什么可抱怨的，因为我当时的生活也不见得丰富了多少，除了八个样板戏，也没有什么消遣。有极少数的猪和牛，它们的生活另有安排。以猪为例，种猪和母猪除了吃，还有别的事可干。就我所见，它们对这些安排也不大喜欢。种猪的任务是交配，换言之，我们的政策准许它当个花花公子。但是疲惫的种猪往往摆出一种肉猪（肉猪是阉过的）才有的正人君子架势，死活不肯跳到母猪背上去。母猪的任务是生崽儿，但有些母猪却要把猪崽儿吃掉。总的来说，人的安排使猪痛苦不堪。但它们还是接受了：猪总是猪啊。

　　对生活做种种设置是人特有的品性。不光是设置动物，也设置自己。我们知道，在古希腊有个斯巴达，那里的生活被设置得了无生趣，其目的就是要使男人成为亡命战士，使女人成为生育机器，前者像些斗鸡，后者像些母猪。这两类动物是很特别的，但我以为，它们肯定不喜欢自己的生活。但不喜欢又能怎么样？人也好，动物也罢，都很难改变自己的命运。

　　以下谈到的一只猪有些与众不同。我喂猪时，它已经有四五岁了，从名分上说，它是肉猪，但长得又黑又瘦，两眼炯炯有光。这家伙像山羊一样敏捷，一米高的猪栏一跳就过；它还能跳上猪圈的房顶，这一点又像是猫——所以它总是到处游逛，根本就不在圈里待着。所有喂过猪的知青都把它当宠儿来对待，它也是我的宠儿——因为它只对知青好，容许他们走到三米之内，要是别的人，它早就跑了。它是公的，原本该劁掉。不过你去试试看，哪怕你把劁猪刀藏在身后，它也能嗅出来，朝你瞪大眼睛，噢噢地吼起来。我总是用细米糠熬的粥喂它，等它吃够了以后，才把糠兑到野草里喂别的猪。其他猪看了嫉妒，一起嚷起来。这时候整个猪场一片鬼哭狼嚎，但我和它都不在乎。吃饱了以后，它就跳上房顶去晒太阳，或者模仿各种声音。它会学汽车响、拖拉机响，学得都很像；有时整天不见踪影，我估计它到附近的村寨里找母猪去了。我们这里也有母猪，都关在圈里，被过度的生育搞得走了形，又脏又臭，它对它们不感兴趣；村寨里的母猪好看一些。它有很多精彩的事迹，但我喂猪的时间短，知道得有限，索性就不写了。总而言之，所有喂过猪的知青都喜欢它，喜欢它特立独行的派头儿，还说它活得潇洒。但老乡们就不这么浪漫，他们说，这猪不正经。领导则痛恨它，这一点以后还要谈到。我对它则不止是喜欢——我尊敬它，常常不顾自己虚长十几岁这一现实，把它叫作"猪兄"。如前所述，这位猪兄会模仿各种声音。我想它也学过人说话，但没有学会——假如学会了，我们就可以做倾心之谈。但这不能怪它。人和猪的音色差得太远了。

后来，猪兄学会了汽笛叫，这个本领给它招来了麻烦。我们那里有座糖厂，中午要鸣一次汽笛，让工人换班。我们队下地干活时，听见这次汽笛响就收工回来。我的猪兄每天上午十点钟总要跳到房上学汽笛，地里的人听见它叫就回来——这可比糖厂鸣笛早了一个半小时。坦白地说，这不能全怪猪兄，它毕竟不是锅炉，叫起来和汽笛还有些区别，但老乡们却硬说听不出来。领导上因此开了一个会，把它定成了破坏春耕的坏分子，要对它采取专政手段——会议的精神我已经知道了，但我不为它担忧——因为假如专政是指绳索和杀猪刀的话，那是一点门都没有的。以前的领导也不是没试过，一百人也逮不住它。狗也没用：猪兄跑起来像颗鱼雷，能把狗撞出一丈开外。谁知这回是动了真格的，指导员带了二十几个人，手拿五四式手枪；副指导员带了十几人，手持看青的火枪，分两路在猪场外的空地上兜捕它。这就使我陷入了内心的矛盾：按我和它的交情，我该舞起两把杀猪刀冲出去，和它并肩战斗，但我又觉得这样做太过惊世骇俗——它毕竟是只猪啊；还有一个理由，我不敢对抗领导，我怀疑这才是问题之所在。总之，我在一边看着。猪兄的镇定使我佩服之极：它很冷静地躲在手枪和火枪的连线之内，任凭人喊狗咬，不离那条线。这样，拿手枪的人开火就会把拿火枪的打死，反之亦然；两头同时开火，两头都会被打死。至于它，因为目标小，多半没事。就这样连兜了几个圈子，它找到了一个空子，一头撞出去了；跑得潇洒之极。以后我在甘蔗地里还见过它一次，它长出了獠牙，还认识我，但已不容我走近了。这种冷淡使我痛心，但我也赞成它对心怀叵测的人保持距离。

我已经四十岁了，除了这只猪，还没见过谁敢于如此无视对生活的设置。相反，我倒见过很多想要设置别人生活的人，还有对被设置的生活安之若素的人。因为这个缘故，我一直怀念这只特立独行的猪。

思考与练习

一、本文所写的"猪"是一个怎样的艺术形象？
二、谈谈你是如何认识生活的设置与被设置的？
三、举例说明文中描写"猪兄"动作的语句，分析其中的精彩之处。

读书示小妹十八生日书

贾平凹

阅读提示

　　本文是作者为妹妹过生日写的信。妹妹比他小十岁，幼时靠他照看，兄妹俩便有更深的感情。妹妹过十八岁生日时，作者也离家十年了，该怎样表示对妹妹的祝贺呢？邻居说是该送一大笔钱，而作者寄去一套名著，写了这封信，其寓意是"一大笔钱"不能比的。品味这封信，感受作者对于妹妹深远的关爱之情，感受作者"写书要立之于身，功于天下"的襟怀。

　　贾平凹，原名贾平娃，陕西丹凤县人，中国当代著名作家。1974年开始发表作品，后从事专业写作。他是当代中国一位具有叛逆性、创造精神和广泛影响的作家，在小说、散文等领域都取得重要成就。《腊月·正月》获得1984年中国作协第三届全国优秀中篇小说奖，《满月儿》获得1978年全国优秀短篇小说奖。长篇小说《废都》获得1997年法国费米娜外国文学奖，《秦腔》获得2008年第七届"茅盾文学奖"。《贾平凹长篇散文精选》获得2005年第三届"鲁迅文学奖"。

　　七月十七日，是你十八岁生日，辞旧迎新，咱们家又有一个大人了。贾家在乡里是大户，父辈那代兄弟四人，传到咱们这代，兄弟十个，姊妹七个；我是男儿老八，你是女儿最小。分家后，众兄众姐都英英武武有用于社会，只是可怜了咱俩。我那时体单力屏，面又丑陋，十三岁看去老气犹如二十，村人笑为痴傻，你又三岁不能言语，哇哇只会啼哭，父母年纪已老，恨无人接力，常怨咱这一门人丁不达。从那时起，我就羞于在人前走动，背着你在角落玩耍；有话无人可说，言于你你又不能回答，就喜欢起书来。书中的人对我最好，每每读到欢心处，我就在地上翻着跟斗，你就乐得直叫；读到伤心处，我便哭了，你见我哭了，也便趴在我身上哭。但是，更多的是在沙地上，我筑好一个沙城让你玩，自个躺在一边读书，结果总是让你尿湿在裤子上，你又是哭，我不知如何哄你，就给你念书听，你竟不哭了，我感激得抱住你，说："我小妹也是爱书人啊！"东村的二旦家，其父是老先生，家有好多藏书，我背着你去借，人家不肯，说要帮着推磨子。我便将你放在磨盘顶上，教你拨着磨眼，我就抱着磨棍推起磨盘转，一个上午，给人家磨了三升苞谷，借了三本书，我乐得去亲你，把你的脸蛋都咬出了一个红牙印儿。你还记得那本《红楼梦》吗？那是你到了四岁，刚刚学会说话，咱们到县城姨家去，我发现柜里有一本书，就蹲在那里看起来，虽然并不全懂，但觉得很有味道。天快黑了，书只看了五分之一，要回去，我就偷偷将书藏在怀里。三天后，姨家人来找，说我是贼，我不服，两厢骂起来，被娘打一个耳光，我哭了，你也哭了，娘也抱住咱们哭，你那时说："哥哥，我长大了，一定给你买书！"小妹，你那一句话，给了兄多大安慰，如今我一坐在书房，看着满架书籍，我就记想起那时的可怜了。

　　咱们不是书香门第，家里一直不曾富绰，即使现在，父母和你还在乡下，地分了，粮是不短缺了，钱却有出没入，兄虽每月寄点，也只能顾住油盐酱醋，比不得会做生意的人家。但是，穷不是咱们的错，书却会使咱们位低而人品不微，贫困而志向不贱。这个社会，天下在振兴，民族在发奋，咱们不企图做官，以仕图之路做功于国家，但作为凡人百姓，咱们却只有读书习文才能有益于社会啊。你也立志写作，兄很高兴，你就要把书看重，什么都不要眼红，眼红读书，什么朋友都可抛弃，但书之友不能一日不交。贫困倒是当作家的准备条件，书是忌富，人富则思惰，你目下处境正好逼你静心地读书，深知书中的精义。这道理人往往以为不信，走过来方才醒悟，小妹可将我的话记住，免得以后"悔之不及"。

　　兄在外已经十年，自不敢忘了读书，所作一二篇文章，尽肤浅习作，愈使读书不已。过了二月二十一日，已到了而立之年，才更知立身难，立德难，立文难。夜读《西游记》，悟出"取经唯诚，伏怪以力"，不觉怀多感激，临风而叹息。兄在你这般年纪，读书目过能记，每每是借来之书，读得也十分注重，而今桌上、几上、案上、床上，满是书籍，却常常读过十不能记下四五，这全是年龄所致也。我至今只有以抄写辅助强记，但你一定要珍惜现在年纪，多多读书啊。

　　既有条件，读书万万不能狭窄。文学书要读，政治书要读，哲学、历史、美学、天文、地理、医药、建筑、美术、乐理……凡能找到的书，都要读读。若读书面窄，借鉴就不多，思路就不广，触一而不能通三。但是，切切又不要忘了精读，真正的本事掌握，全在于精读。世上好书，浩如烟海，一生不可能读完，且又有的书虽好，但不能全为之喜爱，如我一生不喜食肉，但肉却确实是世上好东西。你若喜欢上一本书了，不妨多读：第一遍可囫囵吞枣读，这叫享受；第二遍就静心坐下来读，这叫吟味；第三遍便要一句一句想着读，这叫深究。三遍读过，放上几天，再去读读，常又会有再新再悟的地方。你真真正正爱上这本书了，就在一个时期多找些这位作家的书来读，读他的长篇，读他的中篇，读他的短篇，或者散文，或者诗歌，或者理论，再读外人对他的评论，所写的传记，也可再读读和他同期作家的一些作品。这样，你知道他的文了，更知道他的人了，明白当时是什么社会，如何的文坛，他的经历、性格、人品、爱好等等是怎样促使他的风格的形成。大凡世上，一个作家都有自己一套写法，都是有迹而可觅寻，当然有的天分太高了，便不是一时一阵便可理得清。兄读中国的庄子、太白、东坡诗文，读外国的泰戈尔、川端康成、海明威之文，便至今于起灭转接之间不可测识。说来，还是兄读书太少，悟觉浅薄啊！如此这番读过，你就不要理他了，将他丢开，重新进攻另一个大家。文学是在突破中前进，你要时时注意，前人走到了什么地方，同辈人走到了什么地方。任何一个大家，你只能继承，不能重复，你要读他的作品时，就将他拉到你的脚下来读。这不是狂妄，这正是知其长，知其短，师精神而弃皮毛啊。虚无主义可笑，但全然跪倒来读，他可以使你得益，也可能使你受损，永远在他的屁股后了。这你要好好记住。

　　在家时，逢小妹生日，兄总为你梳那一双细辫，亲手要为你剥娘煮熟的鸡蛋。一走十年，竟总是忘了你生日的具体时间，这你是该骂我了。今年一入夏，我便时时提醒自己，要到时一定祝贺你成人。邻居妇人要我送你一笔大钱，说我写书，稿费易如就地俯拾，我反驳，又说我"肥猪也哼哼"，咳，邻人只知是钱！人活着不能没钱，但只要有一碗饭吃，钱又算个什么呢？如今稿费低贱，家岂是以稿费发得?! 读书要读精品，写书要立之于身，功于天下，哪里是邻居妇人之见啊！这么多年，兄并不敢侈奢，只是简朴，唯恐忘了往者困顿，也是不忘了往昔，方将所得数钱尽买了书籍。所以，小妹生日，兄什么也不送，仅买一套名著十册给你寄来，乞妹快活。

1983 年 7 月初写于静虚村

思考与练习

一、题目"读书示小妹十八生日书"中第二个"书"什么意思？

二、文章开篇详细叙述童年事情的原因是什么？

三、第四自然段，作者阐发的读书之道是什么？请加以归纳。

四、应该如何理解第四自然段"任何一个大家，你只能继承，不能重复，你要读他的作品时，就将他拉到你的脚下来读"这句话？请以个人的读书体会为例加以说明。

五、在第二、三自然段中，作者给妹妹讲述了哪些人生经验？

失败了以后

林语堂

📖 **阅读提示**

　　本文主要阐明了作者对失败的看法和失败以后对待失败的正确态度。作者认为：失败的时候最能测验一个人的品格。他指出，伟大人物的成功秘诀就是"倾跌了以后，立刻站立起来，而去向失败中战取胜利""倾跌算不得失败，倾跌后而站立不起来，才是失败""许多人之所以成功，就是受赐于先前的层层失败""对于那自信其能力，而不介意于暂时的成败的人，没有所谓失败"。从这些看法中，可以归结出文章的中心论点：一个人在失败了以后，应当"加倍的坚强"，要"立刻站立起来""永不屈服"。

　　林语堂（1895—1976），原名和乐，中国现代著名作家、学者、翻译家、语言学家、新道家代表人物。1895年出生于福建龙溪（今漳州）的一个基督教家庭，1912年入上海圣约翰大学，毕业后在清华大学任教。1919年秋赴美哈佛大学文学系深造，1922年获文学硕士学位。同年转赴德国入莱比锡大学，专攻语言学。1923年获博士学位后回国，任北京大学教授、北京女子师范大学教务长和英文系主任。1924年后为《语丝》主要撰稿人之一。1932年主编《论语》半月刊。1934年创办《人间世》，1935年创办《宇宙风》，提倡"以自我为中心，以闲适为格调"的小品文，成为论语派主要人物。1935年后，在美国用英文写《吾国与吾民》《风声鹤唳》，在法国写《京华烟云》等文化著作和长篇小说。

　　有很多的人要是没有大难临头往往不会发挥出其真实力量。除非遭着失望之悲哀，丧家之痛苦，及其他种种创痛的不幸事实，足以打动他的生命核仁，他们内在的隐力，是不会唤起动作的。

　　测验一个人的品格，最好是在他失败的时候，失败了以后，他要怎样呢？

　　失败会唤起他的更多的勇气吗？失败能使他发挥出更大的努力吗？失败能使他发现新力量，唤出潜在力吗？失败了以后，是决心加倍的坚强呢？还是就此心灰意冷？

　　爱马孙（Emerson）说："伟大、高贵人物的最明显的标志，就是他的坚韧的意志；不管环境变换到何种地步，他的初衷与希望，仍不会有丝毫的改变，而终至克胜阻碍，以达到企望的目的。"

　　倾跌了以后，立刻站立起来，而去向失败中战取胜利，这是从古以来伟大人物的成功秘诀。

　　有人问一小孩子，怎样他竟得学会溜冰。小孩的回答是："其方法就在每次跌跤后，立刻就爬起来！"使得个人的成功，或军队胜利的，实际上也是由于这种精神。倾跌算不得失败，倾跌后而站立不起来，才是失败。

过去生命之对于你，恐怕是一部创巨痛深的伤心史吧！在检阅着过去的一切时，你会觉得你自己处处失败，碌碌无成吧！你热烈地期待着成就的事业，竟不会成就；你所亲爱的亲戚朋友，甚至会离弃你吧！你曾失掉职位，甚至会因不能维持家庭之故，而失掉你的家庭吧！你的前途，似乎是十分惨暗吧！然而虽有上面的种种不幸，只要你是不甘永远屈服的，则胜利还是等在远处，向你招手呢？

这里是可测验你人格之大小的地方；在除了你自己的生命以外，一切都已丧失了以后，在你的生命中，还剩余些什么？换一句话，在你迭遭失败了以后，你还有多少勇气的剩余？假使你在失败之后，从此僵卧不起，放手不干，而自甘于永久的屈服，则别人可以断定，你只是个凡夫俗子，但假使你能雄心不灭，迈步向前，不失望，不放弃，则人家可以知道，你的人格之大，勇气之大，是可以超过你的损失灾祸与失败的。

你或者要说，你已经失败得次数过多，所以再试也属徒然吧；你已经倾跌得次数过多，再站立起来也是无用吧？胡说！对于意志永不屈服的人，没有所谓失败！不管失败的次数怎样多，时间怎样晚，胜利仍然是可期的。狄更斯（Dickens）小说中所描写的守财奴司克拉（Scrooge）在他的暮年，忽然能从一个残忍，冷酷，爱财如命，而整个的灵魂，幽囚在黄金堆中的人，一变而为一个宽宏大量，诚恳爱人的人，这并不是狄更斯脑海中凭空所虚构，世界上真的有这种事实。人的根性，可以由恶劣转变而为良善；人的事业，又何曾不可由失败转变而为成功？常常，据报章所记载，或为我们所亲身见闻，有许多男女，努力把自己从过去的失败中救赎出来，不顾以前的失败，奋身作再度之奋斗，而终以达到胜利。

有千万的人，已丧失了他们所有的一切东西，然而他们还不算是失败，因为他们是有着一个不可屈服的意志，不知颓丧的精神。

人格伟大的人，对于世间所谓成败，不甚介意，灾祸，失望，虽频频降临，然而总能超过。克胜它们，他从来不会失却镇静。在暴风雨猛烈的袭击中，在心灵脆弱的人唯有束手待毙的时候，他的自信的精神，镇定的气概，仍然存在；而可以克胜外界一切的境遇，使之不为害于己。

"什么是失败？"菲力（W. Philips）说："不是别的，失败只是走上较高地位的第一阶段。"许多人之所以成功，就是受赐于先前的层层失败。

假使他没有遭遇过失败，他恐怕反而不能得到大胜利。对于有骨气，有作为的人，失败是反足以增加他的决心与勇气的。

是的！对于那自信其能力，而不自介意于暂时的成败的人，没有所谓失败！对于别人放手，而他仍然坚持，别人后退而他仍然前冲的人，没有所谓失败！对于每次倾跌，立刻站起来；每次坠地，反会像皮球一样的跳得更高的人，没有所谓失败。

思考与练习

一、本文的中心论点是什么？
二、谈谈本文对你的学习和生活有何启示？
三、本文在说理时主要使用了哪些方面的论据？
四、本文哪些地方用了比喻、排比的修辞手法？有何作用？

风波

鲁迅

阅读提示

小说通过 1917 年张勋复辟事件在江南水乡引起的关于辫子的风波，从一个侧面展示了辛亥革命后农村的真实面貌。辛亥革命废除了帝制，但帝制的余孽仍在肆虐，农民仍处于保守、冷漠、愚昧麻木的不觉悟状态，革命的启蒙任务依然任重而道远。小说结构精巧，以江南鲁镇发生的关于辫子的微不足道的小事，折射出深刻重大的社会问题，收到了以小见大的艺术效果。

鲁迅（1881—1936），原名周樟寿，后周名为周树人，字豫山，后改字豫才，浙江绍兴人。著名文学家、思想家、革命家、民主战士，新文化运动的重要参与者，中国现代文学奠基人之一。

临河的土场上，太阳渐渐的收了他通黄的光线了。场边靠河的乌桕树叶，干巴巴的才喘过气来，几个花脚蚊子在下面哼着飞舞。面河的农家的烟突里，逐渐减少了炊烟，女人孩子们都在自己门口的土场上泼些水，放下小桌子和矮凳；人知道，这已经是晚饭的时候了。

老人男人坐在矮凳上，摇着大芭蕉扇闲谈，孩子飞也似的跑，或者蹲在乌桕树下赌玩石子。女人端出乌黑的蒸干菜和松花黄的米饭，热蓬蓬冒烟。河里驶过文人的酒船，文豪见了，大发诗兴，说："无思无虑，这真是田家乐呵！"

但文豪的话有些不合事实，就因为他们没有听到九斤老太的话。这时候，九斤老太正在大怒，拿破芭蕉扇敲着凳脚说：

"我活到七十九岁了，活够了，不愿意眼见这些败家相，——还是死的好。立刻就要吃饭了，还吃炒豆子，吃穷了一家子！"

伊的曾孙女儿六斤捏着一把豆，正从对面跑来，见这情形，便直奔河边，藏在乌桕树后，伸出双丫角的小头，大声说，"这老不死的！"

九斤老太虽然高寿，耳朵却还不很聋，但也没有听到孩子的话，仍旧自己说，"这真是一代不如一代！"

这村庄的习惯有点特别，女人生下孩子，多喜欢用秤称了轻重，便用斤数当作小名。九斤老太自从庆祝了五十大寿以后，便渐渐的变了不平家，常说伊年青的时候，天气没有现在这般热，豆子也没有现在这般硬；总之现在的时世是不对了。何况六斤比伊的曾祖，少了三斤，比伊父亲七斤，又少了一斤，这真是一条颠扑不破的实例。所以伊又用劲说，"这真是一代不如一代！"

伊的儿媳七斤嫂子正捧着饭篮走到桌边，便将饭篮在桌上一摔，愤愤地说，"你老人家又这么说了。六斤生下来的时候，不是六斤五两么？你家的秤又是私秤，加重称，十八两秤；用了准十六，我们的六斤该有七斤多哩。我想便是太公和公公，也不见得正是九斤八斤十足，用的秤也许是十四两……"

"一代不如一代！"

七斤嫂还没有答话，忽然看见七斤从小巷口转出，便移了方向，对他嚷道，"你这死尸怎么这时候才回来，死到哪里去了！不管人家等着你开饭！"

七斤虽然住在农村，却早有些飞黄腾达的意思。从他的祖父到他，三代不捏锄头柄了；他也照例的帮人撑着航船，每日一回，早晨从鲁镇进城，傍晚又回到鲁镇，因此很知道些时事：例如什么地方，雷公劈死了蜈蚣精；什么地方，闺女生了一个夜叉之类。他在村人里面，的确已经是一名出场人物了。但夏天吃饭不点灯，却还守着农家习惯，所以回家太迟，是该骂的。

七斤一手捏着象牙嘴白铜斗六尺多长的湘妃竹烟管，低着头，慢慢地走来，坐在矮凳上。六斤也趁势溜出，坐在他身边，叫他爹爹。七斤没有应。

"一代不如一代！"九斤老太说。

七斤慢慢地抬起头来，叹一口气说，"皇帝坐了龙庭了。"

七斤嫂呆了一刻，忽而恍然大悟的道，"这可好了，这不是又要皇恩大赦了么！"

七斤又叹一口气，说，"我没有辫子。"

"皇帝要辫子么？"

"皇帝要辫子。"

"你怎么知道呢？"七斤嫂有些着急，赶忙的问。

"咸亨酒店里的人，都说要的。"

七斤嫂这时从直觉上觉得事情似乎有些不妙了，因为咸亨酒店是消息灵通的所在。伊一转眼瞥见七斤的光头，便忍不住动怒，怪他恨他怨他；忽然又绝望起来，装好一碗饭，搡在七斤的面前道，"还是赶快吃你的饭罢！哭丧着脸，就会长出辫子来么？"

太阳收尽了他最末的光线了，水面暗暗地回复过凉气来；土场上一片碗筷声响，人人的脊梁上又都吐出汗粒。七斤嫂吃完三碗饭，偶然抬起头，心坎里便禁不住突突地发跳。伊透过乌桕叶，看见又矮又胖的赵七爷正从独木桥上走来，而且穿着宝蓝色竹布的长衫。

赵七爷是邻村茂源酒店的主人，又是这三十里方圆以内的唯一的出色人物兼学问家；因为有学问，所以又有些遗老的臭味。他有十多本金圣叹批评的《三国志》，时常坐着一个字一个字的读；他不但能说出五虎将姓名，甚而至于还知道黄忠表字汉升和马超表字孟起。革命以后，他便将辫子盘在顶上，像道士一般；常常叹息说，倘若赵子龙在世，天下便不会乱到这地步了。七斤嫂眼睛好，早望见今天的赵七爷已经不是道士，却变成光滑头皮，乌黑发顶；伊便知道这一定是皇帝坐了龙庭，而且一定须有辫子，而且七斤一定是非常危险。因为赵七爷的这件竹布长衫，轻易是不常穿的，三年以来，只穿过两次：一次是和他呕气的麻子阿四病了的时候，一次是曾经砸烂他酒店的鲁大爷死了的时候；现在是第三次了，这一定又是于他有庆，于他的仇家有殃了。

七斤嫂记得，两年前七斤喝醉了酒，曾经骂过赵七爷是"贱胎"，所以这时便立刻直觉到七斤的危险，心坎里突突地发起跳来。

赵七爷一路走来，坐着吃饭的人都站起身，拿筷子点着自己的饭碗说，"七爷，请在我们这里用饭！"七爷也一路点头，说道"请请"，却一径走到七斤家的桌旁。七斤们连忙招呼，七爷也微笑着说"请请"，一面细细的研究他们的饭菜。

"好香的菜干，——听到了风声了么？"赵七爷站在七斤的后面七斤嫂的对面说。

"皇帝坐了龙庭了。"七斤说。

七斤嫂看着七爷的脸，竭力陪笑道，"皇帝已经坐了龙庭，几时皇恩大赦呢？"

"皇恩大赦？——大赦是慢慢的总要大赦罢。"七爷说到这里，声色忽然严厉起来，"但是你家七斤的辫子呢，辫子？这倒是要紧的事。你们知道：长毛时候，留发不留头，留头不留发，……"

七斤和他的女人没有读过书，不很懂得这古典的奥妙，但觉得有学问的七爷这么说，事情自然非常重大，无可挽回，便仿佛受了死刑宣告似的，耳朵里嗡的一声，再也说不出一句话。

"一代不如一代，——"九斤老太正在不平，趁这机会，便对赵七爷说，"现在的长毛，只是剪人家的辫子，僧不僧，道不道的。从前的长毛，这样的么？我活到七十九岁了，活够了。从前的长毛是——整匹的红缎子裹头，拖下去，拖下去，一直拖到脚跟；王爷是黄缎子，拖下去，黄缎子；红缎子，黄缎子，——我活够了，七十九岁了。"

七斤嫂站起身，自言自语的说，"这怎么好呢？这样的一班老小，都靠他养活的人，……"

赵七爷摇头道，"那也没法。没有辫子，该当何罪，书上都一条一条明明白白写着的。不管他家里有些什么人。"

七斤嫂听到书上写着，可真是完全绝望了；自己急得没法，便忽然又恨到七斤。伊用筷子指着他的鼻尖说，"这死尸自作自受！造反的时候，我本来说，不要撑船了，不要上城了。他偏要死进城去，滚进城去，进城便被人剪去了辫子。从前是绢光乌黑的辫子，现在弄得僧不僧道不道的。这囚徒自作自受，带累了我们又怎么说呢？这活死尸的囚徒……"

村人看见赵七爷到村，都赶紧吃完饭，聚在七斤家饭桌的周围。七斤自己知道是出场人物，被女人当大众这样辱骂，很不雅观，便只得抬起头，慢慢地说道："你今天说现成话，那时你……"

"你这活死尸的囚徒……"

看客中间，八一嫂是心肠最好的人，抱着伊的两周岁的遗腹子，正在七斤嫂身边看热闹；这时过意不去，连忙解劝说，"七斤嫂，算了罢。人不是神仙，谁知道未来事呢？便是七斤嫂，那时不也说，没有辫子倒也没有什么丑么？况且衙门里的大老爷也还没有告示，……"

七斤嫂没有听完，两个耳朵早通红了；便将筷子转过向来，指着八一嫂的鼻子，说，"阿呀，这是什么话呵！八一嫂，我自己看来倒还是一个人，会说出这样昏诞胡涂话么？那时我是，整整哭了三天，谁都看见；连六斤这小鬼也都哭，……"六斤刚吃完一大碗饭，拿了空碗，伸手去嚷着要添。七斤嫂正没好气，便用筷子在伊的双丫角中间，直扎下去，大喝道，"谁要你来多嘴！你这偷汉的小寡妇！"

扑的一声，六斤手里的空碗落在地上了，恰巧又碰着一块砖角，立刻破成一个很大的缺口。七斤直跳起来，捡起破碗，合上检查一回，也喝道，"入娘的！"一巴掌打倒了六斤。六斤躺着哭，九斤老太拉了伊的手，连说着"一代不如一代"，一同走了。

八一嫂也发怒，大声说，"七斤嫂，你'恨棒打人'……"

赵七爷本来是笑着旁观的；但自从八一嫂说了"衙门里的大老爷没有告示"这话以后，却有些生气了。这时他已经绕出桌旁，接着说，"'恨棒打人'，算什么呢。大兵是就要到的。你可知道，这回保驾的是张大帅，张大帅就是燕人张翼德的后代，他一支丈八蛇矛，就有万夫不当之勇，谁能抵挡他，"他两手同时捏起空拳，仿佛握着无形的蛇矛模样，向八一嫂抢进几步道，"你能抵挡他么！"

八一嫂正气得抱着孩子发抖，忽然见赵七爷满脸油汗，瞪着眼，准对伊冲过来，便十分害怕，不敢说完话，回身走了。赵七爷也跟着走去，众人一面怪八一嫂多事，一面让开路，几个剪过辫子重新留起的便赶快躲在人丛后面，怕他看见。赵七爷也不细心察访，通过人丛，忽然转入乌桕树后，说道"你能抵挡他么！"跨上独木桥，扬长去了。

村人们呆呆站着，心里计算，都觉得自己确乎抵不住张翼德，因此也决定七斤便要没有性命。七斤既然犯了皇法，想起他往常对人谈论城中的新闻的时候，就不该含着长烟管显出那般骄傲模样，所以对七斤的犯法，也觉得有些畅快。他们也仿佛想发些议论，却又觉得没有什么议论可发。嗡嗡的一阵乱嚷，蚊子都撞过赤膊身子，闯到乌桕树下去做市；他们也就慢慢地走散回家，关上门去睡觉。七斤嫂咕哝着，也收了家伙和桌子矮凳回家，关上门睡觉了。

七斤将破碗拿回家里，坐在门槛上吸烟；但非常忧愁，忘却了吸烟，象牙嘴六尺多长湘妃竹烟管的白铜斗里的火光，渐渐发黑了。他心里但觉得事情似乎十分危急，也想想些方法，想些计画，但总是非常模糊，贯穿不得："辫子呢辫子？丈八蛇矛。一代不如一代！皇帝坐龙庭。破的碗须得上城去钉好。谁能抵挡他？书上一条一条写着。入娘的！……"

第二日清晨，七斤依旧从鲁镇撑航船进城，傍晚回到鲁镇，又拿着六尺多长的湘妃竹烟管和一个饭碗回村。他在晚饭席上，对九斤老太说，这碗是在城内钉合的，因为缺口大，所以要十六个铜钉，三文一个，一总用了四十八文小钱。

九斤老太很不高兴的说，"一代不如一代，我是活够了。三文钱一个钉；从前的钉，这样的么？从前的钉是……我活了七十九岁了，——"

此后七斤虽然是照例日日进城，但家景总有些黯淡，村人大抵回避着，不再来听他从城内得来的新闻。七斤嫂也没有好声气，还时常叫他"囚徒"。

过了十多日，七斤从城内回家，看见他的女人非常高兴，问他说，"你在城里可听到些什么？"

"没有听到些什么。"

"皇帝坐了龙庭没有呢？"

"他们没有说。"

"咸亨酒店里也没有人说么？"

"也没人说。"

"我想皇帝一定是不坐龙庭了。我今天走过赵七爷的店前，看见他又坐着念书了，辫子又盘在顶上了，也没有穿长衫。"

"……"

"你想，不坐龙庭了罢？"

"我想，不坐了罢。"

现在的七斤，是七斤嫂和村人又都早给他相当的尊敬，相当的待遇了。到夏天，他们仍旧在自家门口的土场上吃饭；大家见了，都笑嘻嘻的招呼。九斤老太早已做过八十大寿，仍然不平而且健康。六斤的双丫角，已经变成一支大辫子了；伊虽然新近裹脚，却还能帮同七斤嫂做事，捧着十八个铜钉的饭碗，在土场上一瘸一拐的往来。

思考与练习

一、《风波》揭示了怎样的社会现实？

二、环境描写在全文起到了怎样的作用？

三、分析七斤、赵七爷的性格特征。

四、分析小说结尾的意义。

断魂枪

老舍

📖 **阅读提示**

《断魂枪》是 1935 年老舍创作的一部短篇小说，小说讲的是清朝末年，列强入侵。镖局被洋枪取代后，身怀绝技"五虎断魂枪"的镖师沙子龙无奈把镖局解散；而"五虎断魂枪"的枪法也绝不再传。有时徒弟们来讨教，沙子龙用说句笑话的方法敷衍过去，甚至直接把他们赶出去。王三胜是沙子龙的大徒弟，在与孙老者的较量中被打败，于是王三胜想用师傅的能力威望慑服对方，就引着孙老者来拜会沙子龙。但不管孙老者怎么说，沙子龙就是无动于衷，绝口不提武艺，从而威名大跌。深夜，往日的老镖师沙子龙在后院耍起了枪法，望着星空，想起了当年押镖的岁月，说了四个字："不传！不传！"

老舍（1899—1966），原名舒庆春，字舍予，北京满族正红旗人，毕业于北京师范学院，中国现代小说家、作家、语言大师、人民艺术家，新中国第一位获得"人民艺术家"称号的作家，其代表作品有长篇小说《骆驼祥子》《四世同堂》，短篇小说《月牙儿》和剧本《茶馆》《龙须沟》。

"生命是闹着玩，事事显出如此；从前我这么想过，现在我懂得了。"

沙子龙的镖局已改成客栈。

东方的大梦没法子不醒了。炮声压下去马来与印度野林中的虎啸。半醒的人们，揉着眼，祷告着祖先与神灵；不大会儿，失去了国土、自由与主权。门外立着不同面色的人，枪口还热着。他们的长矛毒弩，花蛇斑彩的厚盾，都有什么用呢；连祖先与祖先所信的神明全不灵了啊！龙旗的中国也不再神秘，有了火车呀，穿坟过墓破坏着风水。枣红色多穗的镖旗，绿鲨皮鞘的钢刀，响着串铃的口马，江湖上的智慧与黑话，义气与声名，连沙子龙，他的武艺、事业，都梦似的成昨夜的。今天是火车、快枪，通商与恐怖。听说，有人还要杀下皇帝的头呢！

这是走镖已没有饭吃，而国术还没被革命党与教育家提倡起来的时候。

谁不晓得沙子龙是短瘦、利落、硬棒，两眼明得像霜夜的大星？可是，如今他身上放了肉。镖局改了客栈，他自己在后小院占着三间北房，大枪立在墙角，院子里有几只楼鸽。只是在夜间，他把小院的门关好，熟习熟习他的"五虎断魂枪"。这条枪与这套枪，二十年的工夫，在西北一带，给他创出来"神枪沙子龙"五个字，没遇见过敌手。如今，这条枪与这套枪不会再替他增光显胜了；只是摸摸这凉、滑、硬而发颤的杆子，使他心中少难过一些而已。只有在夜间独自拿起枪来，才能相信自己还是"神枪沙"。在白天，他不大谈武艺与往事；他的世界已被狂风吹了走。

在他手下创练起来的少年们还时常来找他。他们大多数是没落子的，都有点武艺，可是没地方去用。有的在庙会上去卖艺：踢两趟腿，练套家伙，翻几个跟头，附带着卖点大力丸，混个三吊两吊的。有的实在闲不起了，去弄筐果子，或挑些毛豆角，赶早儿在街上论斤吆喝出去。那时候，米贱肉贱，肯卖膀子力气本来可以混个肚儿圆；他们可是不成：肚量既大，而且得吃口管事儿的；干饽饽辣饼子咽不下去。况且他们还时常去走会：五虎棍，开路，太狮少狮……虽然算不了什么比走镖来可是到底有个机会活动活动，露露脸。是的，走会捧场是买脸的事，他们打扮的得像个样儿，至少得有条青洋绉裤子，新漂白细市布的小褂，和一双鱼鳞洒鞋顶好是青缎子抓地虎靴子。他们是神枪沙子龙的徒弟，虽然沙子龙并不承认得到处露脸，走会得赔上俩钱，说不定还得打场架。没钱，上沙老师那里去求。沙老师不含糊，多少不拘，不让他们空着手儿走。可是，为打架或献技去讨教一个招数，或是请给说个"对子"什么空手夺刀，或虎头钩进枪，沙老师有时说句笑话，马虎过去："教什么？拿开水浇吧！"有时直接把他们赶出去。他们不大明白沙老师是怎么了，心中也有点不乐意。

可是，他们到处为沙老师吹腾，一来是愿意使人知道他们的武艺有真传授，受过高人的指教；二来是为激动沙老师：万一有人不服气而找上老师来，老师难道还不露一两手真的么？所以：沙老师一拳就砸倒了个牛！沙老师一脚把人踢到房上去，并没使多大的劲！他们谁也没见过这种事，但是说着说着，他们相信这是真的了，有年月，有地方，千真万确，敢起誓！

王三胜，沙子龙的大伙计在土地庙拉开了场子，摆好了家伙。抹了一鼻子茶叶末色的鼻烟，他抢了几下竹节钢鞭，把场子打大一些。放下鞭，没向四围作揖，叉着腰念了两句："脚踢天下好汉，拳打五路英雄！"向四围扫了一眼："乡亲们，王三胜不是卖艺的；玩艺儿会几套，西北路上走过镖，会过绿林中的朋友。现在闲着没事，拉个场子陪诸位玩玩。有爱练的尽管下来，王三胜以武会友，有赏脸的，我陪着。神枪沙子龙是我的师傅；玩艺地道！诸位，有愿下来的没有？"他看着，准知道没人敢下来，他的话硬，可是那条钢鞭更硬，十八斤重。

王三胜，大个子，一脸横肉，努着对大黑眼珠，看着四围。大家不出声。他脱了小褂，紧了紧深月白色的"腰里硬"，把肚子杀进去。给手心一口唾沫，抄起大刀来："诸位，王三胜先练趟瞧瞧。不白练，练完了，带着的扔几个；没钱，给喊个好，助助威。这儿没生意口。好，上眼！"

大刀靠了身，眼珠弩出多高，脸上绷紧，胸脯子鼓出，像两块老桦木根子。一跺脚，刀横起，大红缨子在肩前摆动。削砍劈拔，蹲越闪转，手起风生，忽忽直响。忽然刀在右手心上旋转，身弯下去，四围鸦雀无声，只有缨铃轻叫。刀顺过来，猛的一个"跺泥"，身子直挺，比众人高着一头，黑塔似的。收了势："诸位！"一手持刀，一手叉腰，看着四围。稀稀的扔下几个铜钱，他点点头。"诸位！"他等着，等着，地上依旧是那几个亮而削薄的铜钱，外层的人偷偷散去。他咽了口气："没人懂！"他低声的说，可是大家全听见了。

"有功夫！"西北角上一个黄胡子老头儿答了话。

"啊？"王三胜好似没听明白。

"我说：你有功夫！"老头子的语气很不得人心。

放下大刀，王三胜随着大家的头往西北看。谁也没看重这个老人：小干巴个儿，披着件粗蓝布大衫，脸上窝窝瘪瘪，眼陷进去很深，嘴上几根细黄胡，肩上扛着条小黄草辫子，有筷子那么细，而绝对不像筷子那么直顺。王三胜可是看出这老家伙有功夫，脑门亮，眼睛亮——眼眶虽深，眼珠可黑得像两口小井，深深的闪着黑光。王三胜不怕：他看得出别人有功夫没有，可更相信自己的本事，他是沙子龙手下的大将。

"下来玩玩，大叔！"王三胜说得很得体。

点点头，老头儿往里走。这一走，四外全笑了。他的胳臂不大动；左脚往前迈，右脚随着拉上来，一步步的往前拉扯，身子整着，像是患过瘫痪病。蹭到场中，把大衫扔在地上，一点没理会四围怎样笑他。

"神枪沙子龙的徒弟，你说？好，让你使枪吧；我呢？"老头子非常的干脆，很像久想动手。

人们全回来了，邻场耍狗熊的无论怎么敲锣也不中用了。

"三截棍进枪吧？"王三胜要看老头子一手，三截棍不是随便就拿得起来的家伙。

老头子又点点头，拾起家伙来。

王三胜努着眼，抖着枪，脸上十分难看。

老头子的黑眼珠更深更小了，像两个香火头，随着面前的枪尖儿转，王三胜忽然觉得不舒服，那俩黑眼珠似乎要把枪尖吸进去！四外已围得风雨不透，大家都觉出老头子确是有威。为躲那对眼睛，王三胜耍了个枪花。老头子的黄胡子一动："请！"王三胜一扣枪，向前躬步，枪尖奔了老头子的喉头去，枪缨打了一个红旋。老人的身子忽然活展了，将身微偏，让过枪尖，前把一挂，后把撩王三胜的手。拍，拍，两响，王三胜的枪撒了手。场外叫了好。王三胜连脸带胸口全紫了，抄起枪来；一个花子，连枪带人滚了过来，枪尖奔了老人的中部。老头子的眼亮得发着黑光；腿轻轻一屈，下把掩裆，上把打着刚要抽回的枪杆；拍，枪又落在地上。

场外又是一片彩声。王三胜流了汗，不再去拾枪，努着眼，木在那里。老头子扔下家伙，拾起大衫，还是拉拉着腿，可是走得很快了。大衫搭在臂上，他过来拍了王三胜一下：

"还得练哪，伙计！"

"别走！"王三胜擦着汗："你不离，姓王的服了！可有一样，你敢会会沙老师？"

"就是为会他才来的！"老头子的干巴脸上皱起点来，似乎是笑呢。"走；收了吧；晚饭我请！"

王三胜把兵器拢在一处，寄放在变戏法二麻子那里，陪着老头子往庙外走。后面跟着不少人，他把他们骂散了。

"你老贵姓？"他问。

"姓孙哪，"老头子的话与人一样，都那么干巴。"爱练；久想会会沙子龙。"

沙子龙不把你打扁了！王三胜心里说。他脚底下加了劲，可是没把孙老头落下。他看出来，老头子的腿是老走着查拳门中的连跳步；交起手来，必定很快。但是，无论他怎么快，沙子龙是没对手的。准知道孙老头要吃亏，他心中痛快了些，放慢了些脚步。

"孙大叔贵处？"

"河间的，小地方。"孙老者也和气了些："月棍年刀一辈子枪，不容易见功夫！说真的，你那两手就不坏！"

王三胜头上的汗又回来了，没言语。

到了客栈，他心中直跳，唯恐沙老师不在家，他急于报仇。他知道老师不爱管这种事，师弟们已碰过不少回钉子，可是他相信这回必定行，他是大伙计，不比那些毛孩子；再说，人家在庙会上点名叫阵，沙老师还能丢这个脸么？

"三胜，"沙子龙正在床上看着本《封神榜》，"有事吗？"三胜的脸又紫了，嘴唇动着，说不出话来。

沙子龙坐起来，"怎么了，三胜？"

"栽了跟头！"

只打了个不甚长的哈欠，沙老师没别的表示。

王三胜心中不平，但是不敢发作；他得激动老师："姓孙的一个老头儿，门外等着老师呢；把我的枪，枪，打掉了两次！"他知道"枪"字在老师心中有多大分量。没等吩咐，他慌忙跑出去。

客人进来，沙子龙在外间屋等着呢。彼此拱手坐下，他叫三胜去泡茶。三胜希望两个老人立刻交了手，可是不能不沏茶去。孙老者没话讲，用深藏着的眼睛打量沙子龙。沙很客气："要是三胜得罪了你，不用理他，年纪还轻。"

孙老者有些失望，可也看出沙子龙的精明。他不知怎样好了，不能拿一个人的精明断定他的武艺。"我来领教领教枪法！"他不由地说出来。

沙子龙没接碴儿。王三胜提着茶壶走进来——急于看二人动手，他没管水开了没有，就沏在壶中。

"三胜，"沙子龙拿起个茶碗来，"去找小顺们去，天汇见，陪孙老者吃饭。"

"什么！"王三胜的眼珠几乎掉出来。看了看沙老师的脸，他敢怒而不敢言地说了声"是啦！"走出去，撅着大嘴。

"教徒弟不易！"孙老者说。

"我没收过徒弟。走吧，这个水不开！茶馆去喝，喝饿了就吃。"沙子龙从桌子上拿起缎子褡裢，一头装着鼻烟壶，一头装着点钱，挂在腰带上。

"不，我还不饿！"孙老者很坚决，两个"不"字把小辫从肩上抢到后边去。

"说会子话儿。"

"我来为领教领教枪法。"

"功夫早搁下了，"沙子龙指着身上，"已经放了肉！"

"这么办也行，"孙老者深深的看了沙老师一眼："不比武，教给我那趟五虎断魂枪。"

"五虎断魂枪？"沙子龙笑了："早忘干净了！早忘干净了！告诉你，在我这儿住几天，咱们各处逛逛，临走，多少送点盘缠。"

"我不逛，也用不着钱，我来学艺！"孙老者立起来，"我练趟给你看看，看够得上学艺不够！"一屈腰已到了院中，把楼鸽都吓飞起去。拉开架子，他打了趟查拳：腿快，手飘洒，一个飞脚起去，小辫儿飘在空中，像从天上落下来一个风筝；快之中，每个架子都摆得稳、准、利落；来回六趟，把院子满都打到，走得圆，接得紧，身子在一处，而精神贯串到四面八方。抱拳收势，身儿缩紧，好似满院乱飞的燕子忽然归了巢。

"好！好！"沙子龙在台阶上点着头喊。

"教给我那趟枪！"孙老者抱了抱拳。

沙子龙下了台阶，也抱着拳："孙老者，说真的吧；那条枪和那套枪都跟我入棺材，一齐入棺材！"

"不传？"

"不传！"

孙老者的胡子嘴动了半天，没说出什么来。到屋里抄起蓝布大衫，拉拉着腿："打搅了，再会！"

"吃过饭走！"沙子龙说。

孙老者没言语。

沙子龙把客人送到小门，然后回到屋中，对着墙角立着的大枪点了点头。

他独自上了天汇，怕是王三胜们在那里等着。他们都没有去。

王三胜和小顺们都不敢再到土地庙去卖艺，大家谁也不再为沙子龙吹胜；反之，他们说沙子龙栽了跟头，不敢和个老头儿动手；那个老头子一脚能踢死个牛。不要说王三胜输给他，沙子龙也不是他的对手。不过呢，王三胜到底和老头子见了个高低，而沙子龙连句硬话也没敢说。"神枪沙子龙"慢慢似乎被人们忘了。

夜静人稀，沙子龙关好了小门，一气把六十四枪刺下来；而后，拄着枪，望着天上的群星，想起当年在野店荒林的威风。叹一口气，用手指慢慢摸着凉滑的枪身，又微微一笑，"不传！不传！"

思考与练习

一、下列对文章有关内容的分析和概括，不正确的两项是（　　　　）

A. 文章利用传统的第三者叙述方式围绕沙子龙的"五虎断魂枪"进行相关事件的描写，达到通俗、易为人们所理解和引起读者共鸣的效果。

B. 沙子龙白天不大谈武艺与往事是因为他的武艺已经不能在当代起到任何作用，经营客栈，忙于生计，他是一位知进退、识时务的投机分子。

C. 沙子龙的徒弟们热爱中国传统，对过去时代有着无限留恋、眷念、欣赏，所以依然固守着江湖本性，保有对武学的迷恋和热情。

D. 断魂枪不仅是一种武艺，更是沙子龙英雄人生的折射，记录着沙子龙的全部辉煌，已经和他的生命融为一体。而面对巨大而急速的社会变迁，他对时代变化充满伤感和无奈，心中充满了英雄末世的落寞与悲哀。

二、第一段在文中起什么作用？

三、王三胜是沙子龙的大徒弟，但沙子龙对他学武的要求一直回避，对外也不承认他们的师徒关系。这是为什么？请概括王三胜的人物形象。

四、有人将沙子龙看成是时代悲剧的孤独英雄，而有人认为沙子龙在时代变革中心态保守。沙子龙始终不传"断魂枪"，请依据文本，简要分析沙子龙不传"断魂枪"的原因，并谈谈你对他不传"断魂枪"的看法。

我爱这土地

艾青

阅读提示

本诗作于 1938 年，当时日本连续攻占了华北、华东、华南的广大地区，所到之处疯狂肆虐，妄图摧毁中国人民的抵抗意志，中国人民奋起抵抗，进行了不屈不挠的斗争。诗人在国土沦丧、民族危亡的关头，满怀对祖国的挚爱和对侵略者的仇恨，写下了这首慷慨激昂的诗。

诗人把自己比作一只鸟，一只"用嘶哑的喉咙歌唱"土地、河流、风、黎明的鸟，一只死后让身躯肥沃土地的鸟。这是一只饱受磨难的鸟，它的歌声，是用整个生命发出的，它对土地执着的爱，生于斯、歌于斯、葬于斯，至死不渝！鸟的歌唱就是诗人对祖国刻骨铭心、至死不渝的爱的表白。诗先以鸟儿生死眷恋土地作比，表达了诗人对祖国的挚爱。最后两句一问一答，诗人由借鸟抒情转入直抒胸臆，以"我的眼里常含泪水"的情状，衬托出了他那颗真挚的心："因为我对这土地爱得深沉……"

艾青（1910—1996），原名蒋正涵，字养源，号海澄，曾用笔名莪加、克阿、林壁等。浙江金华人，现当代文学家、诗人、画家。

假如我是一只鸟，
我也应该用嘶哑的喉咙歌唱：
这被暴风雨所打击着的土地，
这永远汹涌着我们的悲愤的河流，
这无止息地吹刮着的激怒的风，
和那来自林间的无比温柔的黎明……
——然后我死了，
连羽毛也腐烂在土地里面。
为什么我的眼里常含泪水？
因为我对这土地爱得深沉……

思考与练习

一、结合写作背景，准确理解"鸟"歌唱的"土地""河流""风""黎明"所包含的意蕴。

二、如何理解诗中"鸟"的形象？

三、最后两句在全文中的作用是什么？

死水

闻一多

阅读提示

1922 年，诗人怀着报效祖国的志向去美国留学。在异国的土地上，诗人尝到了华人被凌辱、歧视的辛酸滋味。1925 年，诗人怀着一腔强烈爱国之情和殷切的期望提前回国。然而，回国后呈现在他面前的祖国却是一幅令人极度失望的景象——军阀混战、帝国主义横行，以致诗人的感情由失望、痛苦转至极度的愤怒。《死水》一诗就是在这种情况下创作的。

闻一多（1899—1946），原名亦多，族名家骅，字友三，湖北浠水人。现代诗人、学者。曾留学美国学习文学、美术。早年参加新月社，为该社主要成员，新月派代表诗人，著有诗集《红烛》《死水》等，在新诗的形式上主张格律化，讲求"节的匀称，句的均齐"（新格律诗）。先后在青岛大学、清华大学任教，抗战期间任昆明西南联合大学教授。他一身正气，积极投身爱国民主运动，1946 年夏在昆明被国民党特务暗杀。

闻一多是最早提倡和实践新格律诗的诗人，《死水》也是闻一多先生自认"第一次在音节上最满意的实验"，是先生实验他的"三美"新格律体的典型，为建立和形成新诗的格律作了严肃的卓有成效的探索。诗中的"一沟绝望的死水"是半封建半殖民地旧中国的象征。诗人抓住死水之"死"，节节逼近，把"绝望"的感情表现得淋漓尽致。诗的最后一节，表现了他对黑暗不存幻想，坚信丑恶产生不了美；但也并非心如死灰，发出"不如让给丑恶来开垦，看它造出个什么世界"的愤激之言。朱自清在《闻一多全集·序》中说："是索性让'丑恶'早些'恶贯满盈'，'绝望'里才有希望。"在绝望中饱含着希望，在冷峻里灌注一腔爱国主义的热情之火，是这首诗的主题思想。

这是一沟绝望的死水，
清风吹不起半点漪沦。
不如多扔些破铜烂铁，
爽性泼你的剩菜残羹。

也许铜的要绿成翡翠，
铁罐上锈出几瓣桃花；
再让油腻织一层罗绮，
霉菌给他蒸出些云霞。

让死水酵成一沟绿酒，
漂满了珍珠似的白沫；

小珠们笑声变成大珠，
又被偷酒的花蚊咬破。

那么一沟绝望的死水，
也就夸得上几分鲜明。
如果青蛙耐不住寂寞，
又算死水叫出了歌声。

这是一沟绝望的死水，
这里断不是美的所在，
不如让给丑恶来开垦，
看它造出个什么世界。

思考与练习

一、"这是一沟绝望的死水"中，"绝望"一词的含义和作用是什么？
二、如何理解"不如多扔些破铜烂铁，爽性泼你的剩菜残羹"？
三、"丑恶"指什么？如何理解"造出个什么世界"？
四、闻一多创作诗歌讲究"三美"，即"音乐美、绘画美、建筑美"，本诗就体现了他的"三美"主张，请举例分析其中一美。

第五章　外国文学

西风颂

雪莱

阅读提示

1818 年诗人雪莱受到英国当局的迫害，被迫离开祖国，漂泊异乡。当时，欧洲各国的工人运动和革命运动风起云涌。英国工人阶级为了争取自身的生存权利，正同资产阶级展开英勇的斗争，捣毁机器和罢工事件接连不断。身在异国的雪莱听此消息，愤怒地写下了《1815 年的英国》《虐政的假面游行》等诗，抗议当局的暴行，向劳动者发出战斗的号召。《西风颂》正是在这样的背景下，由自然现象激发起创作灵感，借自然景物来抒情言志，表现诗人对黑暗的反抗，对光明的热切期盼和向往，也表现了对未来的坚定信念和希望。

雪莱（1792—1822），英国浪漫主义民主诗人、作家，社会主义诗人、小说家、哲学家、散文随笔和政论作家、改革家，柏拉图主义者和理想主义者。

一

啊，狂野的西风，你这秋日生命的气息，
你没有形体，却把一切枯叶横扫，
犹如巫师吓得鬼魅纷纷溃离，
褐黄，墨黑，棕灰，与猩红，
一群群染满瘟疫：哦，是你
驾车把生翼的幼种，向黑暗的冬床遣送，
让他们躺在那儿，寒冷而低迷，
个个如同坟墓中的尸体，直到
你那碧蓝的春姑娘向着睡梦中的大地
吹响她的号角（吹拂着幼嫩的芽蕾，犹如牛群羊群在空中觅食），
让山峦与原野充满鲜活的色彩和芳菲；

狂野的精灵，你四处游荡；
是摧残者，也是捍卫者：听啊，听！

二

你乘着气流，穿过高空的一片混乱，
浮云被扯散，像大地的枯叶一般，
挣脱天空和海洋交错的树干，
成为雷雨和闪电的使者：洒落在
你波涛汹涌的碧蓝海面，
犹如盛怒的狂女飘散开来耀眼的蓬发，
从遥远而朦胧的地平线边缘，
一直飘到天穹顶端，
那步步逼近的暴风雨的锁链。
你唱着垂死前的挽歌，而这厚重的黑夜
将是那巨大陵墓的穹顶，
那里你的千钧之力正在聚集，
从你那浑然的气势中，将迸涌
黑色的雨，迸涌火焰，迸涌冰雹：啊，听！

三

你把那蓝色的地中海，
从夏日之梦中唤醒，他在这里
被澄澈的水流拍打入睡，
在巴亚海湾的浮石岛边，
梦见了古老的宫殿和尖塔，
在水光日影中摇颤，
遍地的青苔，遍地的花朵，
芳香迷人，这感觉却无法描绘！
为了让路给你，大西洋的汹涌波涛
轰然开裂，而那大洋深处，
海底的花卉和泥染的林木，
枝叶寥寥，已然干枯，
听闻你的声音，他们顿时惊恐失色，
颤抖中花枝零落：啊，听！

四

如果我是枯叶，你会将我举起；
如果我是流云，我就与你共舞；
如果我是浪花，在你的威力下喘息，
分享着你强健的脉搏，只是自由
稍逊于你，哦，不受羁绊的你！

如果我青春年少，便可遨游太空，

并与你为伴。那时，若超过

你飞速的步伐，也算不得奇迹，

我也不至如现在这般焦灼，

苦苦乞求。哦，请把我托起，

像海浪，像落叶，像浮云一样，将我托起！

我跌落于生活的荆棘，鲜血淋漓！

这被岁月的重负羁绊压制的灵魂，

竟与你这般相像：高傲、机敏、桀骜不驯。

五

让我做你的竖琴吧，如同那树林：

哪怕如它一样枝叶凋尽！

你定能奏起恢宏激昂之音，

凭借我和树林深沉的秋之意韵：

悲怆中包含着甜蜜。

愿我成为你，愿你强悍的精神

化为我的灵魂！愿我成为你，和你一样强劲！

把我僵死的思想扫出这宇宙，

如同凋零的枝叶催发新的生命，

让我这诗歌的诅咒，

如同火塘里飞出的火星，

尚未熄灭，把我的话传遍人间，

让预言的号角在我唇间奏鸣，

吹响那沉睡的大地！哦，西风，

如果冬天来了，春天还会远吗？

思考与练习

一、这首诗表达了诗人怎样的思想感情？

二、分析这首诗的艺术特色。

三、分析本诗中最后一句"如果冬天来了，春天还会远吗？"的寓意。

四、分组进行诗朗诵比赛，以脱稿后能流利背诵者为优胜组。

哈姆莱特（节选）

莎士比亚

《哈姆莱特》是莎士比亚悲剧创作中最著名的作品，被许多莎学专家视为莎士比亚全部创作乃至英国文艺复兴时期文学创作的顶峰，突出地反映了作者的人文主义思想。该剧讲述的是丹麦王子哈姆莱特在得知叔父克劳狄斯谋害国王篡夺王位的真相后立志为父复仇的故事。哈姆莱特和克劳狄斯的冲突是全剧的主要冲突，其实质是资产阶级人文主义者与封建恶势力以及原始积累时期资产阶级不择手段的野心家之间的斗争。

剧中关于"生存还是毁灭"的内心独白，深刻揭示哈姆莱特对现实思考和批判，传达出他此时的矛盾心态，亦是他延宕性格的一个典型例证。哲理性强，富有艺术感染力，向来为人们反复吟诵。

莎士比亚（1564—1616），英国文艺复兴时期剧作家、诗人。

第三幕

第一场　城堡中一室

国王、王后、波洛涅斯、奥菲利娅、罗森格兰兹及吉尔登斯吞上。

国王	你们不能用迂回婉转的方法，探出他为什么这样神魂颠倒，让紊乱而危险的疯狂困扰他的安静的生活吗？
罗森格兰兹	他承认他自己有些神经迷惘，可是绝口不肯说为了什么缘故。
吉尔登斯吞	他也不肯虚心接受我们的探问；当我们想要引导他吐露他自己的一些真相的时候，他总是用假作痴呆的神气故意回避。
王后	他对待你们还客气吗？
罗森格兰兹	很有礼貌。
吉尔登斯吞	可是不大自然。
罗森格兰兹	他很吝惜自己的话，可是我们问他话的时候，他回答起来却是毫无拘束。
王后	你们有没有劝诱他找些什么消遣？
罗森格兰兹	娘娘，我们来的时候，刚巧有一班戏子也要到这儿来，给我们赶上了；我们把这消息告诉了他，他听了好像很高兴。现在他们已经到了宫里，我想他已经吩咐他们今晚为他演出了。
波洛涅斯	一点不错；他还叫我来请两位陛下同去看看他们演得怎样哩。
国王	那好极了；我非常高兴听见他在这方面感兴趣。请你们两位还要更进一步鼓起他的兴味，把他的心思移转到这种娱乐上面。

罗森格兰兹　是，陛下。（罗森格兰兹、吉尔登斯吞同下。）

国王　亲爱的乔特鲁德，你也暂时离开我们；因为我们已经暗中差人去唤哈姆莱特到这儿来，让他和奥菲利娅见见面，就像他们偶然相遇一般。她的父亲跟我两人将要权充一下密探，躲在可以看见他们，却不能被他们看见的地方，注意他们会面的情形，从他的行为上判断他的疯病究竟是不是因为恋爱上的苦闷。

王后　我愿意服从您的意旨。奥菲利娅，但愿你的美貌果然是哈姆莱特疯狂的原因；更愿你的美德能够帮助他恢复原状，使你们两人都能安享尊荣。

奥菲利娅　娘娘，但愿如此。（王后下。）

波洛涅斯　奥菲利娅，你在这儿走走。陛下，我们就去躲起来吧。（向奥菲利娅）你拿这本书去读，他看见你这样用功，就不会疑心你为什么一个人在这儿了。人们往往用至诚的外表和虔敬的行动，掩饰一颗魔鬼般的内心，这样的例子是太多了。

国王　（旁白）啊，这句话是太真实了！它在我的良心上抽了多么重的一鞭！涂脂抹粉的娼妇的脸，还不及掩藏在虚伪的言辞后面的我的行为更丑恶。难堪的重负啊！

波洛涅斯　我听见他来了；我们退下去吧，陛下。（国王及波洛涅斯下。）
　　　　　　哈姆莱特上。

哈姆莱特　生存还是毁灭，这是一个值得考虑的问题；默然忍受命运的暴虐的毒箭，或是挺身反抗人世的无涯的苦难，通过斗争把它们扫清，这两种行为，哪一种更高贵？死了；睡着了；什么都完了；要是在这一种睡眠之中，我们心头的创痛，以及其他无数血肉之躯所不能避免的打击，都可以从此消失，那正是我们求之不得的结局。死了；睡着了；睡着了也许还会做梦；嗯，阻碍就在这儿：因为当我们摆脱了这一具朽腐的皮囊以后，在那死的睡眠里，究竟将要做些什么梦，那不能不使我们蹰躇顾虑。人们甘心久困于患难之中，也就是为了这个缘故；谁愿意忍受人世的鞭挞和讥嘲、压迫者的凌辱、傲慢者的冷眼、被轻蔑的爱情的惨痛、法律的迁延、官吏的横暴和费尽辛勤所换来的小人的鄙视，要是他只要用一柄小小的刀子，就可以清算他自己的一生，谁愿意负着这样的重担，在烦劳的生命的压迫下呻吟流汗，倘不是因为惧怕不可知的死后，惧怕那从来不曾有一个旅人回来过的神秘之国，是它迷惑了我们的意志，使我们宁愿忍受目前的折磨，不敢向我们所不知道的痛苦飞去？这样，重重的顾虑使我们全变成了懦夫，决心的赤热的光彩，被审慎的思维盖上了一层灰色，伟大的事业在这一种考虑之下，也会逆流而退，失去了行动的意义。且慢！美丽的奥菲利娅！——女神，在你的祈祷之中，不要忘记替我忏悔我的罪孽。

奥菲利娅　我的好殿下，您这许多天来贵体安好吗？

哈姆莱特　谢谢你，很好，很好，很好。

奥菲利娅　殿下，我有几件您送给我的纪念品，我早就想把它们还给您；请您现在收回去吧。

哈姆莱特	不，我不要；我从来没有给你什么东西。
奥菲利娅	殿下，我记得很清楚您把它们送给了我，那时候您还向我说了许多甜言蜜语，使这些东西格外显得贵重；现在它们的芳香已经消散，请您拿回去吧，因为在有骨气的人看来，送礼的人要是变了心，礼物虽贵，也会失去了价值。拿去吧，殿下。
哈姆莱特	哈哈！你贞洁吗？
奥菲利娅	殿下！
哈姆莱特	你美丽吗？
奥菲利娅	殿下是什么意思？
哈姆莱特	要是你既贞洁又美丽，那么你的贞洁应该断绝跟你的美丽来往。
奥菲利娅	殿下，难道美丽除了贞洁以外，还有什么更好的伴侣吗？
哈姆莱特	嗯，真的；因为美丽可以使贞洁变成淫荡，贞洁却未必能使美丽受它自己的感化；这句话从前像是怪诞之谈，可是现在时间已经把它证实了。我的确曾经爱过你。
奥菲利娅	真的，殿下，您曾经使我相信您爱我。
哈姆莱特	你当初就不应该相信我，因为美德不能熏陶我们罪恶的本性；我没有爱过你。
奥菲利娅	那么我真是受了骗了。
哈姆莱特	进尼姑庵去吧；为什么你要生一群罪人出来呢？我自己还不算是一个顶坏的人；可是我可以指出我的许多过失，一个人有了那些过失，他的母亲还是不要生下他来的好。我很骄傲，有仇必报，富于野心，我的罪恶是那么多，连我的思想也容纳不下，我的想象也不能给它们形象，甚至于我都没有充分的时间可以把它们实行出来。像我这样的家伙，匍匐于天地之间，有什么用处呢？我们都是些十足的坏人；一个也不要相信我们。进尼姑庵去吧。你的父亲呢？
奥菲利娅	在家里，殿下。
哈姆莱特	把他关起来，让他只好在家里发发傻劲。再会！
奥菲利娅	哎哟，天哪！救救他！
哈姆莱特	要是你一定要嫁人，我就把这一个诅咒送给你做嫁妆：尽管你像冰一样坚贞，像雪一样纯洁，你还是逃不过谗人的诽谤。进尼姑庵去吧，去；再会！或者要是你必须嫁人的话，就嫁给一个傻瓜吧；因为聪明人都明白你们会叫他们变成怎样的怪物。进尼姑庵去吧，去；越快越好。再会！
奥菲利娅	天上的神明啊，让他清醒过来吧！
哈姆莱特	我也知道你们会怎样涂脂抹粉；上帝给了你们一张脸，你们又替自己另外造了一张。你们烟视媚行，淫声浪气，替上帝造下的生物乱取名字，卖弄你们不懂事的风骚。算了吧，我再也不敢领教了；它已经使我发了狂。我说，我们以后再不要结什么婚了；已经结过婚的，除了一个人以外，都可以让他们活下去；没有结婚的不准再结婚，进尼姑庵去吧，去。（下。）
奥菲利娅	啊，一颗多么高贵的心是这样陨落了！朝臣的眼睛、学者的辩舌、军人的

利剑、国家所瞩望的一朵娇花；时流的明镜、人伦的雅范、举世注目的中心，这样无可挽回地殒落了！我是一切妇女中间最伤心而不幸的，我曾经从他音乐一般的盟誓中吮吸芬芳的甘蜜，现在却眼看着他的高贵无上的理智，像一串美妙的银铃失去了谐和的音调，无比的青春美貌，在疯狂中凋谢！啊！我好苦，谁料过去的繁华，变作今朝的泥土！

国王及波洛涅斯重上。

国王	恋爱！他的精神错乱不像是为了恋爱；他说的话虽然有些颠倒，也不像是疯狂。他有些什么心事盘踞在他的灵魂里，我怕它也许会产生危险的结果。为了防止万一，我已经当机立断，决定了一个办法：他必须立刻到英国去，向他们追索延宕未纳的贡物；也许他到海外各国游历一趟以后，时时变换的环境，可以替他排解这一桩使他神思恍惚的心事。你看怎么样？
波洛涅斯	那很好；可是我相信他的烦闷的根本原因，还是为了恋爱上的失意。啊，奥菲利娅！你不用告诉我们哈姆莱特殿下说些什么话；我们全都听见了。陛下，照您的意思办吧；可是您要是认为可以的话，不妨在戏剧终场以后，让他的母后独自一人跟他在一起，恳求他向她吐露他的心事；她必须很坦白地跟他谈谈，我就找一个所在听他们说些什么。要是她也探听不出他的秘密来，您就叫他到英国去，或者凭着您的高见，把他关禁在一个适当的地方。
国王	就这样吧；大人物的疯狂是不能听其自然的。（同下。）

🍎 思考与练习

一、如何理解哈姆莱特复仇行动的犹豫和延宕？

二、"生存还是毁灭"这段独白表现了哈姆莱特怎样的内心世界？

三、熟读课文，试将本文演绎为舞台剧，分班进行演出。

我的世界观

阿尔伯特·爱因斯坦

阅读提示

此文最初发表在 1930 年出版的《论坛和世纪》84 卷，193～194 页。当时用的标题是《我的信仰》。文章从人生观、政治理想、探求科学奥秘的精神三个方面阐述了自己的世界观，蕴含着丰富的人文精神。

作者在全文的第一段就表明了他的人生理想——人是为别人而生存的。在他看来，人的自由只是相对的，任何自由都要受到自身内在力量的制约。他渴望回归简单朴素的生活状态，并以自己的劳动来报偿从别人那里得来的劳动成果。以此为出发点，作者将真、善、美作为人生的理想，将探索客观世界作为生活的重要内容。而那种养尊处优的生活在他看来，则是"卑微而不足道的"。民主主义是爱因斯坦的政治理想。他从最基本的个体的人生出发，提出作为社会的一员，每个人都应该受到大家的尊重，而不应该存在强权和暴力，只有人格才是真正可贵的东西。因此，他极端厌恶泯灭人性、扼杀人格的战争，认为战争是少数人之间的罪恶勾当。最后，作者阐明了自己要始终坚守在探寻艺术和科学本质的阵地上，他把这种决心比作自己的宗教感情，矢志不渝。

阿尔伯特·爱因斯坦（1879—1955），德国犹太裔理论物理学家、思想家及哲学家。

我们这些总有一死的人的命运是多么奇特呀！我们每个人在这个世界上都只作一个短暂的逗留；目的何在，却无所知，尽管有时自以为对此若有所感。但是，不必深思，只要从日常生活就可以明白：人是为别人而生存的——首先是为那样一些人，他们的喜悦和健康关系着我们自己的全部幸福；然后是为许多我们所不认识的人，他们的命运通过同情的纽带同我们密切结合在一起。我每天上百次地提醒自己：我的精神生活和物质生活都依靠别人（包括活着的人和死去的人）的劳动，我必须尽力以同样的分量来报偿我所领受了的和至今还在领受的东西。我强烈地向往着简朴的生活，我认为阶级的区分是不合理的，它最后所凭借的是以暴力为根据。我也相信，简单淳朴的生活，无论在身体上还是在精神上，对每个人都是有益的。

我完全不相信人类会有那种在哲学意义上的自由。每一个人的行为，不仅受着外界的强迫，而且还要适应内心的必然。叔本华（Schopenhauer）说，"人能够做他想做的，但不能要他所想要的。"这句话从我青年时代起，就对我是一个非常真实的启示；在自己和别人生活面临困难的时候，它总是使我得到安慰，并且永远是宽容的源泉。这种体会可以宽大为怀地减轻那种容易使人气馁的责任感，也可以防止我们过于严肃地对待自己和别人；它还导致一种特别给幽默以应有地位的人生观。

　　要追究一个人自己或一切生物生存的意义或目的，从客观的观点看来，我总觉得是愚蠢可笑的。可是每个人都有一定的理想，这种理想决定着他的努力和判断的方向。就在这个意义上，我从来不把安逸和快乐看作是生活目的本身——这种伦理基础，我叫他猪栏的理想。照亮我的道路，并且不断地给我新的勇气去愉快地正视生活的理想，是善、美和真。要是没有志同道合者之间的亲切感情，要不是全神贯注于客观世界——那个在科学与艺术工作领域永远达不到的对象，那么在我看来，生活就会是空虚的。人们所努力追求的庸俗的目标——财产、虚荣、奢侈的生活——我总觉得都是可鄙的。

　　我对社会正义和社会责任的强烈感觉，同我显然的对别人和社会直接接触的冷漠，两者总是形成古怪的对照。我实在是一个"孤独的旅客"，我未曾全心全意地属于我的国家、我的家庭、我的朋友，甚至我最接近的亲人；在所有这些关系面前，我总是感觉到有一定距离并且需要保持孤独——而这种感受正与年俱增。人们会清楚地发觉，同别人的相互了解和协调一致是有限度的，但这不足惋惜。这样的人无疑有点失去他的天真无邪和无忧无虑的心境；但另一方面，他却能够在很大程度上不为别人的意见、习惯和判断所左右，并且能够不受诱惑要去把他的内心平衡建立在这样一些不可靠的基础之上。

　　我的政治理想是民主主义。让每一个人都作为个人而受到尊重，而不让任何人成为崇拜的偶像。我自己受到了人们过分的赞扬和尊敬，这不是由于我自己的过错，也不是由于我自己的功劳，而实在是一种命运的嘲弄。其原因大概在于人们有一种愿望，想理解我以自己的微薄绵力，通过不断的斗争所获得的少数几个观念，而这种愿望有很多人却未能实现。我完全明白，一个组织要实现它的目的，就必须有一个人去思考，去指挥，并且全面担负起责任来。但是被领导的人不应该受到强迫，他们必须有可能来选择自己的领袖。在我看来，强迫的专制制度很快就会腐化堕落。因为暴力所招引来的总是一些品德低劣的人，而且我相信，天才的暴君总是由无赖来继承，这是一条千古不易的规律。就是这个缘故，我总是强烈地反对今天我们在意大利和俄国所见到的那种制度。像欧洲今天所存在的情况，使得民主形式受到了怀疑，这不能归咎于民主原则本身，而是由于政府的不稳定和选举中与个人无关的特征。我相信美国在这方面已经找到了正确的道路。他们选出一个任期足够长的总统，他有充分的权力来真正履行他的职责。另一方面在德国的政治制度中，我所重视的是，它为救济患病或贫困的人作出了比较广泛的规定。在人类生活的壮丽行列中，我觉得真正可贵的，不是政治上的国家，而是有创造性的、有感情的个人，是人格；只有个人才能创造出高尚的和卓越的东西，而群众本身在思想上总是迟钝的，在感觉上也是迟钝的。

　　讲到这里，我想起了群众生活中最坏的一种表现，那就是使我厌恶的军事制度。一个人能够洋洋得意地随着军乐队在四列纵队里行进，单凭这一点就足以使我对他轻视。他所以长了一个大脑，只是出于误会；单单一根脊髓就可以满足他的全部需要了。文明国家的这种罪恶渊薮应当尽快加以消灭。由命令而产生的勇敢行为，毫无意义的暴行，以及在爱国主义名义下一切可恶的胡闹，所有这些都使我深恶痛绝！在我看来，战争是多么卑鄙、下流！我宁愿被千刀万剐，也不愿参与这种可憎的勾当。尽管如此，我对人类的评价还是十分高的，我相信，要是人民的健康感情没有被那些通过学校和报纸而起作用的商业利益和政治利益加以有计划的破坏，那么战争这个妖魔早就该绝迹了。

　　我们所能有的最美好的经验是神秘的经验。它是坚守在真正艺术和真正科学发源地上的基本感情。谁要是体验不到它，谁要是不再有好奇心也不再有惊讶的感觉，他就无异于行尸走肉，他的眼睛是迷糊不清的。就是这种神秘的经验——虽然掺杂着恐怖——产生了宗教。我们认识到某种为我们所不能洞察的东西存在，感觉到那种只能以其最原始的形式为我们所感受到的最深奥的理性和最灿烂的美——正是这种认识和这种情感构成了真正的宗教感情；在这个意义上，而且也只是在这个意义上，我才是一个具有深挚宗教感情的人。我无法想象一个会对自己的创造物加以赏罚的上帝，也无法想象它会有像在我们自己身上所体验到的那样一种意志。我不能也不愿去想象一个在肉体死亡以后还会继续活着；让那些脆弱的灵魂，由于恐惧或者由于可笑的唯我论，去拿这种思想当宝贝吧！我只求满足于生命永恒的奥秘，满足于觉察现存世界的神奇的结构，窥见它的一鳞半爪，并且以诚挚的努力去领悟在自然界中显示出来的那个理性的一部分，即使只是其极小的一部分，我也就心满意足了。

思考与练习

一、体会"人是为别人而生存的"人生观的深刻意义。

二、理解"人能够做他想做的，但不能要他所想要的"这句话中自律和宽容的内涵。

三、如何理解作者所说的"深挚宗教情感"？

第三部分

应用文写作

第六章 关于应用文写作

📖 **学习目标**

(1) 理解应用文的概念，了解应用文的种类和特点。

(2) 了解应用文的发展及其在日常生活中的作用。

(3) 掌握应用文写作的基础知识，了解其主旨、材料、结构、表达和语言的特点。

应用文概述

一、应用文的概念

人类自从有了文字就开始进行写作活动。人类最早的写作是为了解决各种实际需要。就写作目的而言分两大类：一类是文学写作，一类是应用写作。文学写作主要用于抒发作者主观情感，反映社会现实，是为人们欣赏而进行的艺术创作，如诗歌、小说、戏剧、散文等；应用写作是为了处理公务和个人私务而写的，用于解决实际问题。人们通常把实用型文章的写作称为应用写作，而实用型文章是同欣赏型文章相对而言的，是指为解决实际问题而撰写的各类文章，是在社会生活中有着特定用途的文章。

应用文的使用非常广泛，几乎涉及各个领域、各个部门。比如，科研单位的人员，需要用学术论文；政府机关指导工作，需要用公文；工商企业经营，需要用合同；打官司，需要用诉状；即使个人今天病了不能上班，也需要用到请假条……相对于其他文体来说，应用文的使用频率要高得多，许多人可以一辈子不写小说、剧本、诗歌、散文，但他在工作、生活、学习中却免不了要写应用文，小到写请假条，大到写计划、总结、论文等。正如叶圣陶先生所说的那样："大学毕业生不一定能写小说诗歌，但是一定要能写工作和学习中实用的文章，而且非写得既通顺又扎实不可。"可以这么说，应用文使用的广泛，已经到了无所不在的程度。今天在中国特色的社会主义市场经济条件下，应用文写作是任何企事业单位和个人日常工作、生活中不可缺少的一个重要技能。

在给应用文下定义之前，有必要先说明"应用"一词。"应用"一词在现代汉语中常与理论相对，所谓应用，是"适应需要，以供使用"的意思。

《宋书·袁豹传》云："器以应用，商以通财。"这是较早的关于"应用"一词的说法。

意思是说，器物是适应需要、供人使用的东西，商业是用来致富的途径。

"应用文"一词最早出于北宋苏轼笔下。"向在科场时，不得已作应用文。不幸为人传写，深可羞愧。"（《答刘巨济书》）但宋代还没有应用文的文体概念，直到清代，刘熙载才把应用文作为专门的文体进行了说明。

《艺概·文概》云："辞命体，推之可为一切应用之文。应用文有上行，有平行，有下行，重其辞乃所以重其实也。"这里所说的应用文相当于今天的公文。民国初年，徐望之则进一步对应用文的类型作了举例式的说明，《尺牍通论》云："有用于周应人事者，若书札、公牍、杂记、序跋、箴铭、颂赞、哀祭等类，我名之曰：'应用之文'。"

综上所述，我们认为，应用文是国家机关、企事业单位、社会团体或个人在处理各项公务和日常事务中，为解决实际问题时所使用的具有惯用格式的实用性文章的总称。

二、应用文的历史发展

我国应用文写作已有 3 500 余年的历史，可谓历史悠久，源远流长。应用文的历史可以划分为七个阶段：孕育期（原始社会）、萌芽期（奴隶社会）、成熟期（战国—秦）、发展期（汉—三国—两晋—南北朝）、高峰期（唐—宋）、稳定期（元—明—清）、革新期（五四运动至今）。

在我国原始社会时期，应用文还处于孕育状态。由于文字还没有出现，"上古结绳而治，后世圣人易之以书契"（《周易·系辞下》）。"书契"即后世的文字，在没有文字的情况下，古人靠结绳的方法来记事。为了传递信息、统一号令，应用文以口头形式孕育在社会实践活动中。

到了奴隶社会，应用文开始萌芽。早期的质剂等买卖契约，是应用文的雏形。质剂是古代贸易契约"质"和"剂"的合称。长券叫"质"，是买卖奴隶、牛马所使用的券契；短券叫"剂"，是买卖武器、珍玩所使用的券契。甲骨文出现以后，在西周的青铜器上出现了公牍文件，还出现了记载物资交换的契约。以诰为例，所谓"诰"就是以上告下的意思。诰作为王命文书开始于西周，如《尚书·周书》载有《大诰》《汤诰》《康王之诰》等篇，是周王用以告诫臣工的文书。

战国至秦，应用文已经开始完善，并走向成熟。秦统一六国后，秦始皇下令李斯等人进行汉字的整理、统一工作。秦建立之前，列国的文字很不统一，写法各不相同。秦采用了比较方便的写法，规定了统一的文字，叫作"书同文"。秦对各种应用文的使用都有严格的规定，例如，"制""诰"专供皇帝使用，"奏"供大臣使用，各种应用文在格式上也均有规定。这些成为我国封建时代应用文走向成熟的标志。

从汉朝到南北朝，应用文得到了很大的发展。曹丕的《典论·论文》高度评价了文章的社会作用，提出了四科八体说的文体论。陆机的《文赋》则把四科八体扩为十类，涉及更多的应用文体，并对文体的特点和写作规律做了更深入的探索。挚虞的《文章流别论》是关于各种文体的性质、源流的专论，谈到的文字有颂、赋、诗、七、箴、铭、诔、哀辞、哀策、对问、碑铭 11 种。刘勰的《文心雕龙》评论了 34 种文体，其中 3/4 是应用文体，对每一种文体的名称、功用、源流、构成要素、写作要求及注意事项都做了全面的论述，奠定了我国古代应用文写作理论的基础。汉代如贾谊的《论积贮疏》、晁错的《论贵粟疏》、司马迁的《报任安书》，三国两晋南北朝时期如诸葛亮的《出师表》、嵇康的《与山巨源绝交书》、李密的《陈情表》，都是大家耳熟能详的应用文名篇。

唐宋时期，应用文的发展和使用进入高峰期。新的应用文体大量涌现，应用文格式有了严格的规定，各种体裁的名篇云集。唐代如魏徵、"初唐四杰"（王勃、杨炯、卢照邻、骆宾王）、陈子昂、张说、苏廷、韩愈、柳宗元、陆贽、李德裕、李商隐等都是擅长诗、词、歌、赋等应用文的高手。宋代如欧阳修、王安石、曾巩等人也都是擅写诗词歌赋的名家。如骆宾王在《代李敬业传檄天下书》一文中，把武则天骂得体无完肤，可是武则天读了，只觉文章写得好，感叹"宰相安得失此人"。这一时期的文章可以说是声情并茂，文质并重，既讲究实用，又讲究文采。

元、明、清是我国古代应用文稳定发展的时期。元代应用文兼有汉蒙两族文化色彩；明代强调规范和务实，并改革文风，不用骈文写作公文；清承明制，应用文发展缓慢，但在体裁上有了一些变化，如清代奏章称为"折子"，林则徐给道光皇帝上的《会奏销化烟土一律完竣折》是具有历史意义的公文。私人文书如明代宗臣的《报刘一丈书》、夏完淳的《狱中上母书》，清代汪中的《哀盐船文》，都是传世名作。辛亥革命以后，为适应政治、经济的发展，民国政府废除了封建社会所使用的制、诏、诰、敕、表、奏等传统文体，规定公文写作语言废文言用白话、加新式标点符号；还先后颁布了若干公文程式条例，规定了许多文种及其格式、套语。

五四运动至今，应用文进入革新期。随着新文化运动的发展，应用文在沿用的同时也出现了重大的变革：在语言载体的运用方面，白话文取代了文言文，变得通俗易懂；在应用文写作的内容方面，减少了封建等级色彩，增强了民主性；在文体方面，关于传统礼仪的文体日益减少，转而出现了大量反映整个国家文化、经济、生活的新文体。中华人民共和国成立以后，党和政府非常重视应用文写作（特别是公文写作）的规范工作，陆续颁布实施了《国家行政机关公文处理办法》等若干具有指导性和纲领性的文件，对应用文写作特别是公文写作起到规范和促进作用。

应用文的种类、作用和特点

一、应用文的种类

应用文的分类，不像文学分类那样成熟和严密。应用文被纳入语文教学并受到关注始于20世纪80年代，现在虽有了蓬勃发展，但仍属于成长期，尚未定型。应用文中除了公文有明确的国家规范以外，其他大多数是约定俗成的，对此很多业内人士见仁见智，目前尚缺乏统一的标准。

按照应用文的使用功用划分，其种类有：

（一）通用类应用文

通用类应用文是指人们在办公或办事中普遍使用的文书。

（1）行政公文类：指《党政机关公文处理工作条例》中所规定的文种。党政机关公文是党政机关实施领导、履行职能、处理公务的具有特定效力和规范体式的文书，是传达贯彻党和国家的方针政策，公布法规和规章，指导、布置和商洽工作，请示和答复问题，报告、通报和交流情况等的重要工具。包括决议、决定、命令（令）、公报、公告、通告、意见、通知、通报、报告、请示、批复、议案、函和纪要十五种。

（2）通用事务类：包括调查报告、述职报告、工作总结、计划、简报、规章制度和会议材料等。

（3）个人事务类：如日记、读书笔记、个人简历、求职信等。

（二）专用类应用文

专用类应用文是指专业性较强的文书。

（1）科技类：如毕业论文、学术论文、专利申请书、实验报告等。

（2）财经类：如市场预测报告、市场调查报告、经济活动分析报告、经济合同等。

（3）司法类：如诉状、辩护词、公证书、裁决书等。

（4）传播类：如消息、通讯、特写、广告等。

二、应用文的作用

应用文的作用在于"应用"。我国的应用文源远流长，历史悠久。它的用途非常广泛，使用频率很高，在不同的历史时期起着不同的作用。随着社会的发展、时代的前进、科学技术的进步，应用文发挥的作用越来越大。在改革开放的新时代，它的作用主要体现在以下四个方面。

（一）指导、规范作用

应用文的指导、规范作用主要体现在：党和政府制定的方针政策，通过下发各类文件，对各级部门进行明确的指导；机关、团体、企事业单位，要经常制发文件，对下级的工作进行指导、规范和约束；有些反映工作情况、通报典型事件、总结经验教训的公务类文书，能给下属单位及有关人员起到教育、借鉴作用，同时也体现了一定的指导作用。

（二）宣传、教育作用

应用文的宣传、教育作用主要体现在公文类和宣传类应用文中。如党和政府制定的各种文件、法规和制度等，其重要的作用之一就是宣传党和政府的方针政策。各级各类机关单位通过新闻媒体宣传党和政府的方针政策，推广先进经验，进行好人好事表扬，批评不良现象和揭露丑恶行为，其主要作用是向广大群众进行宣传教育，加强舆论监督的力度，规范人们的行为，从而更好地推动各项事业健康、有序地发展。

（三）交际、联系作用

应用文的交际、联系作用最广泛，可以说大部分应用文文体具有这种作用。应用文以其方便快捷的方式，在人们之间传递信息，沟通思想。机关、团体和企事业单位，要经常利用应用文与上下级联系，沟通情况，处理问题；人与人之间也要经常利用应用文进行沟通与交流。公文是加强上下级联系的纽带，也是与平级单位或不相隶属的单位沟通联系的有效工具；各种专用书信、启事、海报等，在人们的日常生活、经济活动中起到公关交际、沟通联系的作用。

（四）依据、凭证作用

应用文在实际的工作中，是指导工作的重要依据，在工作完毕之后，文件存档又具有重要的资料凭证作用。上级下达的文件、党和政府颁布的法规、有关方面的规章制度等，都可以作为开展工作和检查工作的依据。而一些条据、合同等，是经济业务中的凭证，当事人一旦与对方产生经济纠纷，这些凭证便可通过正当的法律途径去追究对方的责任，以维护自身的权益。另外，有些应用文也是历史档案材料，如要了解某一时期的政治、经济情况，只要查阅当时存档的应用文便可得知。

三、应用文的特点

每一大类甚至每一种文体的应用文都有各自的特点，但就总体而言，应用文具有以下基本特点。

（一）实用性

应用文，顾名思义，"应用"是为使用目的而写作，具有实用工具的作用。实用性是应用文最根本的特点，应用文的其他特点都是在实用性基础上产生的。无论是党政机关、企事业单位、社会团体撰写的公务文书，还是人们在日常生活、学习、工作中撰写的事务类文书，都是为了处理和解决实际问题。前面对应用文几大作用的阐述，其实也是应用文实用价值的具体反映。人们通常把应用文称为实用文，也是针对其实用性而言的。

（二）规范性

规范性，也就是应用文格式的约定俗成性。也就是说，应用文的写作和处理有章可循，大多数有统一的格式规定。格式的规范，即每一种文种在写法上有大体的结构模式，不能随意变更。应用文的格式，一部分是国家统一规定的（如公文），必须严格遵守；还有一部分是在长期的使用过程中逐渐约定俗成的，原则上也应遵守。规范性从另一个方面讲，也就是使用文种的规范性。使用文种的规范性，即办什么事该用什么文种，有大体的规定，如召开会议可用"通知"而不能用"通报"，请求上级机关拨款可用"请示"而不能用"报告"，等等。

（三）真实性

真实性是应用文实用性功能的基本保障。脱离了真实性，应用文就不叫应用文，就叫虚构创作。应用文的真实性是指内容完全真实和确凿，绝不容许凭空想象与虚构。因其功能是为了解决实际问题的，哪怕存在一丁点的虚设成分都会带来不良后果甚至严重危害。假若法律文书中有虚假的材料，就会直接影响到办案的公正性和严肃性；新闻报道中有虚假的内容，则会降低新闻舆论的可信度；经济合同中有一个数据不真实确凿，就会产生欺诈的嫌疑，引起经济纠纷。撰写应用文，应对全文的内容进行严肃认真的核对，应对文辞负责，大到文中引用的党和国家的方针政策、法规条文，各种材料，牵涉的人和事以及与此相关的时间、地点，小到某一个细节、数字，都要绝对准确无误，完全符合事实。

（四）明确性

对象的明确性是指许多应用文应有明确、特定的读者对象。因为应用文的功能就是解决具体的问题的。如果公文中的通知、通报、报告、请示、批复、函都没有明确的收文单位，事务应用文中的申请书、建议书、介绍信、证明信、感谢信都没有明确的读者对象，那么这些文书的提交者就无法把自己的想法和意图传递给对方。读者对象的明确性还应该包括准确性的含义。读者对象不能弄错，一旦弄错会让人摸不着头脑，甚至造成严重后果。

（五）平实性

应用文的语言要讲究简明、朴实、一目了然。这也是由应用文实用性特点所决定的。大多数应用文在笔法上应直陈其事；在表达上多用叙述、说明、议论，一般较少用描写；在修辞手法上除少数文种外应少用或不用比喻、拟人、夸张等；在用词上一般很少用华丽的修饰语，而应力求平实易懂。因为写应用文的目的是处理或解决实际问题，行文越简明朴实，对方越容易理解，就越能提高办事效率。应用文的语言在准确、得体的基础上必须做到简明。"简"就是简练，要求用语精练、概括，避免堆砌、累赘，尽量使用短句，将可有可无的字、词、句一律删去；"明"即明白、明确，要求用准确、精当的语言清楚地表达意思，直白而不含蓄，不能有歧义，言简意赅，使看的人一目了然。朴实是应用文区别于其他文体语言的基本风格。

应用文写作基础

一、应用文的主旨

人们在写作应用文时往往过多关注应用文的格式，常常忽视了应用文的主旨。写作的目的也就是办事的目的，主旨的好坏直接关系到办事成功与否，因此应用文的主旨应当引起重视。

（一）应用文主旨的概念

主旨，又称主题、题旨、立意等。具体地说，主旨就是通过文章的具体材料所表达的中心思想、基本观点或要说明的主要问题，是作者对客观事物的评价和态度。那么应用文的主旨又是什么呢？写作应用文是为了解决实际问题，所以应用文的主旨其实就是办事的意图。简单地说，应用文的主旨就是写作应用文的目的。

（二）应用文主旨的作用

应用文主旨的作用，主要表现在两个方面。

1. 主旨是应用文的灵魂和生命

应用文因主旨而生，因此主旨是应用文的灵魂和生命。在现实工作中，由于所办之事不同，办事的意图不同，所以主旨也不同。应用文的主旨一经确立，就成为文章的中心，全篇文章会因它而有灵魂和生命。

2. 主旨对应用文行文产生制约作用

写作应用文时，拟定标题、谋篇布局、材料取舍，乃至遣词造句等，都受到主旨的制约，并服务于表现主旨的需要。

（三）对应用文主旨的要求

1. 正确

应用文的主旨正确，首先是指必须符合国家的法律、法规，符合党和国家的路线、方针、政策。应用文的主旨正确，还体现在必须符合客观实际情况，能反映客观事物的本质规律，经得起实践和时间的检验。例如，有县政府以公文的形式要求下级单位完成烟酒销售任务，就不符合第一条要求；20 世纪 60 年代关于"亩产万斤粮"的报道，则不符合第二条要求。

2. 鲜明

应用文的主旨不能像文学作品的主题那样含蓄隐晦，而要旗帜鲜明，无论赞成或反对、提倡或禁止、肯定或否定，都要使人一目了然。

3. 集中

清朝王源说："宾可多主无二，文之道也。"就是讲文章主旨要集中。家里的客人再多，主人只能有一个；文章的内容再多，主旨也只能有一个。应用文的写作也是如此，应用文是为办事而写，更强调主旨的集中。应用文中许多文种，在写作时都要求一事一文，就是以内容的单一来制约主旨的集中。有些内容比较复杂的文章，如会议报告、工作总结、会议纪要、调查报告等，在构思时，就要通观全局，在更高层次上确立主旨，做到主旨集中。如果主旨分散，就会影响办事的效果。

（四）表现应用文主旨的方法

1. 标题点旨

标题点旨即在标题中直接点明主旨。如《××学校关于净化校园环境的通知》，便在标题中概括点明了主旨，人们从标题中就可以看出文章的主要内容。

2. 开门见山

在正文开头用主旨句托出写作主旨，是一种开门见山的表明主旨的方法。通知、通报、通告、报告、意见以及规章等常用此方法。如一份通知的开头：

棉花是关系国计民生的战略物资，是产棉区农民收入的基本来源，是纺织工业的主要原料。做好棉花购销工作，对于稳定农业大局，保证棉纺织行业正常生产，安排好人民生活，增加出口创汇具有重要意义。

这份通知开门见山，开篇就让读者了解到文章的主旨和重点。

3. 小标题显旨

小标题显旨，是将文章主旨分解成几部分，每个部分用一个小标题来显示。各个小标题围绕同一主旨，从不同的角度来阐述。这种表现手法在总结、计划、会议纪要等应用文中得到广泛运用。例如，《教育部办公厅关于加强寒假期间校外培训机构管理工作的通知》中就列了以下小标题：

一、加强巡查监管力度

二、严防卷钱跑路问题

三、强化政策宣传引导

四、畅通投诉举报渠道

4. 篇末点旨

篇末点旨即在应用文正文的结尾处点明主旨。如李政道《基础、应用科学与生产三者关系》一文，在结尾处指出：

我再重复一下，没有基础学科就没有应用学科，没有应用学科就没有生产学科，三者是紧密结合在一起的。

这种做法有助于强化文章的中心思想，前后照应。

二、应用文的材料

（一）应用文材料的含义

应用文的材料是指作者为了说明主旨，搜集到的理论和事实：一是事实材料，包括具体事例、数据统计、现实情况、人物和事件等；二是理论材料，包括名人名言、公式定理、党的方针政策、法律法规、上级指示精神等。一篇应用文的质量如何，常常取决于所掌握和使用的材料。如果说主旨是应用文的灵魂，那么材料就是应用文的血肉。

（二）应用文材料的来源

1. 认真观察

我们身边存在大量的材料，能否抓住，关键在于能否认真地进行观察。将观察到的材料日积月累，就会有许多。观察要确立观察点，要能抓住事物的特征来进行观察，不能眉毛胡子一把抓。观察后要善于思考，要能发现问题，提出问题，并对事物进行科学判断。

2. 实地调查

没有调查就没有发言权，实地调查是获得第一手材料的重要方法。社会发展日新月异，新事物、新现象、新问题、新经验层出不穷，写应用文之前要有计划、有目的地深入基层，获取第一手资料，不能闭门造车，编造材料。常用的调查方法有走访、实地考察、进行问卷调查、参加有关会议、阅读有关文件等。

3. 网络检索

网络检索是当今时代获取应用文材料的便捷途径。通过网络，我们可以在很短时间内轻松获取海量材料，并可以通过对材料的比较适当取舍，优中选优。

（三）应用文材料的取舍

有了材料，并非要把所有的材料都用进去。只有那些能服务于主旨的材料才是最终需要的，其他的材料都应该舍弃。材料的取舍应遵循以下原则。

1. 确凿

确凿就是真实、准确。写入应用文中的材料应该是客观存在的事实，不能是道听途说、偏听偏信、凭空想象的。这一点，应用文与文学作品有较大的区别。文学作品以生活为基础，但允许虚构和杜撰，"如有雷同，纯属巧合"就是为了避免有些人对号入座。如果应用文材料不真实、不准确，不仅难以提炼出正确、有说服力的主旨，往往还会弄巧成拙。

2. 典型

典型就是要有代表性。典型材料是指同类材料中最有代表性的材料，因为它最具代表性，当然也就最具说服力。应用文在有限的篇幅中给人以更多的东西，所用材料必须是典型事例。应用文质量的高低、社会作用的大小，取决于典型材料的多寡。

3. 新颖

新颖就是新鲜别致。新颖的材料能给读者新鲜感，有吸引力，让人愿意读，愿意看，从而达到写作目的。因此，在应用文写作中，我们要选择新近发生的、能反映时代精神和特色的材料。

三、应用文的结构

应用文的结构，是根据表达观点的需要，对材料进行处理安排。其作用就是将各个部分统一起来，把内容和形式统一起来，使文章成为一个有机的整体，实现其实用的目的。

（一）应用文体常见的层次安排

（1）总分式。文章开头先对全文的内容作简要概述，然后依次对其展开叙述。总分式结构可分为先总后分式和先分后总式。总分式通常适用于篇幅较长的应用文，如调查报告、经济活动分析报告、科技论文等。

（2）并列式。并列式亦称横式结构。文章中几个层次之间的关系是平行的。这样的结构方式通常按空间或场面的转换安排层次，如综合简报、通讯报道中的事件通讯，常把不同地区、不同部门的动态情况，按同一主题，采用并列结构方式进行综合报道；按材料的性质归类安排层次，在计划、规划、合同等文体的写作中，多采用此种类型。按中心论点的若干侧面，提炼各个分论点，从不同的角度共同论证论点，许多说理性文体常采用此种方式。

（3）递进式。递进式也叫纵式结构。文章以时间为推移或从因到果等逻辑关系逐层深入展开，情况通报、事件通讯、经济诉讼状等文体常采用此种方式。

（二）应用文常用的开头方式

（1）原因目的式。交代写作动机、缘由和目的，常用"为了""为此""因为""由于""鉴于"等介词作为文章开端之语，公文中常用这种开头。

（2）根据式。交代写作根据，增加文章的权威性，常用"根据……""按照……""遵照……""经……决定""经……通过"等介词短语作为文章开端之语。在公文、规章制度、计划、调查报告中多用这种开头方式。

（3）引述式。引述对方的来文或来函，作为拟写文章的依据。公文中的复函、批复多用此方法开头。

（4）提问式。用提问方式将论述或叙述的问题提出，让读者首先对全文要说明的问题心中有数，并引起对问题的注意和思考。科技论文、调查报告、某些新闻类文章常用此开头。

（5）结论式。开头先提出结论性意见，下文再具体解释、说明、阐述。

（6）概括式。将全文主要内容在开头部分简要介绍出来，便于读者了解文章的基本内容。新闻、总结、调查报告、经济活动分析常用此开头。

（三）应用文常见的结尾方式

（1）总结式。运用简洁明了的语言，概括全文内容，或得出结论，进一步加深读者印象。

（2）要求式。向受文者发出指示，提出要求和希望。

（3）祈请式。请求有关部门的批准、支持或协助。

（4）号召式。发出希望和号召，指明方向，激励读者。

四、应用文的语言

应用文的语言，明显不同于文学作品的语言。应用文的语言强调准确、简明、朴实和庄重。

1. 准确

准确是指应用文应努力使语言的表达更加符合客观实际，准确无疑，确凿无误。事实、数字甚至细节都必须确实可靠；遣词造句，要求语意明确；所叙述的概念，只能做单一的解释，不能让人产生歧义，也不能让人做出多种解释。正确地记载与传递信息是撰写应用文的基本要求。遵循这一要求，应用文的语言表述必须符合客观实际，符合逻辑，既要概念准确、恰当，又要符合语法修辞的规范。例如，在表述事物状态时，宜用含义单一、意义确定的数量词、名词、动词或代词，尽量不用或少用副词与形容词。如：相较于说明一项工作任务已"基本完成"，"已完成80％"更为确定；表述事件发生的时间，应确切写出"×时×分"，而不要写"太阳已经落山"或"时近黄昏"，因为后者会使读者对时间产生模糊认识。

2. 简明

简明就是说应用文的语言要简洁明了，浮词净尽，不枝不蔓，要求使用规范化书面语言的同时，应用文的语言应讲求实用，不仅让人准确理解、掌握，还要惜墨如金，讲究简洁明快，所谓"文约事丰""字字千钧"。报告文字，以一千字为限，除特殊情况外，至多不超过两千字。

3. 朴实和庄重

应用文既是处理事务的工具，又是沟通信息的基本方式，因此，强调用语朴实和庄重。朴实，即文风朴实无华，语言实在，强调直接叙述，不追求华丽辞藻，也不搞形象描写，更不用含蓄、虚构的写作技巧。庄重，指应用文语言应适应不同文体的需要，说话讲究分寸、适度。这就要求应用文使用通俗易懂而又规范化的语言，不拿腔作调，不滥用形容词和堆砌辞藻，力求朴实自然，质朴无华。否则，就会冲淡主旨，不伦不类。

五、应用文的表达方式

文章的表达方式有记叙、说明、议论、描写、抒情五种，应用文通常使用的是记叙、说明和议论，抒情和描写除了在一些通讯报道、广告语中使用外，其他应用文基本不用或很少使用。

（1）记叙。所谓记叙，是有次序地叙说、介绍人物的经历、言行或事物发展变化过程的表达方式。完整的记叙包括时间、地点、人物、事件、起因、结果六要素。

记叙是应用文的基本表达方式。报告、表彰、处分通报、市场调查报告等往往采用记叙的方式。交代背景，介绍文章涉及的人、单位或事件的基本概况，事物发展变化过程以及相互关系，都离不开记叙，为议论提供事实依据，也要用到记叙。

应用文的记叙要求真实、准确，不带主观感情色彩。

（2）说明。所谓说明，就是用简明扼要的文字，对客观事物或事理的状态、性质、特点、功能、成因、关系、功用等属性，加以客观解释和介绍的表达方式。总结、简报、调查报告、工作报告中对某些基本情况的介绍，表彰、处分决定或通报中对有关人员或单位的介绍等，常用这种表达方式。条例、规定、制度、公约等法规、规章和管理规章文书，介绍信、证明信等专用书信，以及启事、经济合同、广告等，也常用说明的表达方式。

（3）议论。所谓议论，是作者对某件事情或某个问题进行分析、推理、评论，表明自己的立场、观点、意见的一种表达方式。应用文写作中的议论，与一般议论文中的议论有明显的区别。一是在一般议论文中，议论是最主要的表现方法，贯穿全文始终，论点、论据和论证三要素齐备。而在应用文中，最主要的表达方式是记叙和说明，议论居于从属地位，一般只在记叙、说明的基础上进行。二是应用文的议论一般不能长篇大论，只是在需要分析论证的地方，夹叙夹议，三言两语，点到为止，不做深入的论证。例如，魏巍的通讯《谁是最可爱的人》中的议论部分：

谁是我们最可爱的人呢？我们的部队、我们的战士，我感到他们是最可爱的人。

也许还有人心里隐隐约约地说：你说的就是那些"兵"吗？他们看来是很平凡、很简单的哩。既看不出他们有什么高深的知识，又看不出他们有什么丰富的感情。可是，我要说，这是由于他跟我们的战士接触太少，还没有了解我们的战士：他们的品质是那样的纯洁和高尚，他们的意志是那样的坚韧和刚强，他们的气质是那样的淳朴和谦逊，他们的胸怀是那样的美丽和宽广！

📖 思考与练习

一、填空题

（1）应用文对语言的基本要求是_____、_____、_____和_____。

（2）应用文通常使用的表达方式有_____、_____、_____。

二、简答题

（1）你如何理解"应用文"这一概念？

（2）你在学习和生活中见过哪些应用文？试列出 5 个标题。

三、辨识题

阅读以下的文章片段，运用本节内容的有关知识，指出哪个属于应用文，哪个属于非应用文，并思考它们之间的异同。

（1）两弯似蹙非蹙罥烟眉，一双似喜非喜含情目。态生两靥之愁，娇袭一身之病。泪光点点，娇喘微微。闲静时如姣花照水，行动处似弱柳扶风。心较比干多一窍，病如西子胜三分。

（2）刘××，女，1991 年 5 月出生于××省××市××区。身高 1.65 米，体型匀称，瓜子脸，五官端正，性格开朗，口齿清晰，爱说爱笑。之前在江苏昆山工作，于 2019 年 11 月底与家人失去联系，至今杳无音讯。

四、写作训练题

就如何学好应用文写作给任课教师写一封信，把你的愿望、要求、建议提出来。要求主题鲜明，建议明确，字数在 500 字以上。

第七章　常用党政机关公文写作

（1）掌握党政机关公文的概念和格式。

（2）掌握党政机关公文的分类、行文规则，各文种的适用范围。

（3）熟悉通知、通报、报告、请示和函等文种的结构和写作要求。

（4）模拟写作，培养撰写党政机关公文的能力。

党政机关公文概述

一、党政机关公文的概念

公文，是人类在治理社会、管理国家的公务实践中使用的具有法定权威和规范格式的应用文。作为表达国家意志、执行法律法规、规范行政执法、传递重要信息的最主要载体，从某种程度上来说，公文是国家法律法规的延续和补充。

2012年4月16日发布的《党政机关公文处理工作条例》第三条，为党政机关公文下了定义：党政机关公文是党政机关实施领导、履行职能、处理公务的具有特定效力和规范体式的文书，是传达贯彻党和国家的方针政策，公布法规和规章，指导、布置和商洽工作，请示和答复问题，报告、通报和交流情况等的重要工具。

二、公文种类

公文种类主要有：

（1）决议。适用于会议讨论通过的重大决策事项。

（2）决定。适用于对重要事项作出决策和部署、奖惩有关单位和人员、变更或者撤销下级机关不适当的决定事项。

（3）命令（令）。适用于公布行政法规和规章、宣布施行重大强制性措施、批准授予和晋升衔级、嘉奖有关单位和人员。

（4）公报。适用于公布重要决定或者重大事项。

（5）公告。适用于向国内外宣布重要事项或者法定事项。

（6）通告。适用于在一定范围内公布应当遵守或者周知的事项。

（7）意见。适用于对重要问题提出见解和处理办法。

（8）通知。适用于发布、传达要求下级机关执行和有关单位周知或者执行的事项，批转、转发公文。

（9）通报。适用于表彰先进、批评错误、传达重要精神和告知重要情况。

（10）报告。适用于向上级机关汇报工作、反映情况，回复上级机关的询问。

（11）请示。适用于向上级机关请求指示、批准。

（12）批复。适用于答复下级机关请示事项。

（13）议案。适用于各级人民政府按照法律程序向同级人民代表大会或者人民代表大会常务委员会提请审议事项。

（14）函。适用于不相隶属机关之间商洽工作、询问和答复问题、请求批准和答复审批事项。

（15）纪要。适用于记载会议主要情况和议定事项。

三、公文格式

公文一般由份号、密级和保密期限、紧急程度、发文机关标志、发文字号、签发人、标题、主送机关、正文、附件说明、发文机关署名、成文日期、印章、附注、附件、抄送机关、印发机关和印发日期、页码等组成。

（1）份号。公文印制份数的顺序号。涉密公文应当标注份号。

（2）密级和保密期限。公文的秘密等级和保密的期限。涉密公文应当根据涉密程度分别标注"绝密""机密""秘密"和保密期限。

（3）紧急程度。公文送达和办理的时限要求。根据紧急程度，紧急公文应当分别标注"特急""加急"，电报应当分别标注"特提""特急""加急""平急"。

（4）发文机关标志。由发文机关全称或者规范化简称加"文件"二字组成，也可以使用发文机关全称或者规范化简称。联合行文时，发文机关标志可以并用联合发文机关名称，也可以单独用主办机关名称。

（5）发文字号。由发文机关代字、年份、发文顺序号组成。联合行文时，使用主办机关的发文字号。如教育部 2020 年 1 月 2 日发布的《教育部关于做好 2020 年普通高校招生工作的通知》，其发文字号为"教学〔2019〕4 号"。

（6）签发人。上行文应当标注签发人姓名。

（7）标题。由发文机关名称、事由和文种组成。

（8）主送机关。公文的主要受理机关，应当使用机关全称、规范化简称或者同类型机关统称。

（9）正文。公文的主体，用来表述公文的内容。

（10）附件说明。公文附件的顺序号和名称。

（11）发文机关署名。署发文机关全称或者规范化简称。

（12）成文日期。署会议通过或者发文机关负责人签发的日期。联合行文时，署最后签发机关负责人签发的日期。要用阿拉伯数字将年、月、日标全，年份应标全称，月、日不编虚位（即 1 不编为 01）。

（13）印章。公文中有发文机关署名的，应当加盖发文机关印章，并与署名机关相符。有特定发文机关标志的普发性公文和电报可以不加盖印章。

（14）附注。公文印发传达范围等需要说明的事项。

（15）附件。公文正文的说明、补充或者参考资料。

（16）抄送机关。除主送机关外需要执行或者知晓公文内容的其他机关，应当使用机关全称、规范化简称或者同类型机关统称。

（17）印发机关和印发日期。公文的送印机关和送印日期。

（18）页码。公文页数顺序号。

四、行文规则

依据行文关系和行文方向的不同，可将公文分为上行文、下行文、平行文三种。行文关系根据隶属关系和职权范围确定。一般不得越级行文，特殊情况需要越级行文的，应当同时抄送被越过的机关。

（一）上行文规则

（1）原则上主送一个上级机关，根据需要同时抄送相关上级机关和同级机关，不抄送下级机关。

（2）党委、政府的部门向上级主管部门请示、报告重大事项，应当经本级党委、政府同意或者授权；属于部门职权范围内的事项应当直接报送上级主管部门。

（3）下级机关的请示事项，如需以本机关名义向上级机关请示，应当提出倾向性意见后上报，不得原文转报上级机关。

（4）请示应当一文一事。不得在报告等非请示性公文中夹带请示事项。

（5）除上级机关负责人直接交办事项外，不得以本机关名义向上级机关负责人报送公文，不得以本机关负责人名义向上级机关报送公文。

（6）受双重领导的机关向一个上级机关行文，必要时抄送另一个上级机关。

（二）下行文规则

（1）主送受理机关，根据需要抄送相关机关。重要行文应当同时抄送发文机关的直接上级机关。

（2）党委、政府的办公厅（室）根据本级党委、政府授权，可以向下级党委、政府行文，其他部门和单位不得向下级党委、政府发布指令性公文或者在公文中向下级党委、政府提出指令性要求。需经政府审批的具体事项，经政府同意后可以由政府职能部门行文，文中须注明已经政府同意。

（3）党委、政府的部门在各自职权范围内可以向下级党委、政府的相关部门行文。

（4）涉及多个部门职权范围内的事务，部门之间未协商一致的，不得向下行文；擅自行文的，上级机关应当责令其纠正或者撤销。

（5）上级机关向受双重领导的下级机关行文，必要时抄送该下级机关的另一个上级机关。

（三）平行文规则

平行文是在相互平行的机关单位之间，或在互不隶属的机关单位之间发布的公文。是各平行的或互不隶属的机关单位之间相互沟通的重要媒介。

平行文主要有三种：平行的知照性公文，如中央各部委之间、各省之间、各县之间、军队与地方之间的通知、公函等；平行的证明性公文，如各平行单位或互不隶属的机关之间派人协商工作时所持的介绍信、证明信等；平行的致意性公文，如各平行单位之间的感谢信、贺信等。

通知、通报

一、通知

（一）通知的适用范围、特点及种类

1. 通知的适用范围

通知适用于批转下级机关的公文，转发上级机关和不相隶属机关的公文，发布文件；传达要求下级机关办理和需要有关单位周知或者执行的事项；任免人员。

2. 通知的特点

适用范围的广泛性；文种功用多具有指导性；有明显的实效性。

3. 通知的种类

根据内容的不同，通知大体可以分为六类：

（1）指示性通知：有关行政法规和规章、办法、措施，不宜用命令（令）发布的，可以使用这种通知行文。指示性通知往往带有强制性、指挥性和决策性的特点。

（2）批示性通知（批转、转发类通知）：用于发布某些行政法规，转发上级、同级或不相隶属机关的公文以及批转下级机关的公文。这类通知包括批转性和转发性两种。批转性通知，适用于上级机关对下级部门的文件加批语下发，需要在标题中加"批转"两字；转发性通知是转发非下属机关的有关文件的通知，需要在标题中注明"转发"字样。

（3）事项性通知（工作通知）：要求下级机关办理的某些事项，除交代任务外，通常还提出工作原则和要求，让受文单位贯彻执行，具有强制性和行政约束力。有些工作任务，不宜采用命令或意见行文的，可使用这种通知。

（4）知照性通知：用于告知某一事项或某些信息的通知。

（5）会议通知：告诉有关单位或个人参加会议的通知。

（6）任免通知：告诉有关单位或个人有关人事任免的通知

（二）通知的结构与写法

通知的结构，包括标题、主送机关、正文和落款四部分。主送机关和落款与其他公文要求相同，在本章第一节内容中已提到，这里只介绍各类通知标题和正文的一般写法。

1. 标题

通知的标题有完全式和省略式两种。完全式标题由发文机关、事由、文种三部分组成，省略式标题则根据需要省去除文种"通知"之外的一项或两项。省略式标题有如下三种情况：

（1）省略发文机关。如果标题太长，可省略发文机关。如"关于公布规范性文件清理结果的通知"。如果是两个单位以上联合发文，不能省略发文机关。

（2）省略多余的"关于"和"通知"字样。发布性和批转性通知的标题由"发文机关+发布（批转、转发）+被发布文件标题+通知"构成。被发布、批转、转发的公文为法规、规章时，一般应加上书名号，有时由于被批转、转发的公文标题中已有"关于"和"通知"字样，或者被批转、转发的公文标题比较长，通知的标题一般可保留末次发布（批转、转发）的发文机关和始发文件机关，省略多余的"关于"和"通知"字样。如"××县人民政府关于转发《××市人民政府关于转发〈××省人民政府关于转发人事部关于×××同志恢复名誉后享受××级待遇的通知〉》"，可简化为"××县人民政府关于转发人事部关于×××同志恢复名誉后享受××级待遇的通知"。

（3）省略发文机关和事由。如果通知发文范围很小，内容简单，甚至张贴都可以，这样的通知标题便可以省略发文机关和事由，只写文种。

2. 正文

通知的正文主要包括缘由、事项、要求三部分。下面介绍几种通知正文的写法。

（1）指示性通知的写法。指示性通知的正文，一般先写发文的缘由、背景、依据；在事项部分，或写发布的行政法规、规章制度、办法、措施等，或写带有强制性、指挥性、决策性的原则，以及具体工作要求等。

指示性通知的事项，一般具有影响面较大、比较紧急和有一定政策性的特点。

（2）批示性通知（批转、转发性通知）的写法。批转性通知与转发性通知正文写法大体相同。可以把这两种通知称为"批语"，把被批转、转发的文件看作通知的主体内容。批语的内容主要有以下三个方面：说明批转的目的或陈述转发的理由；对受文单位提出贯彻执行的具体要求；根据具体情况做出补充性规定。

批转性通知的基本格式是：（发文机关）同意（下级机关）《关于……报告（请示、意见）》（发文字号），现转发给你们，请认真贯彻执行。

转发性通知的基本格式为：现将（上级机关下发的通知、发文字号）转发给你们，请遵照执行。

（3）事项性通知的写法。事项性通知正文的写法，要使受文单位明确通知的内容（即事项），以及做什么，怎么做，有什么要求。正文一般分为开头、主体、结尾三部分。

①开头，一般说明为什么要发此通知，目的是什么。

②主体，即事项部分，将通知的具体内容一项一项列出，把布置的工作或需周知的事项阐述清楚，并讲清要求、措施、办法等。

③结尾，多提出贯彻执行要求，可用类似"请遵照执行""请认真贯彻执行""请研究

贯彻"等习惯用语，也有的通知结尾不写习惯用语。

（4）知照性通知的写法。知照性通知的正文，只要写清楚行文的依据、目的和事项即可。要求文字简练、明白。

（5）会议通知的写法。通过文件传递渠道发出的会议通知，一般应写明召开会议的原因、目的、会议名称、主要议题、到会人员、报到时间、地点、需要的材料，通常采用条文式写法，要求内容周密、评议清楚、表述准确，避免产生歧义。

供机关、单位内部张贴或广播的周知性会议通知，正文开头可不写收文对象，应在通知事项中说明会议的时间、地点、内容、准备材料以及出席人员等。语言力求简短、明白。

（6）任免通知的写法。一般的固定格式是，在写清任免决定依据之后，写出任免人员姓名及职务。

参考例文：

[例文一]

财政部办公厅 教育部办公厅关于切实做好学校疫情防控经费保障工作的通知

财办教〔2020〕11号

各省、自治区、直辖市、计划单列市财政厅（局）、教育厅（局、教委），新疆生产建设兵团财政局、教育局：

为深入贯彻落实习近平总书记重要指示批示精神和党中央、国务院决策部署，全力支持打赢疫情防控阻击战，按照《财政部关于进一步做好新型冠状病毒感染肺炎疫情防控经费保障工作的通知》（财办〔2020〕7号）和《教育部关于切实做好新型冠状病毒感染的肺炎疫情防控工作的通知》（教电〔2020〕29号）有关要求，现就做好学校疫情防控经费保障工作通知如下：

一、研究制定经费保障政策措施

地方各级财政、教育部门要认真贯彻落实习近平总书记重要指示批示精神，按照党中央、国务院决策部署，高度重视学校疫情防控工作，切实增强做好学校疫情防控工作的政治责任感、使命感和紧迫感，全力做好学校疫情防控经费保障工作。地方各级财政部门要积极主动与教育部门沟通协商，密切关注疫情对学校教育教学和学习生活成本等的影响，及时研究制定学校疫情防控经费保障政策措施，支持学校确保不因资金问题而影响疫情防控。

二、统筹安排教育经费预算

地方各级财政、教育部门要统筹安排上级教育转移支付和自有财力，进一步优化教育支出结构，加大对疫情防控重点地区学校的支持力度，提升学校防控能力，保障学校正常运转。中央财政已提前下达的支持学前教育发展资金、城乡义务教育补助经费（公用经费补助部分）、改善普通高中学校办学条件补助资金、现代职业教育质量提升计划资金、支持地方高校改革发展资金等教育转移支付资金，由地方财政、教育部门及学校根据相关资金管理办法和学校疫情防控需要，安排用于学校疫情防控物资、设备采购等支出。省级财政部门在分配下达2020年中央和省级相关教育转移支付时，要向疫情防控重点市县倾斜。

三、加快财政教育资金拨付使用

各地财政部门要有序规范组织资金调度，按照"急事急办、特事特办"的原则，加快资金拨付使用，确保学校疫情防控资金及时到位，并会同教育部门强化资金使用监管。要按照《关于疫情防控采购便利化的通知》（财办库〔2020〕23 号）要求，建立采购"绿色通道"，根据学校疫情防控需要提高采购时效，保证采购质量。

四、指导学校加强疫情防控经费保障

地方各级教育部门要指导学校结合实际研究制定疫情防控工作经费保障方案，研判资金需求，细化经费保障措施，统筹用好财政资金、学校自有资金和社会捐赠等各渠道资金，确保学校疫情防控工作顺利开展。

五、加强政策跟踪和分析研判

各级财政、教育部门要及时跟踪有关财政经费保障政策的落实情况，发现问题及时研究解决。省级财政、教育部门要密切关注疫情发展态势，分析研判延期开学对各级各类学校学生返校、教育教学、学生资助政策落实等工作的影响，及时制定预案。

经费保障工作中的重要情况和问题，应及时向财政部、教育部报告。

联系人及联系电话：

财政部科教和文化司 高瑛泽 010-68551959；

教育部财务司 王俊 010-66097557

财政部办公厅 教育部办公厅

2020 年 2 月 7 日

[例文二]

关于转发《山东省人力资源和社会保障厅关于做好 2018 年山东省突出贡献技师

推荐选拔工作的通知》的通知

枣人社字〔2018〕123 号

各区（市）人力资源和社会保障局，枣庄高新区政工部，市直有关单位（行业、企业、院校、协会）：

现将《山东省人力资源和社会保障厅关于做好 2018 年山东省突出贡献技师推荐选拔工作的通知》（鲁人社字〔2018〕353 号）转发给你们，并就做好我市 2018 年"山东省突出贡献技师"推荐选拔工作通知如下：

一、推荐选拔数量

各区（市）、市直有关单位按不超过以下名额推荐：滕州市 2 名，其余各区及市直有关单位 1 名。没有符合人选条件的可不推荐。

经有关部门认定的、符合选拔范围及条件的省级以上非物质文化遗产项目的传承人可直接申报。已获得齐鲁首席技师和山东省突出贡献技师称号的，不再推荐申报。

二、推荐选拔方式

我市"山东省突出贡献技师"推荐选拔人选采取个人申报、单位推荐、逐级评审的办法产生。推荐人选由各区（市）及市直有关单位对推荐人选进行初评，按照推荐名额确定人选，于 2018 年 10 月 26 日前将申报材料（见附件）报市人力资源和社会保障局职业能力建设科。市人社局对推荐人选进行初评，择优推荐 7 名参加省集中评审。

三、推荐选拔工作要求

山东省突出贡献技师申报推荐工作时间紧、任务重，各区（市）及市直有关单位要高度重视，积极做好动员，坚持公开、平等、竞争、择优原则，严格按照规定的条件、程序和要求，对申报材料严格审核把关，并按规定时间和要求报送。逾期未报送的，不再受理。

联系电话：3317254

联系人：王　清

电子邮箱：zzrsjzjk@ zz. shandong. cn

附件：山东省人力资源和社会保障厅关于做好2018年山东省突出贡献技师推荐选拔工作的通知（略）

枣庄市人力资源和社会保障局

2018 年 10 月 22 日

[例文三]

关于做好延迟开学期间普通中小学教育教学和管理工作的通知

鲁教基字〔2020〕1 号

各市教育（教体）局：

为综合应对新型冠状病毒感染的肺炎疫情带来的挑战，切实做好延迟开学期间普通中小学（含幼儿园，下同）教育教学和管理工作，现就有关事宜通知如下：

一、主动做好家校沟通

疫情防控期间，家庭是学生的主要活动场所。各级教育行政部门和中小学校要发挥家庭教育的主导作用，密切家校沟通，以适当方式加强疫情防控政策和知识宣传，引导理性认识、科学防控。要引导家长与学生共同制作假期活动计划，让学生保持良好作息习惯，适当进行体育锻炼，参与家务劳动，控制电子产品的使用时间，防止沉溺网络和电子游戏。学校要主动了解学生及家长近14天的出行时间、目的地、乘坐交通工具、健康状况等信息，原则上应每天上报一次。

二、丰富学生假期生活

各地要针对学生长期居家的实际，加强假期生活指导，鼓励开展亲子交流、经典阅读、文体运动、影视赏析等活动。学校要向学生和家长遴选推荐一批优秀图书和电影电视作品，指导开展劳动教育。可以结合不同年龄阶段学生特点，以"抗击疫情"为主题组织开展绘画、微视频、作文、研究性学习、创意作品制作等形式多样的活动，丰富学生假期生活。假期结束后，我厅将遴选部分优秀作品进行展示。

三、开展线上学业指导

鼓励各地和学校充分利用信息化技术、网络资源和平台，开展网络教学、线上答疑等学业指导，让学生停课不停学。线上学业指导应以学生自主学习为主、教师辅导答疑为辅。各市、县（市、区）教育行政部门要综合考虑不同群体学生特点，科学制定延迟开学期间教育教学方案，并报上级教育行政部门备案。我厅已协调征集数字教材、"一师一优课、一课一名师"等资源，同时按程序逐步遴选推荐一批优秀教育资源，在山东省教育云服务平台（http：//www.sdei.edu.cn）建立线上学业指导参考资源库链接，依托山东省教育资源公共服务平台搭建起"空中课堂"，供各地假期自主选用。鼓励各地推荐分享线上优质教育资源。学校开展线上教学选择使用的以及向学生和家长推荐的教育资源，必须经过学校学科教研组审核通过。山东省教育资源公共服务平台搭建的"空中课堂"重点为初中和高中毕业年级师生建立线上虚拟互动教室，并提供技术支持。普通中小学"空中课堂"选用方法附后。

四、精心做好开学准备

要"一校一策"制定开学预案，充分考虑此次疫情给教育教学带来的影响，建立健全晨检报告、值班值守、信息报送、应急处置等各项制度，有针对性地进行教师培训，做好必要疫情防控物资的储备，组织开展校园集中消毒，精心做好开学前各项准备工作。我厅联合卫生防疫部门，将于近期研究制定"学校传染病防控指南"，学校要对照防控指南就开学准备工作逐一进行检查，提前排查传染风险。要通过网上教研、视频会议等方式，组织教师备好课。开学第一周，学校要对学生进行一次集中疫情防控知识教育，组织开展一次集体心理辅导。

五、统筹做好春季学期教学安排

因延迟开学耽误的教学内容，主要通过调减周末时间、压缩暑期假期等方式来补偿，保证总教学时长不减少。春季学期开始后，原则上实行"零起点"教学，不得抢赶进度。针对初中和高中毕业年级，各地或学校在原定假期时间结束后，在确保覆盖所有学生的前提下，可通过线上教学等方式讲授新课程。其他年级原则上不讲授新课。各县（市、区）要分别制定春季学期普通中小学教学计划，经各市汇总后，于开学后1周内报我厅基础教育处备案。

六、严格规范教学秩序

各地要严格按照规定做好教育系统疫情防控工作，加强对学校的指导和监督，严格禁止学校擅自提前开学、教师违规集中补课、学生提前返校等行为。线上教学不得替代假期后课程教学，2月17日前，不得组织任何形式的教学活动。开展线上教学、推送资源等对学生要完全免费，由此产生的技术服务等费用，由教育部门和学校承担。禁止借线上学业指导搭售其他商品和服务，禁止商业广告进校园。我厅将组织开展随机督查和网上巡查，严查各种违规行为。对麻痹大意、敷衍塞责、有令不行的行为，依照规定严肃追责问责。

附件：延迟开学期间普通中小学空中课堂选用方法

山东省教育厅

2020年1月31日

[例文四]

关于变更学校印信办公地点的通知

各单位、各部门：

因工作需要，学校印信办公地点由行政楼 203 室变更至 213 室（联系电话：4994464；联系人：白特古斯），请大家相互转告。

由此给您带来的不便，敬请谅解。

特此通知

内蒙古大学党政办公室

2017 年 3 月 30 日

[例文五]

教育部办公厅关于召开推进全国重点马克思主义学院建设工作会议的通知

教社科厅函〔2016〕1 号

各省、自治区、直辖市党委教育工作部门、教育厅（教委），新疆生产建设兵团教育局，北京大学，清华大学，中国人民大学，南开大学，吉林大学，复旦大学，山东大学，武汉大学，兰州大学：

为贯彻落实中央领导同志关于加强高校思想政治建设的重要指示精神，贯彻全国宣传部长会议精神，贯彻中央领导同志关于推进理论工作"四大平台"建设的指示精神，研究部署全国重点马克思主义学院建设工作，推动提升全国马克思主义学院整体水平，中宣部、教育部定于 2016 年 1 月 20 日上午在江苏省南京市召开推进全国重点马克思主义学院建设工作会议，会期半天。

请各省（区、市）党委教育工作部门，新疆生产建设兵团教育局一位分管负责同志参加。请有关高校分管马克思主义学院负责同志和马克思主义学院院长参加，并准备 10 分钟发言。

请参会人员于 1 月 15 日中午 12 时前将会议报名回执（见附件）传真至江苏省委宣传部。

会议报到时间为 1 月 19 日下午。会议报到地点为南京紫金山庄会议中心（江苏省南京市玄武区环陵路 18 号）一楼。参会人员交通费由所在单位报销。

附件：会议报名回执
联 系 人：刘必好 尹才祥
联系方式：13814171076 15150663875
回执传真：025-88802659 88802658

教育部办公厅

2016 年 1 月 14 日

[例文六]

中共教育部党组关于马骏同志任职的通知

教党任〔2019〕265 号

中共中山大学委员会：

经与中共广东省委商得一致，2019 年 11 月 28 日研究决定：

马骏同志任中共中山大学委员会常务副书记（正厅级）。

中共教育部党组

2019 年 12 月 18 日

二、通报

（一）通报的适用范围、特点及种类

1. 通报的适用范围

通报适用于表彰先进，批评错误，传达重要精神或者情况。

2. 通报的特点

（1）典型性。通报的事实，不论是表彰性的、批评性的，还是通报情况的，都要求有典型意义。典型就是具有普遍性、代表性，事实越典型，其警示和借鉴意义越大，只有个性没有普遍意义的题材，缺乏广泛的指导价值。

（2）指导性。通报的内容，其价值往往并不单纯在于发布动态信息、宣布事件处理结果，而是要激励先进、督促后进，树立学习榜样，或者提供反面典型，使读者能够总结经验，吸取教训，得到有益的启示和警示。

（3）时效性。上级机关应当适时发布通报，通报的事实较为具体，对发生的时间、地点等要素都要进行交代，这就要求通报及时发布。通报的内容总是跟特定时期背景有着紧密的联系，通报得过于迟缓，就失去其沟通情况、宣传教育的目的。因此，通报的制发应该迅速及时，以免时过境迁，失去其应有的作用。

3. 通报的种类

（1）表彰通报。表彰通报是用来表彰先进人物或先进集体，介绍先进事迹、推广典型经验的，是从高层机关到基层单位都广泛采用的常用公文类型。

（2）批评通报。批评通报是对工作中发生、出现的重大事故、重大失误、错误倾向、不良风气提出批评使用的公文文种，重在以儆效尤，有针砭、警示、纠正的作用。批评通报可以针对个人所犯的错误，也可以针对某一部门、单位的不良现象，还可以针对普遍存在的某种问题。

（3）情况通报。用来传达重要精神、沟通重要情况的通报是情况通报。为了让下级单位对一些重要事件或全局状况有所了解，上级机关应该适时发布这样的通报。常见的情况通报内容主要有工作进展情况、落实情况、评比检查结果等。

（二）通报的结构与写法

通报由标题、发文字号、主送机关、正文、落款构成。

1. 标题

通报的标题通常由发文机关、事由和文种三个要素构成，有时可省略发文机关和事由，只写"通报"二字，但比较重要的通报则不能省略。

2. 正文

（1）表彰通报及批评通报正文的写法。

①介绍事实和现象。介绍先进人物或集体的行动及其影响，要写清时间、地点、人物、基本事件过程。如果对个人的错误进行处理，要写明违纪人员的基本情况，然后对错误事实进行叙述，要写得简明、清晰。如果是针对某一普遍存在的问题进行通报，要选择一些有代表性的事实进行综合叙述；表达时应概括叙述，只要将事实讲清即可，篇幅不宜过长。

②揭示事实的性质、意义。对于先进人物、典型事迹，应标明其代表的积极倾向，指出其意义，以便激励先进、监督后进；对于单一错误事实，要对错误的性质、危害进行分析，一般写得比较简短；对于综合性的不良现象或问题，要系统分析。主要采用议论的写法，要注意文字的精练。措辞要有分寸，不能出现过誉或贬低的现象。

③做出表彰或处理决定。这部分写什么会议或什么机构决定，给予表彰对象以什么样的表彰和奖励，或者给予批评对象什么样的处分和惩罚。在表达方面要注意用词精当、清晰、简洁。

④提出希望和要求。结尾部分用来提出希望、发出号召。这部分表述的是发文的目的，是整篇的思想落脚点，应该写得有针对性，具有教育意义，以使受文单位对通报高度重视、认识性质、采取措施。

（2）情况通报正文的写法。

①缘由和目的。开头首先叙述基本事实，包括阐明发布通知的根据、原因、目的等。开头文字不宜过长，应该综合归纳、要言不烦。

②情况和信息。主体部分主要叙述情况、传达信息，通常内容较多，篇幅较长，要注意梳理归类，对结构进行合理安排。

③希望和要求。在明确情况的基础上，对受文单位提出一些希望和要求。这部分是全文思想的归结之处，写法因文而异，总的原则是抓住要点，简练明白。

（三）通报的写作要求

（1）通报一般不提出具体工作要求。在实践中，一部分传达上级指示精神的公文既可用通知，也可以用通报。在内容上，通报不同于通知的特点是一般不提出工作上的具体要求以及需要具体组织实施的事项。

（2）通报文风要朴实。文字表述要简洁明快，言之有据，切忌夸张渲染。无论是表扬还是批评，都要本着实事求是的态度对事实认真核查，一定不要拔高或扭曲。

（3）通报观点要鲜明，提倡什么，反对什么，要是非分明，忌含糊其词。在行文篇幅上，要详略得当，切忌把表彰通报写成报告文学，把批评通报写成情况纪实。一般地讲，即使长一点的通报，也要以不超过两千字为宜。

（四）通报与通知的区别

从通报与通知的特点和作用看，它们的主要区别有：

1. 内容范围不同

通知可以发布行政法规和规章，批转和转发公文，传达需要办理和周知的事项等；通报则是表扬先进，批评错误，传达、交流重要情况、信息。两者虽然都有告知的作用，但通知告知的主要是工作情况，以及共同遵守执行的事项；通报则是告知正反面典型，或有关重要的精神或情况。

2. 目的要求不同

通知的目的是告知事项，布置工作，部署行动，其内容具体，要求受文机关了解要办什么事，该怎样办理，不能怎样办理，有严格的约束力，要求受文机关遵照执行；通报的目的主要是交流、了解情况，或通过正反面的典型去教育人们，宣传先进的思想和事迹，提高人们的认识。

3. 表达方法不同

通知的主要表达方法是叙述，告知人们做什么，怎样做，叙述具体，语言平实；通报的表达方法则常兼用叙述、说明、分析和议论，有较强的感情色彩。

参考例文：

[例文一]

关于表彰 2017 年度优秀单位和优秀个人的通报

君司发〔2018〕4 号

各司法所、局机关各股室、中心：

2017 年，在上级司法行政主管部门的关心与支持下，在区委、区政府的高度重视和正确领导下，全体司法行政干警同心协力、苦干实干、奋勇向前，在大力实施"1+5"发展战略中，取得了明显的成绩，较好完成了年度各项工作目标任务，涌现了一批优秀单位和优秀个人。为鼓励先进，树立典型，进一步推动全区司法行政工作创新发展，经局务会议研究，局党组同意，决定对 2017 年度优秀司法所、优秀股室和优秀个人予以通报表彰，具体名单如下：

一、优秀司法所

柳林洲司法所

二、优秀股室

办公室 社区矫正股

三、优秀个人

沈忱 陈秀来

希望受表彰的单位和个人珍惜荣誉，再接再厉、再创佳绩。全体司法行政干警要以先进为榜样，不忘初心、牢记使命，扎实履行岗位工作职责，力推全区司法行政工作再上新台阶。

岳阳市君山区司法局办公室

2018 年 3 月 16 日

[例文二]

关于对 8 起失职失责问题的通报

棘委〔2017〕49 号

近期，街道党工委在工作中发现，个别社区党组织和社区主要负责人未正确履行职责，工作疏于管理，存在失职失责问题，造成了不良影响。根据《中国共产党问责条例》和《中共山东省委实施〈中国共产党问责条例〉办法》等有关要求，现将 8 起失职失责问题在全街道进行通报。

1. 张家庄社区在发展党员过程中，部分党员资料保管不善发生丢失现象，相关责任人员受到了党纪处理；社区班子成员不团结、搞内耗，影响了社区正常工作秩序，引发党员群众不满。现对张家庄社区党支部进行问责，给予通报处理。

2. 下崖社区在"三资"管理工作中，违反民主决策程序，违规决定社区重大事项、处置集体资产，相关责任人员受到了党纪处理。现对下崖社区党委进行问责，给予通报处理。

3. 古岛社区在集体项目外包工程中，工作疏于管理，未认真履行监管职责，给社区集体财产保值增值带来隐患，相关责任人员受到了党纪处理。现对古岛社区党支部进行问责，给予通报处理。

4. 沈家庄社区违反群众纪律乱摊派、乱收费，违规收取居民建房费，相关责任人员受到了党纪处理。现对沈家庄社区党支部进行问责，给予通报处理。

5. 北万社区在发展党员工作中，违反有关规定程序，造成不良影响，相关责任人员受到了党纪处理。现对北万社区党支部进行问责，给予通报处理。

6. 段家庄社区对集体土地疏于管理，对外出租的土地被他人擅自改变用途，造成土地资源破坏，受到林业主管部门行政处罚，相关责任人员受到了党纪处理。现对段家庄社区党支部进行问责，给予通报处理。

7. 毛家社区党支部书记毛瑞岗，未经街道办事处批准，擅自将由街道管理的库区移民厂房对外出租，造成不良影响。现对毛瑞岗进行通报批评。

8. 院后庄社区党支部书记刘升吉，在处理居民违规倾倒垃圾过程中处置不当，造成不良影响。现对刘升吉进行通报批评。

各社区党组织要从上述案例中吸取教训，举一反三。要进一步提高政治站位，自觉保持政治定力，切实担负起全面从严治党主体责任，强化党内监督，抓早抓小、动辄则咎，推动全面从严治党在基层落地生根。广大社区党员干部特别是社区主要负责人要带头守纪律讲规矩，自觉接受监督，弘扬优良作风，树立良好形象。

中共城阳区委棘洪滩街道工作委员会

2017 年 9 月 28 日

[例文三]

国务院办公厅关于全国互联网政务服务平台检查情况的通报

国办函〔2017〕115 号

各省、自治区、直辖市人民政府，国务院各部委、各直属机构：

为摸清全国互联网政务服务平台现状，推动提升政务服务质量和实效，切实便利企业群众办事创业，经国务院同意，国务院办公厅近期对全国互联网政务服务平台进行了检查。现将有关情况通报如下：

一、基本情况

本次对 31 个省（区、市）及新疆生产建设兵团的互联网政务服务平台进行了检查，共随机抽查平台 201 个，其中省级平台 30 个、地市级平台 42 个、区县级平台 129 个。除核查各平台功能是否可用外，还抽查了企业设立登记、教师资格认定、排污许可证核发等与企业群众生产生活密切相关的高频服务事项，共计 865 个。

截至 2017 年 8 月底，已有 29 个省（区、市）及新疆生产建设兵团建成一体化互联网政务服务平台，其中 16 个平台实现了省、市、县三级全覆盖。平台功能方面，北京、天津、上海、浙江、山东、广东、海南等地区平台搜索、注册、咨询等功能有效可用的比例在 80% 以上；服务事项方面，江苏、浙江、山东、广东、贵州、宁夏等地区平台 80% 以上的服务事项规范性、实用性、准确性较好。此外，浙江提出"最多跑一次"、江苏提出"不见面审批"等，对互联网政务服务平台服务实效提出了更高要求。

二、主要问题

各地区互联网政务服务平台加快建设的同时，在信息共享、平台功能、服务信息等方面也出现了一些问题，影响了平台作用的发挥，有的平台甚至办不成事。

（一）办事入口不统一。统一办事入口是方便群众找到和使用互联网政务服务平台的首要条件。但一些地方互联网政务服务平台与政府门户网站"两张皮"，甚至出现同一事项内容不同、标准各异的现象，导致办事平台不好找、企业群众不愿用。抽查发现，26% 的互联网政务服务平台未与本级政府门户网站前端整合，不能提供统一服务入口。

（二）政务信息不共享。政务信息共享是多平台多系统联动、简化优化办事流程的必要条件。但抽查发现，部分互联网政务服务平台未能与部门办事系统实现统一身份认证、一号登录，办事系统间数据不能共享复用，导致企业群众办事需要在多个平台和系统间重复注册登录，网上办事变得繁琐复杂，降低了办事体验。

（三）事项上网不同步。各级政务服务平台为方便群众办事，均按照部门或个人、企业等主题对政务服务事项分类设置。抽查发现，由于服务事项梳理上网跟不上平台建设步伐，68% 的平台存在部分栏目下无内容的问题，导致"有路无车"、平台不能用。

（四）平台功能不完善。畅通咨询渠道和提供精准的站内搜索是互联网政务服务平台能办事、好办事的重要保障。抽查发现，87% 的平台咨询投诉渠道真实有效，但回复不及时的情况比较突出，38% 的平台对用户咨询问题超过 5 个工作日未作答复。22% 的平台搜索功能不可用，市、县级平台尤为突出。一些平台无搜索功能，一些平台无法搜索到已有服务事项，搜索功能成摆设。

（五）服务信息不准确。办事服务信息清晰准确是实现"群众少跑腿"的必要条件。被抽查的政务服务事项中，有25%只提供了申请、受理、审查等办事环节名称，未对各环节要求进行具体清晰描述；33%未明确办理时限、收费标准、联系方式等要素；13%对办理材料表述不清晰，存在"根据有关法律法规规定应提交的其他材料"等类似表述或兜底性条款；41%未提供办事表格下载，48%未提供表格填写说明或示范文本；55%未明确办理材料格式要求，比如原件/复印件、纸质版/电子版、份数等。办事指南不实用已经成为受企业群众诟病的痛点。

三、下一步工作要求

各地区、各部门要按照《国务院关于加快推进"互联网+政务服务"工作的指导意见》（国发〔2016〕55号）要求，针对目前互联网政务服务平台存在的问题，认真清理整改，不断加强平台建设，提高服务能力，切实让企业群众办事更方便、更快捷。

（一）进一步完善平台功能。从方便企业群众办事角度出发，着力提升平台的实用性。各地区、各有关部门要依托政府门户网站构建权威、便捷的一体化互联网政务服务平台，已经单独建设的平台要尽快实现与政府门户网站的整合，统一办事入口。加快推进信息共享，实现单点登录、一网通办。科学合理设置服务分类，避免出现"有栏目无内容、空架子不实用"等问题。完善平台搜索、咨询等功能，确保公众能够"找得到、问得清"。

（二）准确细致公开办事服务信息。进一步规范和完善办事指南，详细列明依据条件、流程时限、收费标准、注意事项、联系方式等；明确提交材料的名称、依据、格式、份数、签名签章等要求，并提供规范表格、填写说明和示范文本。除办事指南明确的条件外，不得自行增加办事要求，不得存在模糊不清的表述。办事条件发生变化时，要动态更新相关信息。

（三）开展全面自查整改。各省（区、市）人民政府办公厅、国务院各有关部门办公厅（室）要对本地区、本部门的互联网政务服务平台进行梳理，通过全国政府网站信息报送系统填报相关信息。互联网政务服务平台已实现省、市、县三级以上行政层级全面覆盖的省（区、市），全省只需填报一个统一平台。要对照检查指标（见附件）组织开展对本地区、本部门互联网政务服务平台的全面自查整改。各地区、各有关部门要于2017年12月31日前完成信息填报和检查整改工作，并将整改情况报送国务院办公厅政府信息与政务公开办公室。国务院办公厅将对各地区、各部门的检查整改情况开展抽查核查，并向社会公开核查结果。

附件： 全国互联网政务服务平台检查指标

国务院办公厅

2017年10月6日

报告、请示

一、报告

（一）报告的适用范围、特点及种类

1. 报告的适用范围

报告适用于向上级机关汇报工作，反映情况，答复上级机关的询问。

报告属于上行公文，应用相当广泛。它可以用于定期或不定期地向上级机关汇报工作，反映本部门、本单位贯彻执行各项方针、政策、批示的情况，反映实际工作中遇到的问题，为上级机关制定方针、政策或者做出决策、发布指示提供依据；也可以用来向上级机关陈述意见，提出建议，如针对本地区、本单位、本部门带有普遍意义或倾向性的问题，提示解决的途径，为上级机关当好参谋；还可以用于答复上级机关的询问。

2. 报告的特点

（1）行文的单向性。报告是下级机关向上级机关行文，旨在为上级机关提供情况，不需要受文单位批复，属单向行文。

（2）表达的陈述性。报告用于汇报工作、反映情况。具体地陈述本部门、本单位贯彻执行各项方针、政策的情况，某一阶段做了哪些工作，怎么开展的，取得了哪些成绩，存在什么问题，表达手法是叙述和说明。

3. 报告的种类

根据性质的不同，报告可分为综合报告和专题报告两种；根据时间期限的不同，可分为定期报告和不定期报告两种；根据内容不同，可分为工作报告、情况报告、建议报告、答复报告和递送报告等。

需要说明的是，有些专业部门使用的报告文书，例如"调查报告""审计报告""咨询报告""立案报告""评估报告"等，虽然标题也有"报告"字样，但其概念、性质和写作要求与行政公文中的报告不同，不属于行政公文范畴，不应与之混淆。

以下为按内容划分的几种报告：

（1）工作报告。工作报告是向上级机关或重要会议汇报工作情况的报告。它主要用以总结工作，反映某一阶段、某个方面贯彻落实政策、法令、批示的情况。

（2）情况报告。情况报告是指用于向上级反映工作中的重大情况、特殊情况和新动态等的报告。这种报告便于上级和机关根据下级情况，及时采取措施，指导工作。

（3）建议报告。在下级机关就工作中的重大问题和事项，专门向上级机关提出建议时使用。

（4）答复报告。答复报告是针对上级机关向下级机关提出询问或要求，经过调查研究后所作的陈述情况或者回答问题的报告。

（5）递送报告。递送报告是以报告的形式，向上级呈报其他文件、物件的说明性公文。

（二）报告的结构与写法

报告一般由标题、主送机关、正文和落款组成。

1. 标题

常见的报告标题有两种形式，一种是由发文机关、事由和文种构成，如"民政部关于抗洪救灾工作情况的报告"；另外一种是由事由和文种构成，如"政府工作报告"等。

2. 主送机关

报告的主送机关可以是一个，也可以是多个，顶格写于文首，其后用冒号。

3. 正文

报告正文的结构一般由开头、主体和结语等部分组成。

（1）开头。开头主要交代报告的缘由，概括说明报告的目的、意义或根据，然后用"现将××情况报告如下"一语转入下文。

（2）主体。这是报告的核心部分，用来说明报告事项。它一般包括两方面内容：一是工作情况及问题；二是进一步开展工作的意见。

在不同类型的报告中，正文中报告事项的内容可以有所侧重。工作报告在总结情况的基础上，重点提出下一步工作安排意见，大都采用序号、小标题区分层次。情况报告的重点应放在反映情况上，通常按时间顺序安排内容，主要交代清楚事项目前的状况和采取了哪些措施。建议报告的重点应在建议的内容上，也可以采用标序列述的方法。答复报告则根据真实、全面的情况，按照上级机关的询问和要求回答问题，陈述理由。递送报告，只需要写清楚报送的材料（文件、物件）的名称、数量即可。

（3）结语。结语常用惯用语。工作报告和情况报告结语多用"特此报告"；建议报告常用"以上报告，如无不妥，请批转各地执行"；答复报告多用"专此报告"；递送报告用"请审阅""请收阅"等。有关方针、政策方面的报告，常用"请审查"；关于财经、物资方面的报告，常用"请审核"。

4. 落款

如标题中有发文机关名称，落款中可不写发文机关。一般情况下，要在正文右下角署上发文机关及成文日期。

参考例文：

[例文一]

关于固原市"4.30"安全事故有关情况的报告

2017 年 4 月 30 日，我市发生一起非施工人员伤亡事件，造成 2 人死亡，直接经济损失 175 万元，现将有关情况报告如下：

一、基本情况

2017 年 4 月 30 日 17 时 20 分，在固原市老旧小区改造工程九标段（桃园小区项目）发生一起两名非施工人员由吊篮高处坠落的伤亡事件。接到事故报告后，我局及施工、监理单位主要负责人立即赶赴事故现场，进行事故现场保护和勘查，并于当日晚，立即组织相关单位和死者家属进行协商，于 5 月 1 日上午签订赔偿协议，由施工单位分别赔偿死者家属 80 万元和 95 万元，赔偿款到位，家属承诺不再对相关单位和责任人员进行追究，承认两名死亡人员是因为不听工地施工人员劝阻，强行进入吊篮，强制违章操作导致事故的发生，应承担全部责任（有两名家属分别签订两份谅解书为证）。

二、调查及处理情况

2017年5月2日，市安委会组织有关部门成立"4.30"事故调查组（我局未被列入调查组成员），由市检察院和纪委会同调查组对我局的"渎职行为"进行调查，后又委托西吉检察院单独进行调查，7月19日，西吉检察院对工作人员魏杰同志立案调查，并于当日办理取保候审，立案调查的理由是：该项目于3月20日开工，3月28日，魏杰同志带队检查，发现并发出《停工整改通知书》，但在停工通知中没有要求整改期限，也未跟踪整改情况，4月14号，戴永军同志带队组织的全市综合执法检查中，又发出《停工通知》，要求企业于4月21日整改完毕，企业在21日前未整改，也没有跟踪整改。7月7日，市政府发布调查报告，定性为安全生产事故，我局两名工作人员被给予诫勉谈话，对魏杰同志单独立案调查，正在进行中，由市监察局对我局进行问责。

三、意见和建议

2017年是我市旧城改造项目和海绵城市建设项目历年来项目最多，范围最广的一年，仅市区安全监督受监工程项目达300多项，还有四县一区的项目需要我局指导督查，因此，我局高度重视，对全年的安全生产工作已全面进行安排部署，工作有方案、有计划，春季复工检查有安排，克服执法人员少（5人）、设备严重不足的困难，全面进行复工检查。该工程从开工至事故发生时，我局于3月28日、4月14日分别对该项目进行过两次检查，发现了施工过程中的安全隐患，并分别进行停工处罚（建设工程质量安全隐患责令停工整改通知书2017049、2017078），因为停工整改的主体单位是施工企业，停工期限由施工单位自己决定，整改完毕报监督部门复查开工是合理的，但企业一直未落实整改措施。4月25日（事故发生前），春季复工检查处罚通报已拟定签字上报，因为通报处罚要针对所有施工企业和项目，不可能单个进行通报。

此次事故中，两名死亡人员是因为不听工地施工人员劝阻，强行进入吊篮，强制违章操作导致事故的发生。因为死亡人员非工地作业人员，受热水器维修公司委派，给居民维修热水器，并未在该工程进行生产作业，所以，我们认为该起事故不属于建设领域安全生产事故，应属于意外事故。根据住房城乡建设部印发的《房屋建筑和市政基础设施工程施工安全监督规定》（建质〔2014〕153号）第十三条之规定"有下列情形之一的，监督机构和施工安全监督人员不承担责任：1.工程项目中止施工安全监督期间或者施工安全监督终止后，发生安全事故的；2.对发现的安全隐患已经责令整改，工程建设责任主体拒不执行安全监管指令或整改期间发生安全事故的；5.按照工程项目监督工作计划已经履行监督职责的。"

综上所述，我局已对该工程进行了安全监管，对发现的隐患责令停工整改，并进行了通报处罚，履行了安全生产监督职责，因此，我局和施工安全监督人员不应再承担任何责任。住建部门安监人员应当是生产经营单位的"安全警察"，不是生产经营单位的"安全保姆"，排查、治理和防控安全隐患根本上要取决于生产经营单位，而不是安监人员。安监人员动辄被以玩忽职守罪追究刑事责任，将令住建部门安监人员处于非常被动地位，无法正常开展工作，更不利于整个建筑安全生产形势的根本好转。

固原市住房和城乡建设局

2017年8月3日

［例文二］

关于交办建议答复情况的报告

黑环函〔2019〕168号

中共黑龙江省委黑龙江省人民政府人民建议征集办公室：

按照《关于交办芦莹同志建议的函》（黑征函〔2019〕3号）有关要求，现将交办建议答复情况报告如下：

我厅高度重视交办建议答复工作。收到文件后，主管厅领导做出专门批示，要求认真研究落实。结合我厅职责，主办处室多次协调厅内各有关处（室）深入研究，认为交办建议对新时期进一步做好我省固体废物污染防治工作具有较强的借鉴意义和积极的现实意义。经认真研究，从进一步加大环境监管工作力度、进一步加大科技研发工作力度、进一步加大宣传教育工作力度等方面对交办建议做了初步回复。下一步，我厅将主动配合有关部门，积极应对快递包装物等"新增固废源"对固体废物环境管理工作带来的新挑战，推动实现固体废物产生、收集、转运、处理处置全方位、全过程受控，有效保障我省生态环境安全，全力为人民群众提供更加优质的生态产品。

专此报告

黑龙江省生态环境厅

2019年4月11日

［例文三］

关于建议王晓丽同志提拔的报告

饶县司字〔2017〕29号

中共上饶县委：

王晓丽同志系上饶县司法局党总支委员、工会主席，该同志政治素质高，在思想上、行动上与党中央保持高度一致。近几年一直分管工会、青年、妇联工作，协管社区矫正、安置帮教工作，始终保持高昂的工作热情，勤于学习、勇于创新、兢兢业业。2015年度社区矫正工作综合排名全市第一；2016年度在省司法厅开展的执法规范深化年活动中被评为创新突破先进单位；局工会工作连续三年（2014年、2015年、2016年）获得县总工会目标管理考核三等奖；个人也连续在这三年获得先进荣誉称号；在2016年度公务员考核中被评为优秀。各项工作向组织交上了一份满意答卷，特别是在精准扶贫工作中该同志表现优秀，积极帮扶、为贫困户排忧解难。在生活中，该同志生活严谨、作风正直，与同事邻里关系相处融洽、乐于助人，得到了大家的一致好评；且该同志在计生、综治、廉政方面无不良反映。经研究，建议：王晓丽同志为提拔人选。

特此报告

上饶县司法局党总支

2017年8月10日

二、请示

(一) 请示的适用范围、特点及种类

1. 请示的适用范围

请示适用于向上级机关请求指示、批准。

2. 请示的特点

(1) 针对性。只有本机关无权决定或无力解决而又必须解决的事项，才可以用"请示"行文。请示用来请求上级机关给予指示、决断或答复、批准，因而有很强的针对性。

(2) 超前性。请示必须在办理事项之前行文。

(3) 单一性。请示要一事一请示，且主送机关只能有一个。

(4) 呈批性。请示的目的是针对某一事项取得上级的指示或批准，上级机关对呈报的请求事项无论是否同意，都必须给予明确的"批复"，属于双向行文。

(5) 隶属性。发文单位只能按照隶属关系向直接的主管机关发文请示。

3. 请示的种类

按照内容和性质的不同，可将请示分为请求指示性请示和请求批准性指示。

(1) 请求指示性请示。这类请示多涉及政策上、认识上的问题。下级机关在执行政策遇到困难或出现新的情况需要变通，或执行政策时尚有不太清楚明了的地方，或对上级机关的某个决定有不同的看法，可以向上级机关请求指示性请示。

(2) 请求批准性请示。下级机关就某项工作、某个问题请求上级机关给予审定、核准、许可；或在人、财、物等方面有困难，需要上级给予帮助解决的，都必须用请求批准性请示。

(二) 请示的结构与写法

请示一般由标题、主送机关、正文和落款四部分组成。

1. 标题

请示的标题有两种写法：

(1) 由发文机关、事由和文种构成，如《××县水务局关于编制调整的请示》。

(2) 由事由和文种构成，如《关于编制调整的请示》。

2. 主送机关

主送机关即负责受理和答复请示的直属上级机关。

3. 正文

请示的正文通常由缘由、事项、要求三部分组成。

(1) 缘由。公文的开头主要表述请示的理由，即请求事项所持的依据、缘由，它是上级机关批复的主要依据。一般而言，这部分要写明所遇到的新情况、新问题，或自身没有能力解决的困难，要写得充分、恰当、有说服力。如请示仅仅是为了履行一下规定的程序，开头可以写得简略些。

(2) 事项。事项是请示最核心、最重要的部分，要写得明确、具体。请求指示的请示，

主体要写明想在哪些具体问题、哪些方面得到指示。请求批准的请示，要把请求批准的事项具体写明。如果在请求批准的同时还需要人财物等方面的支持和帮助，更需要把编制、数量、途径等表达清楚、准确，以便上级及时批复。

（3）要求。应明确提出要求解决问题的方法或途径，要求上级机关批准、指示。常用"妥（当）否，请批复""以上请示，请审批"等常用语来结尾。

4. 落款

在正文右下角署名发文机关和成文日期。

（三）请示的写作要求

第一，一事一请示。

第二，单头请示。一般只主送一个上级领导机关或主管部门，不多处主送，如有需要，可以抄送有关机关。这样可以避免出现推诿、扯皮的现象。

第三，不越级请示。如果因特殊情况或紧急事项必须越级请示时，要同时抄送越过的直接上级机关。除个别领导直接交办的事项外，请示一般不直接送领导个人。

（四）请示与报告的区别

请示和报告都是上行文。正确理解和使用这两种文种，一个重要的方面就是要把握请示与报告的区别。

1. 行文目的、作用不同

报告用于向上级汇报工作、反映情况、提出建议，主要目的在于信息的呈报，报告中决不能夹带请示事项，一般不需要上级的答复；而请示则旨在上级的批准、指示，需要上级明确批复。

2. 涉及内容不同

请示涉及的是下级机关无权或无力解决的问题，以及按规定应由上级机关决断的问题；报告则是向上级呈报本单位的工作情况或新出现的重大情况和特殊情况。

3. 行文时间不同

报告的行文时间比较灵活，事前事后均可行文；请示则必须事前行文，否则可能构成越权。

4. 受文机关处理方式不同

报告一般属于阅件，上级机关阅后了解情况即可；而请示均属办件，上级收到请示后，不管意见如何，都必须按公文程序处理，并作出及时的批复。

参考例文：

[例文一]

常山县体育局关于调整内设机构的请示

常体字〔2017〕65 号

县编委办：

为贯彻落实县委县政府主要领导提出的"月月有赛事"要求，以及要在"五个维度"谋划体育赛事，为更好服务我县体育事业发展，以"体育+"的思维，加快建设国际慢城等发展要求，考虑到县体育局承担的任务越来越重，现有内设机构不合理，与省、市体育局衔接不顺畅，不能够满足当前工作需要等情况。参照省、市体育局和周边兄弟县（市、区）体育局的内设机构的设置，特向县编委办申请将县体育局的内设机构由办公室、业务科调整为办公室（挂行政审批科、体育经济科牌子）、群众体育科（挂县体育总会秘书科牌子）、产业科（挂训练竞赛科牌子）。

1. 办公室（挂行政审批科、体育经济科牌子）

主要职责：负责局机关各项工作的综合协调和督查；负责重要文件的起草和调查研究；负责机关会议、文秘、信息、档案、信访、保密、财务等工作；负责局机关的机构编制、人事、工资、计划生育、党群和离退休人员服务管理、各项创建工作；承办机关纪检监察、文电、重要会务、政务信息、机要、保密、档案、信访、提案议案、宣传、安全保卫等日常工作；承担全县体育会议和大型体育活动的组织协调工作；指导推进依法行政和普法宣传、教育工作；承担相关行政复议、行政应诉、行政处罚听证等工作；监督、管理全县体育市场及其他体育经营活动和项目；组织、指导行政执法工作，负责全县体育市场稽查；组织体育市场经营管理人员培训和业务指导工作；组织实施体育行业职业技能鉴定工作；负责局行政审批工作。

2. 群众体育科（挂县体育总会秘书科牌子）

主要职责：研究和制定全县群众体育工作的发展规划和有关制度；指导落实全民健身计划；指导开展群众性体育活动，建立和完善全民健身服务体系；组织实施社会体育指导员培训，指导开展国民体质监测工作；指导全民健身设施建设；指导、协调和推动乡镇体育、社区体育、学校体育以及少数民族、残疾人等社会各阶层人民群众的体育活动；承担体育创强、社会健身气功管理、青少年俱乐部创建、非奥运项目开展等业务；指导、协调群众体育科研和群众体育单项运动协会、行业体协的工作；参加市级以上和组织县级群体竞赛和活动。

3. 产业科（挂训练竞赛科牌子）

主要职责：研究制定全县体育产业发展规划和体育产业政策，培育、发展体育产业；拟订全县竞技体育发展规划草案和青少年体育竞赛管理制度；规划全县青少年业余训练的运动项目设置和布局；指导和管理全县青少年业余训练和相关活动；负责竞技体育后备人才培养、输送和反兴奋剂工作；组织管理全县综合性运动会和年计划内赛事；组织协调重大比赛和市级以上各类赛事的备战和参赛工作；指导省、市、县级体育传统项目阳光后备人才基地建设和创建工作；指导全县青少年体育科研、教育、人才培育和学术交流；组织裁判员、教练员岗位培训及继续教育；负责运动员、裁判员等级审核和上报；审定公布各运动项目县记录。

以上请示如无不妥，请批复。

附件：

1. 省体育局内设机构情况
2. 《关于调整市体育局内设机构的批复》（衢市编〔2016〕31号）
3. 《关于龙游县体育局及所属事业单位整合规范和分类的批复》（龙编〔2010〕78号）

4. 《常山县人民政府办公室关于印发常山县体育局职能配置、内设机构和人员编制方案的通知》（常政办发〔2002〕44 号）

常山县体育局
2017 年 11 月 22 日

函

一、函的适用范围、特点及种类

1. 函的适用范围

函适用于不相隶属机关之间商洽工作、询问和答复问题、请求批准和答复审批事项。具体为：

（1）平级机关或不相隶属机关单位之间的商洽性、询问性和答复性公务联系；

（2）向无隶属关系的业务主管部门请求批准有关事项；

（3）业务主管部门答复或审批无隶属关系的机关请求批准的事项；

（4）机关单位对个人的公务联系，如答复群众来信等。

2. 函的特点

（1）适用范围广泛，使用灵活方便。既可用于相互商洽工作，询问答复问题，又可用于向主管部门请求批准事项及主管部门审批或答复事项。

（2）行文方向具有多向性。既可平行，又可以上行、下行，较多时候作平行文。

（3）短小精悍。内容单一，语言简洁，简单明了。

3. 函的种类

（1）按内容和用途分，函可分为三种类型。

①商洽函，指用于平行机关或不相隶属机关之间商洽工作、联系有关事宜的函。如商调干部函、联系租赁函、洽谈业务函等。

②询问、答复函，指不相隶属机关之间互相询问、答复处理有关问题的函。

③请批、批准函，指向不相隶属的业务主管部门制发的请批函，业务主管部门向不相隶属的机关单位制发的批准函。请批函和批准函常误用为请示、报告、批复。

（2）按照文面规格，函可分为公函和便函。

公函按一般公文格式和要求行文。便函格式灵活、简便，写法较自由，可不写标题、不编文号。便函不列入正式文件范围。

（3）按照行文方向，函可分为去函和复函。

去函也叫来函，即主动发出的函。复函是针对来函所提出的问题或事情，被动答复的函。

二、函的结构与写法

1. 标题

函的标题有多种写法：

（1）由发文机关、事由、回复函对象和文种组成，如"××县人民政府办公室关于棉籽价格问题给××县人民政府办公室的复函"。

（2）由事由和文种组成，省略发文机关，如"关于请求拨款举办'民间艺术节'的函"为去函标题，"关于拨款举办'民间艺术节'的复函"为复函标题。

2. 正文

（1）去函。去函一般分为开头、事项、要求三部分。

开头部分，一般先写商洽、请求、询问或告知事项的依据、背景、缘由。

事项部分，进行叙述和说明，是什么就写什么，既要简明扼要，又要交代清楚。

要求部分，可多可少。如果事项很简单，可同事项写在一起，一气呵成。

（2）复函。复函的正文写法同批复的正文写法相似，由引语和答复意见两部分组成。引语是引述来函标题及来函文号。答复意见是针对来函所提出的商洽、询问或请求等问题予以答复。常用结语有"特此函复""此复"等。

三、函的写作要求

1. 开门见山，直叙其事

函一般写得很简短，简明扼要，切忌空话、套话，或者含糊其词，不知所云。

2. 措辞得体，平等待人

函的语言表达非常讲究，必须谦和、诚恳。对上要谦敬，但不恭维逢迎；对下要严肃，但不自傲训人；对平行单位、不相隶属单位，要以礼待人，用商量口吻，不盛气凌人。

四、函和请示的区别

使用函还是请示，主要依据发文机关和收文机关的关系。函主要用于平级单位之间、不相隶属单位之间以及业务上的主管和被主管关系的单位之间的工作往来。向主管单位请求批准有关事项，主管单位用复函批准请求事项。请示则是用于有隶属关系的上下级机关，下级机关用请示向上级机关行文请求指示、批准重要事项。

参考例文：

[例文一]

关于征求《银川市 2018 年

水污染防治工作方案（征求意见稿）》修改意见的函

各相关单位：

根据《宁夏回族自治区水污染防治工作方案》（宁政发〔2015〕106 号）和《银川市水污染防治工作实施方案》（银政发〔2016〕102 号），市环保局组织编制了《银川市 2018 年水污染防治工作实施方案（征求意见稿）》（以下简称《方案（征求意见稿）》）。根据规范性文件管理的要求，现就《方案（征求意见稿）》征求各相关单位意见。请各相关单位根据自身职责提出修改意见，市环保局将进行修改完善后报市政府研究印发执行。纸质版修改意见加盖公章后，请于 2018 年 2 月 28 日前报送至市环保局水环境管理科（市环保局 417 室），电子版发送至指定电子邮箱（ycshjgl@126.com），逾期不报者视为无修改意见。

联系人：崔悦慧　马矗

联系电话（传真）：8679820

银川市水污染防治工作领导小组办公室

2018 年 2 月 27 日

[例文二]

市政府关于同意命名和庭的复函

苏府地名函〔2018〕102 号

苏州旭隆置业有限公司：

你们上报的《关于申请"和庭"地名命名的函》收悉。根据地名管理法规的相关规定，同意将你们在吴中区角直镇映月二路以东、二号河（地处角直大道北侧、俗称，下同）北侧新建道路（未命名）及规划道路（未命名）以南、界浦港（河道、俗称，下同）及其西侧规划用地以西、二号河及界浦港西侧规划用地以北范围内建设的住宅区命名为"和庭"。

地名汉语拼音拼写形式：Hé Tíng

地名标志汉语拼音拼写形式：HE TING

你们要规范使用标准地名，并及时与有关部门联系，按照《地名标志》（GB 17733—2008）国家标准制作、设置地名标志。

此函。

苏州市人民政府

2018 年 11 月 22 日

思考与练习

一、填空题

1. 根据《党政机关公文处理工作条例》规定，党政机关公文分（　　）种。

2. 通知适用于（　　）的公文，转发上级机关和（　　）的公文，发布文件；传达要求下级机关办理和需要有关单位（　　）或者（　　）的事项；（　　）人员。

3. 通报适用于（　　），（　　），传达重要精神或者情况。

4. 请示应当（　　），一般只写（　　）个主送机关，需要同时报送其他机关的，应当用（　　）形式，但不得抄送其他（　　）机关。

5. 报告中不得夹带（　　）事项。

6. 函适用于（　　）机关之间（　　）工作、询问和（　　）问题、（　　）和答复审批事项。

二、改错题

1. 改正下列发文字号在写法上的错误。

(1) 鲁政发〔2019〕第 5 号 (2) 鲁政发〔二〇一九〕5 号

(3) 鲁政发〔2019〕05 号 (4) 鲁政发〔二〇一九〕五号

2. 改正下列成文日期在书写上的不规范之处。

(1) 2019. 03. 15 (2) 19 年 03 月 15 日

(3) 二零一九年三月十五日 (4) 一九年三月十五日

3. 分析下列事例有无错误，并说明原因。

(1) ××县人事局向县直属各单位下发年终考核工作通知，抄报于该县政府办公室。

(2) ××市××区区属图书馆为办好图书事业，满足该区群众读书的要求，特向区政府请示增加经费，并将该请示抄送该区人事局、劳动局、物价局、财政局。

(3) ××县农业局写例行报告，一向县政府汇报 2019 年全年工作，二在报告中请示了 2020 年增建农机站的事项。

(4) ××市××区职工大学是受区政府和市成人教育局双重领导的单位。该职工大学就 2020 年需增加教育经费一事，特向两个上级机关请示。

(5) 中共××市委与市委宣传部就学习贯彻中共第十四次代表大会精神，建设有特色的社会主义联合向下发出通知。

三、写作练习

1. 根据以下内容提示，拟写公文标题。

(1) ××大学就××系学生××擅离学校，违反学校纪律，给予警告处分一事发出文件，使全校师生周知。

(2) ××县工业局为请求购置防暑设备的经费，特向该县财政局制发文件。

2. 根据指定要求撰写公文。

要求：标题结构正确，事由和文种准确。公文体式正确，措辞得体，简洁明确。指定内容有涉及专业性的问题，可仅写开头和结尾，具体内容用省略号代替。

(1) ××省农业厅就 2018 年春季抗旱救灾问题，向省政府请求急拨救灾款 5 000 万元。

(2) ××市××区轮胎厂发生重大火灾，该区人民政府特向本区各单位发出信息，要求以此为鉴，搞好防火工作。

3. 根据指定材料撰写公文。

(1) 将下列通讯改写为通报。

李勇 舍己救人 英勇献身
共青团全国铁道委员会和团委决定
授予"优秀少先队员"光荣称号并追认为共青团员

本报讯：5 月 28 日下午，共青团成都铁路局委员会在局工会俱乐部召开大会，选读共青团全国铁路委员会和共青团四川省委的决定，授予为抢救落水同学而英勇献身的李勇同学"优秀少先队员"的光荣称号，并根据他生前要求，追认他为共青团员。

李勇同学生前是西昌铁路中学学生，刚满 14 周岁，1998 年 5 月 2 日，李勇和另外四名同学在河边玩耍，忽然，张昆同学不慎落入水中，李勇当即跳下水去营救，张昆被救了，而他却献出了年轻的生命。

团委副书记等领导在讲话中分别号召全国铁路系统和省内各地的小朋友向李勇同学学习，做一个有理想、有道德、无私无畏的好孩子。

（2）根据下列材料，拟写一份会议通知。

山东省大学语文研究会将于 2020 年 7 月 15—17 日在济南召开年会，于 5 月 6 日发出会议通知。会议的内容是研究与探讨大学语文理论研究、大学语文学科建设与课程建设研究、大学语文与其他学科或课程的融合研究等，各高校大学语文教师均可参会。会务费 500 元，会期三天，7 月 15 日报到，报到和开会地点在山东教育大厦。要求每位与会者于会前 15 天提交相关学术论文一篇。

第八章　常用事务文书写作

📖 学习目标

（1）理解事务文书的概念、种类和写作要求。

（2）掌握计划、总结、声明、启事、介绍信、求职信等常用事务文书的格式和写法。

（3）学习例文，能熟练练习写作相关事务文书。

事务文书概述

一、事务文书的概念

事务文书是机关、团体、企事业单位在处理日常事务时用来沟通信息、安排工作、总结得失、研究问题的实用文体，是应用文写作的重要组成部分。它虽不是"法定"公文，但却是各机关单位使用最广、最多的一类文书。

二、事务文书的特点

1. 对象的明确性

事务文书的写作有明确的对象、特定的读者，对于对象有明显的约束力，一般来说对象非看不可。如给所属上级单位的计划、总结、简报、调查报告等，所属上级单位或领导必须看。再如条例、办法、规定、章程等，凡涉及的人都一定得看。

2. 内容的实效性

事务文书是直接用来处理事务工作的，要注意实用，讲求效率。为此，事务文书从主旨的确立到材料的使用都必须切合实际、讲求效率，写作形式的运用也要讲求实际和效率，便于文书内容的落实和处理。

3. 一定的程式性

事务文书一般有一定的程式性，有约定俗成的惯用格式。虽然它不像公文那样有着非常严格的格式要求，但在长期的应用中，事务文书的实用性和真实性使它逐渐形成了较为稳定的结构层次、习惯用语、处理程序等组成要素。虽然格式上有一定的灵活性，但总体上是相对稳定的。

4. 较强的时限性

事务文书总是针对工作、生活中的具体事务而撰写的，而一项工作任务的完成、一个问题的解决，大都有一定的时间要求，虽然它没有公文那样紧迫，但同样也要在限定的时间内及时完成，否则很难发挥事务文书的作用。

三、事务文书的种类

事务文书依据其性质和作用的不同，可以分为如下几类：

（1）计划类文书，是对未来工作的内容、步骤、措施与方案等进行的设想。包括计划、规划、方案、设想、安排等。

（2）报告类文书，是归纳某种工作的主要内容、成绩与经验、问题与不足等，并写成文字，向社会、上级和本单位所作的报告。包括总结、调查报告、述职报告等。

（3）规章类文书，是为了更好地开展工作而订立的某些制约性措施。包括规则、章程、制度、条约、守则等。

（4）信息类文书，是向他人传递的或长或短的各类信息。包括演说稿、简报、大事记、照会、启事、声明等。

（5）书信类文书，是指用于某种特定的场合、针对某种特定的事务所写的书信。包括介绍信、证明信、感谢信、慰问信、邀请信、求职信等。

（6）礼仪类文书，是指单位或个人在喜庆、哀丧、欢迎、送别以及其他社交场合用以表示礼节的文书。包括请柬、聘书、欢迎词、欢送词、答谢词等。

（7）会议类文书，是为会议的召开而准备的有关文件及对会议内容进行的记录。包括开幕词、闭幕词、会议议程、会议日程、会议记录等。

计 划 、总 结

一、计划

（一）计划的概念

社会团体、企事业单位或个人对未来一定时期的工作、事项、活动等作出预先打算和安排，确定目标、任务、措施所形成的一种事务性文书。

计划是一个统称，规划、纲要、安排、设想、方案、要点、打算等都属于计划的范畴。一般来说，规划、纲要是长远计划，而纲要比规划更概括；安排是短期计划；设想、打算是非正式的计划；方案的可操作性较强；要点是粗线条式的计划。

（二）计划的特点

1. 预见性

计划总是为做好未来的工作，完成今后的任务而制订的，它要凭借超前意识预见到工作的发展趋势，以便作出正确决策。制订计划既要看得远，又要想得实，尽可能对各种情况作出正确预想，使计划顺利实施。

2. 可行性

计划是决策的载体之一，它要指挥或者指导人们的行动，因此在制定目标、任务时都要考虑自身的实际，确保目标的实现。不能好高骛远，措施、办法应该切实可行。当然有时计划需要随客观实际情况的变化进行适当的调整和修订。

3. 明确性

计划是效果检验的依据，因而计划的各项指标及措施、方法的设置安排必须十分明确，不能含糊。明确的计划可以使人行有所依，查有所据。

4. 时限性

计划只在一个特定的时间范围内有效。无论是制订计划，还是执行计划，都是如此，离开了一定的时间范围，计划就失去了它本来的作用与意义。

（三）计划的种类

计划可以从不同角度分类，按内容分为生产计划、工作计划、学习计划、科研计划等各种专项计划，按性质分为综合计划、专项计划，按写作方式分为条文式计划、表格式计划，按时间跨度分为年度计划、季度计划、月计划、周计划等，按制订计划的机构分为国家计划、省（市）计划、单位计划、个人计划。

计划是个统称，像规划、纲要、设想、打算、要点、方案、意见、安排等都是根据计划目标远近、时间长短、内容详略等差异而确定的名称。

规划，是一种时间跨度长（三年以上），范围广，内容较为概括的计划。例：《××市城市建设总体规划》。

纲要和规划相同，都是各级领导机关根据战略方针，为实现总体目标对某个地区或某一事项作出长远部署。不同的是纲要比规划更为原则和概括，一般只对工作方向、目标提出纲领式要求和指导性措施。例：《××市 2019 年经济发展纲要》。

设想，是一种粗线条的、初步的、预备性的非正式计划。相对来讲，其适用时限较长。例：《××市拓展就业安置门路的设想》。

打算，也是一种粗线条的、想法不太成熟的非正式计划。相对于设想，它的内容范围不大且考虑近期要做的。例：《××学校争创文明校园的打算》。

要点，是将计划的主要内容择要摘编，使之简明突出。它适用于时间相对较短的计划。例：《××局 2019 年工作要点》。

方案，是将目的、要求、方式、方法、进度等都部署具体、周密，有很强可操作性的计划。方案一般适合专项性工作，其实施往往须经上级批准。例：《××市住房分配制度改革实施方案》。

意见，属粗线条计划，它适用于上级向下级布置工作任务并提供基本的思路、方法，交代政策，提出要求等。例：《××公司关于下属企业 2019 年扭亏增盈全面提高经济效益的意见》。

安排，是短期内要做的，且范围不大、内容单一、布置具体的一类计划。例：《××学院第×周工作安排》。

（四）计划的格式

1. 文字式计划的结构与写法

文字式计划是计划主要的写作方式。

（1）标题。标题由单位名称、时限、事由、文种组成，如《××市××局 2019 年工作计划》。也可省略其中的一项或者两项，如《××厂职工教育计划》等。但无论怎样省略，都必须保留事由、文种两项。有的计划则采用公文式标题，如《××学院关于留学生入学教育工作安排》。

（2）正文。正文分开头、文体、结尾三部分。

①开头。开头部分即引言、前言。这部分可写制订计划的依据，或背景材料（如面临的基本形势、前段工作经验教训等）。这部分要写得简明扼要，力戒套话、空话、大话。不同计划对上述内容可以有不同的取舍和侧重，有些大家熟悉的例行工作的计划，也可不写这部分内容，可直接写明工作的总目标、总任务。

②主体。这是计划的主要部分，计划的四要素都在这部分，只是不同的计划对这些要素有不同的侧重和取舍，比如领导机关制发的工作要点就可不具体写实施步骤和时间，而基层单位的计划则要写清楚这些内容。

这部分可采取下面几种结构方式：

条文式。把下阶段工作分成若干项目，逐项逐条地写明具体任务要求、措施办法、执行人员、完成时间等。要注意条文的逻辑顺序，可按各项工作的顺序，或者工作的主次轻重安排先后顺序。

分部式。按四要素规定的内容分成若干部分，每部分可用小标题概括重点或提示内容范围。这常用于较复杂的计划。

贯通式。依自然段落分层次写，开头常用提示句，如"这项工作的目标是……"之类。这种写法常用于短期的、单一的、具体的工作的计划、安排。

不论采用何种形式，主体部分都要写得周到详尽、具体明白。

③结尾。这部分可以提出号召和希望，激励大家为实现计划而努力；可以简要强调任务的重点和工作的主要环节；可以说明注意事项。有的计划还把督促检查的要求写为结尾部分。结尾部分应根据需要，灵活掌握写法及内容，有的计划甚至可以不写结尾。

（3）落款。落款写明制订计划的单位（标题中已标明单位的可省略）和日期。

2. 表格式计划的写法

表格式计划和条文式计划写法的主要不同是在主体部分，即把任务、措施、步骤、完成时间、执行人员等分项列成表格，依时间先后顺序排列。有的还列上执行情况一项，以反映出计划的实施状况。

这种写法眉目清楚，一目了然，直观性强，适用于任务具体、时间性强、程序性强的计划，如生产计划、招生工作计划、学校的教学工作计划等。也有的把它叫作工作日程安排表、行事日历。

（五）计划的写作要求

（1）要从实际出发，量力而行。制订计划要立足实际，计划中的指标、措施都应从本单位实际情况出发，指标的提出要留有余地，经过努力能够实现。

（2）要服从大局，克服本位主义，注意协调和综合平衡，但又要体现本单位工作特点。

（3）要有一定的挑战性。计划要有积极进取的精神，所提的任务和要求要在可能完成的范围内尽力定出最高目标。指标过低，缺乏吸引力，也不利于充分调动积极性。

（4）内容要具体明确，表达要简明准确，有条有理。

参考例文：

[例文一]

教育部高等教育司 2019 年工作要点（节选）

2019 年，高等教育司将以习近平新时代中国特色社会主义思想为指导，深入学习贯彻全国教育大会精神和新时代高等学校本科教育工作会议精神，牢固树立"四个意识"，坚定"四个自信"，坚决做到"两个维护"，紧紧围绕立德树人根本任务，实现高等教育内涵式发展，深入实施全面振兴本科教育攻坚行动，坚持全面谋划，全方位推动，形成全局性改革成果。围绕"一流本科、一流专业、一流课程、一流教师、一流质保、一流人才"，全面实施"六卓越一拔尖"计划 2.0，大力发展新工科、新医科、新农科、新文科，继续落实"工作谋划顶到天、工作视野宽到边、工作落实立到地"的总思路，按照敢于闯、善于创、主动调、奋力推、大力破、尽快立、持续建、确保稳、努力干的总基调，努力做好"十件事"，奋力打造好"司长风采项目"，实施好"处长奋进纪实档案"，写好高等教育奋进之笔，交出高等教育改革发展得意之作，助推高等教育强国建设。

一、谋划部署全面振兴本科攻坚行动

召开 2019 年度全国高教处长会。进一步用好"全国高教处长会"工作新机制，全面部署年度工作。指导各地各高校制定振兴本科教育专项行动方案，深入推进"以本为本""四个回归"，全面整顿教育教学秩序，形成全面振兴本科教育的新局面。

研制深化本科教育教学改革和"课程思政"文件。研究制定关于深化本科教育教学改革的意见，围绕学好、教好、管好持续深化改革，全面提高人才培养质量。制定实施关于加强高校"课程思政"建设的指导意见，统筹标准、课程、教材、教学、评价、考核等各环节，加强"课程思政"教师队伍建设，构建"思政课程+课程思政"育人大格局。

加强对各类院校人才培养的分类指导。召开直属高校工作咨询委员会第 29 次全体会议，部署高等教育年度工作。召开省部共建工作推进会，建立健全交流协调机制，实现教育资源与地方需求、行业企业需求的互联互通。推动地方高校应用型人才培养改革，促进民办高校提升人才培养水平。

二、全面实施"六卓越一拔尖"计划 2.0

推进本科"质量革命"，助力打造"质量中国"。全面启动"六卓越一拔尖"计划 2.0，建设一批中国特色、世界水平的国家级一流专业点和基础学科拔尖学生培养基地。按照"统一部署、全面启动、分类实施、领跑带动"的思路，指导推动各地各高校制定实施建设方案，完善国家、地方、高校三级实施体系，实现各类高校全覆盖、各个专业类全覆盖。

召开"六卓越一拔尖"计划2.0启动大会。推动各省（区、市）、各类高校制定卓越拔尖人才培养的具体实施方案。组织认定一批国家级一流专业建设点（或基地点），为全面振兴本科教育领跑。统筹国家级和省级一流专业建设，推动和指导省级一流专业点建设工作。

实施卓越工程师教育培养计划2.0。大力发展新工科，加强工科一流专业建设。推进"十百万"计划，加快构建10个新兴领域专业课程体系，建设100门新课程，培训1万名新工科专业教师。深入推进612个新工科研究与实践项目，推广有代表性的新工科模式。以产学合作协同育人项目为平台，汇聚600个企业支持2万个项目，推动合作办学、合作育人、合作就业、合作发展，持续完善产教融合协同育人的长效机制。

实施卓越医生教育培养计划2.0。大力发展新医科，加强医学类一流专业建设。印发《服务健康事业和健康产业人才培养引导性专业目录》，优化专业结构，促进医科与其他学科交叉融合。研究制定八年制医学教育改革指导意见。筹备第十届临床技能大赛，组织研制中医类示范中心建设标准，确定30个左右临床教学培训示范中心（中医）。

实施卓越农林人才教育培养计划2.0。大力发展新农科，加强涉农一流专业建设。完善农科教协同育人机制，建设一批共建共享的实践教学基地，建设200个左右"农科教合作人才培养基地"。建立10个左右国家农林教师教学发展示范中心。

实施卓越法治人才教育培养计划2.0。加强一流法学专业建设，建设校际优质在线课程资源共建共享平台，建设若干个信息化课堂教学平台、庭审直播实践教学平台、法学类国家虚拟仿真实验教学项目。组织研制《法律职业伦理课程教学基本要求》，开展任课教师培训，指导各高校开好法律职业伦理课。推动高校与法治实务部门之间建立双向交流长效机制。

实施卓越新闻传播人才教育培养计划2.0。加强新闻传播类一流专业建设，建设10个新闻传播类国家虚拟仿真实验教学项目。加强马克思主义新闻观教育，开展新闻传播院系骨干教师主题培训。建设一批马克思主义新闻观教育教学典型案例。有序推进骨干教师和业界人员互聘"双千计划"。

实施基础学科拔尖学生培养计划2.0。分类推进大理科、大文科、大医科基础学科拔尖人才培养，建设一批基础学科拔尖学生培养基地，深入探索书院制模式，强化使命驱动，注重大师引领，创新学习方式，注重环境浸润熏陶，促进拔尖学生脱颖而出。

筹备启动卓越经济管理人才教育培养计划。以培养新时代经济强国建设需要的大批应用型、复合型卓越经济管理人才为目标，以推进经济管理类专业深化内涵建设为抓手，以推动经济管理类专业教育的理念、内容、方法、师资、实践、评价等全要素革命为突破口，研制卓越经济管理人才教育培养计划。

推动高校专业调整优化工作。引导高校根据新时代国家战略急需、新一轮产业变革趋势和社会民生新需求，加快专业结构调整。加快急需紧缺人才培养，推动集成电路产学研融合协同育人实践平台建设项目立项实施，推进一流网络安全学院和网络安全人才培养基地建设。

三、实施一流课程（金课）"双万计划"

推进"学习革命"，打造"学习中国"。大力发展"互联网+""智能+"教育，建设优质开放共享的一流课程，服务学习型政党、学习型社会、学习型国家建设。

实施一流课程"双万计划"。统筹规划国家级和省级一流课程培育与建设，打造高阶性、创新性、挑战度"金课"。大力发展慕课，建设线上"金课"，推动优质课程资源广泛共享，为实施高等教育质量"变轨超车"奠定更为坚实的基础。认定一批国家虚拟仿真实验教学项目，打造虚拟仿真"金课"，作为推进"智能+"教育的创新一招。从省级规划建设并取得改革成效的课程中，遴选基于慕课、SPOC 等线上线下混合式"金课"以及线下"金课"，推动信息技术与教育教学深度融合的课程改革和课堂革命。加强社会实践"金课"建设，把"青年红色筑梦之旅"建成有温度的国情思政"金课"，把中国"互联网+"创新创业大赛建成有激情的创新创业"金课"。

召开中国慕课大会。发布第二批国家精品在线开放课程、第二批国家虚拟仿真实验教学项目，以"识变、应变、求变"为主题，发布《中国慕课行动宣言》。推动国内课程平台横向联合，促进更多高校课程在国际著名课程平台上线。

布局本科教育国家级规划教材建设。按照《全国大中小学教材建设规划》总体安排，布局本科教育国家级规划教材建设。推动高校贯彻落实《普通高等学校教材管理办法》《学校选用境外教材管理办法》，强化教材编写、审定和选用管理。

四、实施保合格、上水平、追卓越三级专业认证

保合格，开展对所有专业的合格认证。依托全国高校教学基本状态数据平台，加强基本条件、基本管理、基本质量的常态化监测。

上水平，开展专业建设水平认证。对标《普通高等学校本科专业类教学质量国家标准》，健全覆盖所有学科门类的专业质量认证机制。

追卓越，开展国际实质等效的专业认证。建立完善相关专业认证标准，完成 450 个左右专业认证工作，以专业认证推动高校追卓越，建设一流专业。

选树 30 个左右质量文化建设示范校。选树优秀教学成果和质量文化建设典型，引导中央高校、地方高校，公办高校、民办高校，中外合作办学等各类高校以"四个回归"为基本遵循，贯彻落实"以本为本"和"三个不合格、八个首先"的要求，把人才培养水平和质量作为办学追求，将质量文化内化为全校师生的共同价值和自觉行动，形成以提高人才培养水平为核心的质量文化。

五、深入实施中西部高等教育振兴计划升级版

推进区域协调发展，打造"公平中国"。布一个大局，下一盘大棋，走一条新路，支持中西部高校扎根中国大地办大学，全面服务中西部发展，创新中国高等教育发展路径。

加快推进中西部高等教育振兴。研究制定新时代振兴中西部高等教育的若干意见，召开全面振兴中西部高等教育工作推进会，贯彻新理念、明确新思路、采取新方式，激发内生动力，统筹推进中西部高校综合实力提升工程、中西部高校基础能力建设工程、"双一流"建设、对口支援西部高校计划、省部共建等工作，引导和支持中西部高校着力加强"造血"功能。推进高校集群发展，以成都、西安、兰州和重庆、成都、西安这两个西三角为战略支点，以区域内高水平大学为发展龙头，充分发挥高等教育集群的"集聚-溢出"效应，引领带动中西部高校提升服务经济社会发展能力。

积极推进教育扶贫攻坚。推进临沧地区脱贫攻坚，把经济扶贫、产业扶贫、科技扶贫和教育扶贫统一起来，动员有家国情怀、社会责任担当和经济实力的优秀企业进行精准帮扶。组织 100 支"青年红色筑梦之旅"团队对接临沧脱贫需求，让项目成果落地生根、开花结果。组织对口支援建设滇西科技师范学院，提升服务临沧经济社会发展能力。实施医学教育精准扶贫攻坚行动计划，继续为中西部乡镇卫生院培养 5 000 名左右定向本科医学生，对三

区三州、滇西等地区给予重点支持。召开农村定向本科医学生培养工作10周年现场工作推进会，加快为基层培养输送高素质医学人才。加快西藏现代医学教育体系建设，重点提高师资队伍水平和毕业生执业医师考试通过率。

六、办好第五届中国"互联网+"大学生创新创业大赛

……

七、推进公共外语教学改革

……

八、建设一流师资

……

九、用好中央高校教育教学改革专项

……

十、组织开展新时代中国高等教育理论体系研究

……

[例文二]

××学校领导班子"不忘初心、牢记使命"主题教育学习计划

时间	学习内容	参加范围
6月24日—27日 每天8：15—10：15	党委中心组集体学习《习近平新时代中国特色社会主义思想学习纲要》	领导班子成员
6月25日下午 2：00—4：00	学习市委"不忘初心、牢记使命"主题教育动员大会有关精神，开展"不忘初心、牢记使命、把握机遇、创新发展"专题研讨	领导班子成员
6月26日下午 2：00—4：00	学习习近平在全国教育大会上的重要讲话，开展专题交流	领导班子成员
6月27日下午 2：00—4：00	学习国家职业教育改革实施方案，开展专题交流	领导班子成员
6月28日下午 2：00—4：00	"不忘初心共筑梦，牢记使命勇向前"，学校党委书记为全体党员上专题党课	领导班子成员、全体党员
7月1日下午 2：00—4：00	学校党委副书记为全体中层干部上专题党课	党委副书记、全体中层干部
7月2日下午 2：00—5：00	瞻仰中共二大会址纪念馆	领导班子成员
7月8日下午 2：00—3：00	学习习近平建设社会主义文化强国思想，开展加强学校领导班子和干部队伍思想道德建设专题研讨	领导班子成员
7月8日下午 3：00—4：00	学习习近平在《求是》杂志发表的文章《加强党对全面依法治国的领导》，开展学校依法治校建设专题讨论	领导班子成员

二、总结

（一）总结的概念

总结是党政机关、企事业单位、社会团体及个人对前一阶段的工作进行回顾、反思和分析研究，找出成绩与问题、经验与教训，用来指导今后工作的一种应用文体。

总结既是对自身实践活动的回顾，又是人们的思想认识从感性阶段向理性层次不断提高的过程。人们可以通过总结更深刻更全面地认识过去，以便顺利地开展以后的工作。

（二）总结的特点

（1）总结是人们自身实践的本质的反映。它要求内容真实，完全忠实地反映自身的实践活动。总结的材料，只能来自自身的实践，不能东拼西凑、添枝加叶；总结的观点不能是外加的漂亮标签、任意拔高的思想，只能是从自身实践活动中抽象出来的认识。

（2）总结具有理论指导性。总结是人们对客观规律认识的反映，它不仅要陈述工作情况，更要揭示理性认识。能否进行理性分析，指出事物发展的客观规律，是衡量一篇总结写得好坏的重要标准。

（3）总结具有针对性。总结必须对本单位、本部门、本地区的工作实际进行检查、回顾和评价，并提出适合本单位或本部门特点的努力方向。

（三）总结的分类

（1）按性质分，有专题总结、综合总结。
（2）按内容分，有学习总结、工作总结、思想总结、科研总结等。
（3）按范围分，有地区总结、行业总结、单位总结、班级总结、个人总结。
（4）按时间分，有年度总结、季度总结、月度总结等。

（四）总结的格式

1. 标题

总结的标题常见的有以下几种形式：

（1）四项式标题，即由单位名称、时间、事由、文种组成标题，如《××市人事局2019年补充国家机关工作人员考试工作总结》。这四项可根据需要进行省略。

（2）文章式标题，如《更新观念培养开拓型人才》。文章式标题常用于专题总结，可写单行标题也可写双行标题。

2. 正文

（1）开头。总结的开头要简明扼要，紧扣中心，有吸引力。常采用以下几种方式：

①概述式：概括介绍基本情况，即交代工作的背景、时间、地点、条件等。

②结论式：先明确提出总结出的结论，使人了解经验教训的核心所在，然后再引出下文。

③提示式：对工作的主要内容作提示性、概括性的介绍，它不概括经验，只提示总结的工作内容和范围。

④提问式：先设问提出问题，点明总结的重点，引起人们的关注。

⑤对比式：开头对有关情况进行比较，以说明成绩，表明优势，引出下文。

总结也可综合运用几种方式开头，以增强表达效果。

（2）主体。总结的主体主要包括以下三方面：

一是做法、成绩与经验。这是总结的主要内容。要写明做了哪些工作，采取了怎样的措施、方法和步骤，有什么效果，取得了哪些成绩，取得成绩的主观原因是什么。哪些做法是成功的、行之有效的，有什么经验和体会。这些内容中，做法、成绩是基础材料，经验、体会是重点，在全文中占主导地位。这部分内容一般比较丰富，写作中要处理好主次详略的关系。

二是问题与教训。要写出工作中存在的问题与不足以及它们给工作带来的影响、造成的损失；分析出现问题、失误的主客观原因及由此得出的教训。不同的总结对这部分内容的轻重处置不同，比如着重反映问题的总结，就要把这部分作为重点。

三是今后的工作设想和努力方向。这是在总结经验教训的基础上，针对工作的实际问题，提出改进措施；或者说明今后打算、工作发展趋势，展望工作前景，提出新的目标。也有的总结把这一部分就列为结尾部分。

（3）落款。署上单位名称、标明时间。

（五）总结的结构形式

总结常用的结构形式有以下五种：

第一种，分部式。

这是按"情况—成绩—经验—问题—意见"或者"主旨—做法—效果—体会"的顺序，分成几个大部分，依次来写。

第二种，阶段式。

这是把要总结的工作的整个过程，按时间顺序划分成几个阶段来写。每个部分把其中一个阶段的工作情况、经验教训结合在一起来写。运用这种结构形式，注意一定不要记流水账，要突出各个阶段的重点和特点，注意各阶段之间的连贯性。

第三种，条文并列式。

这是把总结的内容按性质分类，逐条逐项排列，可以把经验体会有序分条，也可以以工作项目为序分条。

第四种，总分式。

这种结构形式常用于全面总结。先总述工作情况，如形势、背景、成绩，然后再分若干项主要工作逐项总结。

第五种，贯通式。

这是围绕中心，按时间顺序或者事物发展顺序，抓住主要线索，层层分析说明，总结工作的全过程。这种结构适合内容比较单一的专题总结。

（六）总结的写作要求

1. 实事求是，切忌虚假

这是写好总结的基础。要如实反映工作中的成绩和问题、经验和教训，不能只报喜不报忧，也不能脱离实际随心所欲地拔高观点。反映情况不能片面，更不能前后矛盾。

2. 突出重点，切忌平淡

要根据工作实际、写作目的和总结的不同性质，内容有所侧重，不能不分主次、不分详略地平均用笔，也不能堆砌材料、平铺直叙，记流水账。

3. 写出特色，切忌平庸

要抓住事物的主要特点，反映出本单位工作的特点，要有自己的面目，不要"异口同声"、千篇一律。

4. 注重分析，切忌肤浅

写总结的目的，是认识工作实际，推动工作进展，这就必须注重对工作情况的分析，总结反映客观规律的经验教训。要对材料进行深入挖掘，使观点和材料相结合。

参考例文：

2018 年度湖州市自动化学会工作总结

2018 年，在市科协指导下，市自动化学会圆满完成了年初制订的各项任务，简要汇报如下：

一、积极召开工作会议，落实学会各项工作

2018 年召开了三次理事（扩大）会议，理事和各会员单位代表参加。大家畅所欲言，对学会工作提出了积极的建议和期望，对学会在本年度的工作进行了详细的讨论，并进行落实。会议上提出，市自动化学会应该突出特色，进一步加强服务企业的各项工作。各位理事与会员单位代表对新形势下学会工作内容与方式方法的改进提出了建议，主要为：

（1）加强学会自身能力与影响力的提升，扩大学会规模，积极在相关企业中招收会员单位及会员。

（2）在政府转变职能，简政放权的大趋势下，学会应更好地发挥作用，承接部分工作。

（3）自动化学会要充分发挥桥梁纽带作用，加强服务企业，服务企业的基础是深入企业调研，使科研人员的工作与企业紧密结合。学会可以将服务重点放在智能制造技术等方面。

二、服务企业，为企业解决技术难题

会员积极下企业，探讨企业难题，加强学会与企业的联系，并为企业与自动化行业专家架起联系的桥梁。积极组织专家和学者，深入会员单位和其他相关企业、学校等开展技术研究与科普宣传，举办讲座，取得了较好的成绩。开展了为会员单位送技术上门活动，分别在电力、电梯、纺织、木地板等行业与企业进行技术合作。

三、开展学术交流，加强技术创新研究

本年度共举办或、承办了 3 次学术交流会议，分别为：

（1）3 月承办了 2018 第三届中国国际高效电机暨系统高峰论坛。此次高峰论坛旨在迎合电机行业的快速发展，洞察全球经济趋势，培养电机企业国际战略视野，促进电机产业升级，全面提高电机能效水平。

（2）5 月主办了工业生产过程安全性与故障诊断应用研讨会。会议邀请了省内行业专家作了相关报告并进行了交流与研讨。

（3）12 月承办了浙江省自动化学会八届二次理事会暨 2018 年学术年会。本次学术年会邀请了浙江工程设计有限公司电仪室主任刘日林高工，浙江大学控制学院智能系统与控制研究所副所长谢磊教授，杭州睿数科技有限公司创始人兼 CEO 吴仲毓做了专题报告。

本年度，自动化学会获得三项市科协学会能力提升行动重点项目资助，建立一个市级学会服务站。学会会员在国内外重要期刊发展了学术论文 30 余篇，获得各项专利 10 多项。

四、加强内部建设，壮大会员队伍

建好会员之家，壮大会员队伍。学会加大了会员管理力度，做好对老会员的回访和新会员的吸收工作，把关心支持学会工作的各方面人士吸收到学会中来，不断扩大学会的力量。进一步做好会员服务工作，克服会员就入会而入会的现象，研究探索为会员服务的有效方式，建立广泛的会员参与机制，真正使学会成为"会员之家"。

湖州市自动化学会

2019 年 1 月 14 日

调查报告

一、调查报告的概念、特点和分类

(一) 调查报告的概念

所谓调查报告，就是根据调查研究结果写出来的书面报告。具体来说，就是作者对某一事件、某一情况、某一问题或某一经验进行深入周密的调查，占有丰富的材料，然后通过对材料进行科学的分析研究，揭示事物的本质，从中找出规律性的东西和正确的结论，最后把情况、分析和结论写成有叙有议的文章。

(二) 调查报告的特点

1. 客观性

作为调查研究结果的反映，调查报告最显著的特点是尊重客观事实，用事实说话，在这一方面具有新闻性。它的内容，必须是经过调查研究、落实核对过的，是真实准确的。作者对事实要公正，不能主观、片面，更不能将个人想法强加于事实材料，而将事实扭曲。不但如此，调查报告的一切结论也必须以充分确凿的事实为依据，不能凭借主观想象乱下结论。

2. 报告性

就表达方式而言，调查报告具有报告性的特点。调查报告必须把调查研究的情况通过报告的形式向上级领导或广大群众进行汇报。它主要通过叙述的方式，把对某一问题进行调查研究的经过、收获、经验、做法等表述出来。有时，也用议论的方式总结规律，采用说明的方式解说事物。

3. 针对性

(1) 选择写调查报告的材料应具有一定的针对性，不是随便选择的；调查报告反映的必须是当前广大群众普遍关注，或具有一定的典型意义，或国家政府期待解决的问题，通过对典型材料的分析研究，找出带有全局性、规律性的东西。

（2）调查报告的性质决定了作者在调查研究过程中，必须从工作的实际需要出发，有针对性地总结经验，揭露存在的问题，不能分不清主次，削弱调查报告的分量。

4. 完整性

相比其他应用文体来说，调查报告的结构形式是比较完整的，它一般由"提出问题（摆出事实）—分析问题（对客观事物进行分析研究）—解决问题（得出结论，提出建议）"等几部分组成。它要求对某一事物作系统完整的调查研究，要求在对这一事物起因、发展和结果的全过程了解的基础上形成观点，提出建议。

（三）调查报告的作用

与其他应用文体相比，调查报告的社会作用最大。它通过对先进单位或部门的调查研究，总结出具体的经验和办法，然后加以推广应用，促进社会主义建设；它通过对一些突出的反面典型问题的揭露与批评，引起人们的警戒；它通过对某一问题调查研究后，提出一些建设性意见或解决的办法，对解决实际问题起到一定的参考作用。

（四）调查报告的分类

1. 典型经验的调查报告

这一类调查报告往往是针对某一单位、部门或行业充分列举其所取得的成绩，并从中分析概括出一些成功的经验和行之有效的办法，给人以启发或可仿效参考。

2. 揭露问题的调查报告

这类调查报告针对性很强，主要用以揭露各种矛盾和问题，揭露社会生活中违背人民利益、有碍于社会主义建设的种种现象和弊端，以期引起有关部门和社会的注意，从而达到解决问题、教育群众的目的。这类调查报告要披露确凿的事实真相，尖锐指出其严重性和危害性，提出解决问题的具体建议和办法，具有很强的战斗性和紧迫感，常常引起社会上的强烈关注和反响。

3. 新生事物的调查报告

新生事物代表了社会前进的方向，体现了时代的精神。新生事物的调查报告要完整全面地介绍这些新生事物产生的时代背景和特点，描述它们产生、成长、发展的过程，展现它们的作用和时代意义，表现它们巨大的生命力。

4. 历史事实的调查报告

这种调查报告是在广泛深入调查的基础上，用确凿的事实和有力的证据，重现某一段历史或某一历史事件。这种调查报告必须把事件或史实产生的背景、经过和发展的全过程，以及它的社会影响和意义等内容交代清楚。

5. 突出事件的调查报告

这种调查报告主要是叙述现实生活中所发生的突出事件，从中引出发人深思的某些经验教训，以便引起广泛的重视，并采取积极的措施加以解决。这类调查报告所反映的事件是典型的，具有一定的代表性和较大的社会意义。

6. 说明情况的调查报告

这类调查报告主要是采用调查和统计的方法，以事实和数据来说明某种情况或某些倾向性问题，以引起有关部门的重视，或作为决策的参考依据。写作时，以叙述情况和事实为主，在叙事中有少量精当的分析和议论，内容一般单一、集中，篇幅简短、紧凑。

7. 研究性和预测性调查报告

这类调查报告主要是为有关单位和部门制定决策服务的，是实施决策民主化、科学化的重要方法之一。它的特点是不仅包括对某个有关事项现状的调查分析以及对该事项相关要素的研究，还包括对这种研究的种种结果进行综合的推理，提出调整改革的建议，预测未来的趋势。这种调查报告在政治和社会管理、财政金融、商业和市场管理以及在国民经济建设方面，具有越来越重要的作用。

二、调查报告的写作

（一）调查报告的基本格式

调查报告一般由标题、内容、结尾三个部分组成。

1. 标题

调查报告的标题，要把文章内容的精华告诉读者，要鲜明地揭示文章的主题或明确地表达作者的观点倾向。一般用简明扼要、高度概括的语言点出调查报告的主题。调查报告的标题有以下三种类型：

（1）由调查内容、对象加文种（即调查报告、调查或考察报告）组成，如《湖南农民运动考察报告》；

（2）概括全文基本观点或中心内容；

（3）复题式，即由主标题和副标题构成，主标题概括基本观点或中心内容，副标题补充说明调查的对象、地点、范围和内容等，并注明"调查"或"调查报告"，如《凤凰与笨鸟齐飞——关于两个国有企业合作改革的调查报告》。

2. 内容

调查报告的内容分为开头和正文两部分。

（1）调查报告开头往往要对调查内容作一个简明扼要的说明，这类似于新闻的导语。当然，开头的写法多种多样，有的开门见山提出问题，有的介绍主要事实，有的则介绍主要经验，这要看需要而定。有的特别重要的调查报告还要写明调查的地点、时间、参加人员，调查的原因和目的等，这样可以增加可信性。总之，开头要一下子抓住实质性问题，不要兜圈子。

（2）正文是调查报告的主体部分，是对开头部分提出的问题加以分析和解决，或对开头提出的新经验、新做法进行具体的阐述和说明。如果被调查的事物比较复杂，一定要研究该事物的特点，确定一个合理的结构方法。可以采取纵式结构法，即按照事物发展的先后顺序或问题步步深入的逻辑写下来，对事件的调查往往采取这种写法；还可以采取横式结构，即分成几个问题来写，每个问题有标题，一般经验型的调查报告采用这种写法；还可以用纵横结合的结构方法，既有事物的先后顺序，又分出几个问题、几个方面来写。

3. 结尾

结尾要简洁有力。结尾可以有多种形式，可以对全文内容作归纳性的说明，使中心内容更加突出；可以总结全文的主要观点，以加深读者印象；可以对调查的情况或问题提出解决的办法、措施、意见和建议，以请示或建议的形式结尾；也可以把报告中没写而又需要读者了解的情况加以补充说明等。也有的调查报告不加结尾，结尾内容融会贯通在主体之中。

（二）调查报告的写作要求

1. 明确目的，认真做好调查的准备工作

调查报告是为了解决问题，为领导制定政策、做出决策、弄清真相、处理问题提供可靠依据。因此，调查之前就要对自己的任务和目的做到心中有数，而且要根据所要调查的题目和任务，拟出提纲，列出调查的重点、进行的步骤和方法，以便有计划地、周密地进行调查。

2. 全面、深入地掌握第一手材料

所谓全面，就是不仅要了解调查对象的现状，还要了解它的历史情况，要掌握其发展的全过程，把握整体。所谓深入，就是要抓住主要环节和重要矛盾仔细分析，不仅要了解一个事物本身，还要注意研究影响制约这个事物发展的其他有关联的事物，看问题要深入透彻。所谓第一手材料，就是自己亲自调查得来的真实可靠的材料，不是随便查看资料、盲目收集来的东西。

3. 认真分析研究

在占有材料的基础上，完成由现象到本质的飞跃，既不要就事论事，也不要漫无边际；既不要主观臆断，也不能牵强附会。要认真分析研究，得出科学的、公正的、准确的结论性意见。

4. 叙议结合，语言简明

调查报告要以叙述为主，调查经过、调查对象的基本情况和典型事例要用叙述；而归纳的结论和总结的经验则要用议论。夹叙夹议是调查报告表达上的特点。在语言运用上，要注意用生动活泼的大众化语言和多种多样的表现手法，增强文章的生动性。

参考例文：

关于中学生上网的社会调查报告

在不到两个月的实习阶段中，我在××初中实习时，为该校装备了计算机网络系统、多媒体教学系统、教学现场评估系统、校园广播系统、闭路电视系统，使该校实现了教学设施的网络化与教学手段的现代化。

在此期间，我在该校做了一个中学生上网情况的调查，具体情况如下：

（一）中学生及其家长对网络的态度和相关行为的情况

1. 中学生上网率极高，上网时间长

互联网以独特的魅力吸引着广大中学生。调查显示，93.5%的中学生表示对网络感兴趣，并有11.4%的中学生认为"很长时间不上网是令人难以忍受的"。周末和节假日是中学生上网的高峰时段。与孩子们相比，家长和教师则大为逊色。45.2%的家长表示不了解网络为何物，高达69.2%的家长没上过网，只有7.7%的家长经常上网。而大部分教师的上网时间少、上网经验明显不足。

2. 多数中学生对在校上网的条件不满意

对于课余时间里在校上网的条件表示满意的中学生只有19.4%，不满意率达59.2%。24.9%的中学生在学校里学会了上网技巧，而38.3%的中学生则认为学校并没有把必要的网络技巧教给他们。同时，不少教师对于学校的网络资源现状，特别是现有资源的利用率表示不满。据教师们反映，校园网络设施和多媒体教学设备主要用于展示课件与上公开课，而未能充分运用于平时备课和课堂教学中，更不能充分满足学生在校上网的需求。

3. 多数家长对于孩子上网既赞成又担心

对于子女上网，27%的家长持赞成的态度，反对的只有15.9%，大部分家长则表示顺其自然，但近半数的家长表示希望子女将来能从事网络工作。高达九成的家长认为，网络最大的好处是"能使子女开阔眼界，增长见识，并掌握好电脑技巧"；同时，29.5%的家长还觉得网络能促进子女的学习兴趣，11%的家长认为"网络没有任何好处和作用"。58.5%的家长表示，最不能接受的事是孩子上网会浪费时间，耽误学业。显然多数家长内心十分矛盾：既希望自己的子女能享受网络的好处，又怕因迷恋网络而荒废学业。此外，令家长们深感焦虑的事还有：孩子们会无意识地浏览淫秽、反动、暴力信息，产生网恋情绪，甚至痴迷网络游戏等。

(二) 网络环境对中学生的影响

1. 网络环境对中学生的积极影响

(1) 中学生使用互联网有助于形成全球意识，强化对国家对民族的责任感。透过网络的窗口，他们关注"家事、国事、天下事"，使视野空前开阔起来。全球意识的增强，适应了中国加入WTO的新形势，对于中学生今后走入日趋全球化的世界，显然是大有好处的。

(2) 互联网为中学生学习提供了有利条件，拓宽了他们的视野。网络资源在一定程度上满足了中学生们进行探究性学习、研究性学习的需要。

(3) 中学生使用网络有助于扩大交往的范围，促进青春期心理的健康发展。网络上，电子邮件、QQ、聊天室、BBS等把天涯海角、素不相识的人聚在一起，实现"零距离"交流。在相互咨询、交谈、讨论、倾诉、请教的过程中，极大地满足了中学生旺盛的表达欲、表现欲和社交欲，这对于舒解压力，保持青春期的心理健康有一定的好处。

(4) 中学生常上网，激发了对英语和现代科学技术的学习热情。

2. 网络对中学生的负面影响

(1) 网上的垃圾信息使中学生深受其害。

(2) 中学生迷恋网络，对学业产生负面影响。

(3) 网上聊天引发网恋。调查显示，6.7%的中学生坦言自己有过"网恋"行为（实际比例会更多）。网恋中存在许多情感陷阱，中学生往往是受害者。

(4) 网络不良文化弱化了中学生的道德意识。

(5) 网吧管理问题依然严重，给中学生造成诸多问题。

(三) 对策与建议

网络环境对中学德育工作提出了新的挑战，同时也提供了许多机遇。因此，对于信息网络化问题，我们应该积极发展，加强管理，趋利避害，为我所用，努力在全球信息网络化的发展中，占据主动地位。这也是我们进行网络德育工作的指导思想。

对此，我建议学校、社会与家庭携起手来，做好以下工作：

1. 更新教育观念，推进学校网络德育工作的开展

第一，通过宣传和学习，使全体德育工作者转换观念，统一思想认识，抛弃"网络有害论"，消除"网络恐慌症"，充分认识到网络德育的重要性和网络在中学生成长过程中的重要作用。

第二，重新定位学校德育的目标，把青少年儿童的道德成熟度作为网络德育的首要目标，着力培养学生正确的道德价值观、判断力和自制力。

第三，重新设计学校德育的内容，在原有德育内容的基础上突出价值观教育，增强识别评价和选择道德信息的能力；注重道德意志力的训练，使学生的道德认识与行为实践统一起来；开设网络德育课程，强化学生的网络道德意识和网络责任感。

第四，利用计算机和网络技术，积极拓宽德育教育的范围与领域。

2. 培养网络德育队伍，增强网络德育力量

其一，通过各种形式的培训、讲座和考核，使各级教育管理者、德育工作者以及全体教师掌握网络基本知识、技能，并熟悉网络德育的运作方式和手段，学会常见的德育课件开发工具（如 Director、Flash 等）。在讲求实效的前提下，改进和充实"××市中小学教师计算机考核"的方式与内容，如增加教师利用网络开展道德工作的考核内容。

其二，选拔并培训一批思想政治素质高，网上沟通技巧好，具有丰富的网络经验和技能的专、兼职网络德育工作者，由他们提供在线指导，帮助上网中学生解决各种心理、思想、学习等问题；同时，注意在网上收集整理有代表性的德育问题，向有关职能部门反馈，以加强德育工作的针对性。

3. 加强对中学生进行网络道德和网络行为规范教育，自觉筑起心灵的"长城"

一是加强以理想信念为主题的思想品质教育，用正确的人生观、世界观和价值观筑起心灵的"长城"，抵制网上各种不良思潮和有害信息的侵蚀。

二是加强中学生网络行为教育和安全教育。制定"××市中学生网络行为规范"，加大宣传力度，提高自我保护意识和自我约束能力。

三是各校可以组织中学生统一浏览思想品德教育的主题网页，向他们推荐国内外诸多优秀网站，把中学生的上网热情转化为自觉学习先进文化、陶冶高尚情操的动力。

（本文根据百度百科调查报告范文核改。）

商务信函

一、商务信函的概念

商务信函简称商函，是指在商务活动中交流信息、联系业务、洽谈贸易磋商和处理问题的信件，目前主要通过邮寄、电子邮件、传真、电传及电报等方式来进行信息传递。

在商务活动中，许多日常业务处理需要通过大量来往的商函来解决，所以商函的写作在商务活动中的地位是举足轻重的。人们可以通过商函去销售产品或提供服务，建立信贷和收

款，调解矛盾、解除误会，与客户建立贸易关系等。一份成功的、出色的商函甚至可以成为企业公关的一个组成部分，可以促进目标的实现，为企业带来巨大的经济效益和社会效益。能成功写作商函者甚至被视为公司的一大"财富"。

二、商务信函的种类

按行文方向，商务信函可分为致函和复函两种。

按具体业务项目或内容，商务信函一般可分为联络函、咨询函、推销函、订购函、催款函、寄样函、索赔函、理赔函、报价函、还价函、致歉函、谈判函、调解函和婉拒函等。由于现代社会中的业务活动纷繁复杂，商务信函内容涉及销售、催款、投诉、咨询、合作及联络等多种情形，这只是大体的分法，以便于写作指导。

按行文对象，商务信函可分为对上级主管部门、对客户或协作单位兄弟部门等。一般对上级主管部门多以行政公函形式出现，属于行政公文范畴；对客户或协作单位的商函是业务开展过程中最常见的沟通手段，内容和种类相当广泛。

三、商务信函的特点

（一）商务性

商务信函的内容一般主要集中在商务贸易的洽谈上，体现了商务性的特点。

（二）联络性

商务信函般要经过询问、答复、磋商等环节，体现了联络性的特点。

（三）凭据性

商务信函一旦发出，即可作为办理商务的凭据。由于它是书面形式，双方一旦发生纠纷，便成为重要的凭据之一，体现了凭据的特点。

（四）简洁性

用简洁朴实的语言来写信函，让信函读起来简单、清楚，容易理解。用尽可能少的文字简练地表达思想，做到既简洁又无损语意。

（五）适度口语化

每一封信函的往来，都是发信人跟收信人之间的一次交流。信函里可以体现出措辞适度口语化和随意性的一面。

四、商务信函的结构与写法

商务信函的结构包括称谓、正文、祝颂语、落款和附件。

1. 称谓

商务信函的称谓应在第一行左边顶格书写。称谓包括两种形式：一种是泛尊称，如"尊敬的先生/女士/经理"等；另一种是使用具体指姓或指全名的尊称，这一类是对写信人认识的受文者或很明确要发给的人，如"尊敬的李明总监"。如果称谓是单位名称，就不能简写，必须写全称；如果单位和个人负责人都要写，则单位在上，负责人及其职务写在下一行。

2. 正文

商务信函的正文可分开头、主体和结尾三部分。

（1）开头。开头是商务信函的起始部分，应根据是向对方发信还是向对方复信来确定不同的写法。如果是主动发信，一般应先采用惯用语"您好""见信好"等礼节性用语，再说明发信意图，表明主旨；如果是向对方复信，可先采用"收到贵公司的来函，非常荣幸"等用语，或说明于何日收到了对方的有关商洽什么内容的商函。

（2）主体。可根据发函的目的、所要表达的具体内容、理由、经过、要求、打算和措施等作充分的陈述。一般情况下，只要做到表述清楚，具体明确地写出发信或复信的主要内容，用词确切、简明就可以了，不必拘泥于格式和文本。

（3）结尾。用一两句结尾应酬语表示对收信人的礼貌周到。例如提出联络事由的信函，结尾可用"拜托之处，将不胜感激"；询问报价、寄样等商函，可用"盼望回复""敬候佳音"等。

3. 祝颂语

所有的商务信函结束都要使用祝颂语。祝颂语分为祝者自身的"请候语"和收信方的"安好语"两部分。请候语在正文结束后空两格或另起一行空两格书写，常用的有"恭祝""敬希"等词开头；安好语一定要另起一行顶格书写，表示对对方的尊重，常用的有"商祺""金安""生意兴隆"等。

4. 落款

落款应在商务信函的最后偏右写出发信或复信者的名称，包括单位名称和个人名称，其中个人姓名前要写职务，或把发函人的姓名附在企业名称后面。日期要写在名称下方。

5. 附件

有的商务信函还有附件，一般在落款左侧靠下方，写"附件"或"附"，然后注明附件的名称和件数，常用的有商品目录、价格表、订发货单、催款单、样品图表和收据等。

五、商务信函的写作要求

1. 内容正确、目的清楚、表述具体

商务信函内容涉及双方的权利、义务和利害关系等，写作者首先必须要写好每一条传递的信息，尤其是产品的价格、名称、规格和数量等。其次是观点要明确，文字表达要准确，要选择恰当的词语和专业术语。第三是思路要清楚，要避免出现双重意义的表述或模棱两可的含义，如某文中"虽然我公司同意回收完好的退货，但是我方无法同意回收有缺损的退货"一句，就不如"我公司只接受可再度销售的退货"清楚明了。

2. 文字简洁、态度礼貌、语气委婉

书写者应考虑到对方往往身处于非常忙碌的商业事务中，因此，要用尽可能少的文字简练地表达意图，避免堆砌修饰和长篇大论式的表达，做到既简洁又无损语意，这是商务信函写作之必需。如"关于贵方要求延期支付 11 月 3 日到期货款一事，现在很高兴通知您，在公司通过慎重考愿后，同意多给贵方两周的宽限来支付款额"，改写成"公司已同意多给贵方两周时间来支付 11 月 3 日到期的货款"，在简洁之余，更突出了所要传递的信息。

商务信函的措辞和语气须礼貌诚恳。语气往往通过体谅和理解对方，以及有分寸的表达体现出来。注意防止出现令对方感觉不愉快的负面语句。如"贵方在提交订购产品清单时遗漏了交代产品型号"这一句，就不如用"请速致函我公司，贵方尚未提交的产品清单型号，以便我公司立即将订货发出"，能让对方感觉得到尊重和周到的服务。

3. 明确责任、划定界线、分清权限

在商务信函的写作过程中，应该明确双方相应的界线，防止某方在执行中出现单方面违背承诺或在执行过程中出现偏差的情况。应明确地告知或提醒对方，哪些权力已经或将要超越对方的权限。如："出于对合作顺利开展负责的态度，我公司认为，贵公司在资产重组正式法律文本还没有正式签署之前，要求我公司提供详尽的财务报表，似乎不甚妥当。"这就是一种界限的明确，既婉拒了对方要求，也表明了我方的先决条件。这里所指的责任，主要是告知业务关联方在作出不利于合作业务顺利开展的行为后所应承担的相关责任。这既是一种善意的提醒，也为日后在有可能产生法律纠纷之时使本企业拥有主动权做好铺垫。

参考例文：

[例文一]

询问函

××公司销售经理：

我们从伦敦的弗里曼公司获悉你公司是贵国的主要出口商之一。

目前，我方对进口你们的产品很感兴趣，如你们能寄给我们目录表、样品本或在可能的情况下寄一些样品的话，我们将不胜感激。

我们是本地最大的百货商店之一，希望这将成为我们之间长期合作关系的良好开端。

××市百货商店

××年××月××日

[例文二]

销售函

××公司采购经理：

您好！

感谢贵公司去年采购我公司真丝绢花商品。现向贵公司提供我公司今年关于真丝绢花系列商品的一般交易条款，介绍如下：

1. 品质规格：真丝绢花以绫、绸、绢、缎等高级丝绸为原料，品种有月季、寒冬菊、杜鹃、凤尾兰等千余种，式样有瓶插花、盆景、花篮等。质地轻盈。不褪色，耐温耐压。具体规格请参阅全套彩色样本。

2. 包装：纸箱装。大花每箱装二十盒，每盒装一打；小花每箱装三十、四十或八十打不等，根据货号决定。纸箱内衬托蜡纸，外捆塑料打包带。每箱体积长×厘米，宽×厘米，高×厘米。每箱毛重×千克，净重×千克。

3. 数量：为便于安排装运，卖方有权多交或少交 5% 的货物，其多交、少交部分按合同价格结算。

4. 付款：买方应通过卖方所接受的银行开具全部货款，不可撤销的，准许货物的数量和金额允许增减 5%，信用证有效期应规定在最后装运日期后 15 天在中国到期。

5. 保险：如按 CIF 价格条件成交，卖方概按发票金额 110% 投保综合险，以中国人民保险公司的有关海洋运输货物保险条款为准。

6. 人力不可抗拒因素：如因战争、地震、严重的风灾、雪灾、水灾以及其他人力不可抗拒事故而致延期交货或无法交货时，卖方不负任何责任。

7. 索赔：凡有对装运货物质量提出索赔者，必须在货到目的港后 30 天内提出。货物质地、重量、尺寸、花型、颜色均允许有合理差异，对在合理差异范围内提出的索赔，卖方概不受理。

8. 仲裁：凡因执行合同所发生的或与合同有关的一切事宜，双方应该通过友好协商解决。如协商不能解决，应提交北京中国国际贸易促进会对外贸易仲裁委员会，根据该会仲裁程序暂行规则进行仲裁，仲裁裁决是终局的，对双方都有约束力。

以上一般交易条款已为×国其他进口商所接受，相信这些条款也将为贵公司所接受。如有任何疑问，请向我们提出。

近来各地对中国真丝绢花需求甚殷，如你方有意购买，请即询价。我们相信，在双方良好的配合下，首笔交易必将很快达成。

静候佳音。

××公司

××年××月××日

[例文三]

订购函

联想公司××销售代表：

您好！

贵公司上周发来的商用笔记本电脑的宣传手册已经收到，在此表示感谢。我公司对××牌笔记本（网上报价 5 000.00 元整）很感兴趣，拟订购 100 台，详细配置如下。

(1) 中央处理器：Intel 酷睿 i5 2 410M。

(2) 操作系统：Windows。

(3) 内存：4GB DDR3 内存。

(4) 显示器：14.0 寸超薄炫彩屏。

(5) 硬盘：320GB。

(6) 光驱：DVD 刻录机。

(7) 显卡：双显卡切换（独立/集成）。

（8）售后服务：1年内免费上门服务。

我们希望在十日内收到货物。对于货款的支付问题，我公司将按原定办法办理。

顺祝商祺！

××公司采购经理××

××年××月××日

[例文四]

催款函

××公司：

至××年××月××日为止，我公司已为贵公司安装了××，货款金额计为××万元，发票编号为××。可能由于贵方业务过于繁忙，以致忽略承付。故特致函提醒，请即进行结算。如有特殊情况，请即与我公司××联系。手机：×××××，邮编：×××××，地址：×××××。

特此函达。

我公司账号名称：××××××

开户银行：××××××

账号：××××××

××年××月××日

[例文五]

投诉函

总经理：

您好！

我是您公司生产的德生牌收音机的用户，我已买了您公司生产的三个型号的收音机。我是在北京天悦电子有限责任公司购买的。我对贵公司的产品很满意，另外，我也很喜欢收音机，所以买了多个。

我今天给您写信，主要是投诉北京维修点的。我每次去北京维修点时，见到他们的负责人对待顾客态度冷傲。我从没有看到他们那里的人微笑过，脸上总是死气沉沉的。昨天，我去那里换了根收音机天线，遇到一位中年男子去维修他的 CD 机。没修多长时间，我就看到有位负责人（是位女的）满脸不高兴，她说那位维修人员怎么给他修了那么长时间，还说了些不干净的话。虽不是说我，但我心里也很难受。我是一位酒店的员工，我觉得对待顾客最起码的微笑服务他们都没有学会，这以后还怎么对待顾客？我真担心北京维修点对贵公司的影响。希望贵公司能管一管这个维修点，不要忘了顾客才是贵公司的衣食父母。

希望您能处理一下此事。

张三

××年××月××日

[例文六]

索赔函

北京××货运有限责任公司：

××年××月××日，我公司委托贵公司将回流焊设备一台，通过公路运输至深圳，交付给收货人刘××（以下简称收货人），在深圳收货人验收时发现设备已经破损而拒绝接收。设备于××年××月××日退回我公司，经贵公司和我公司双方查验，系由于贵公司运输、装卸不当，造成设备和包装破损。

此次事件，不但使我公司设备破损，遭受二次紧急调运设备的运费损失，而且使我公司对客户逾期交货，信誉受损并要承担逾期交货的违约责任。我公司向贵公司郑重要求立即赔偿以下设备修理费用和运输费损失：

破损部位及程度	费用/元
上罩：两合页部分螺丝穿孔，严重掉漆	1 300.00
温室：合页部分及四个边角破裂	1 900.00
横梁：中间部分压损	800.00
电机上罩	50.00
包装箱	450.00
修理设备运输费	400.00
设备修理人工费	1 200.00
费用合计	6 100.00

以上是我公司的最低要求，请贵公司于7日内支付上述赔偿金额，或者贵公司自己将设备送去经我公司认可、有相应技术能力和修理设施、设备完善的修理厂修理，贵公司承担全部修理费用。7日后，如果贵公司不支付赔偿金，又不将损坏设备送去修理、恢复设备完好，我公司将委托修理厂修理，并通过法律途径追偿全部损失，不再通知。

顺祝商祺！

北京××有限责任公司
××年××月××日

启事、声明

一、启事

（一）启事的概念、特点与种类

1. 启事的概念

启事是机关团体、企事业单位、公民个人有事情需要向公众说明，或者请求有关单位、广大群众帮助时所写的一种说明事项的实用文体。

2. 启事的特点

（1）公开性。启事是公开在新闻媒体上公布发表或张贴的。启事可张贴、登报、广播，可在电视上放映、在网络上发布，启事一般是面向社会的。

（2）运用广泛、便捷。进入信息时代，启事作为最简便、快捷的信息载体，适用于各行各业，受到人们的普遍重视，成为应用最广泛的文种之一。

（3）形式灵活。启事的形式不拘一格，灵活多样，只要把需要说明的事项说清楚即可。

3. 启事的种类

常见的启事大致可归纳为以下几类：

（1）寻访类。如寻物启事、寻人启事等。

（2）征招类。如征稿启事、征婚启事、招生启事、招聘启事、招领启事等。

（3）征询类。征询对某物的产权、对某件事情的结论有无异议。

（4）知照类。发启事广泛告知，邀集亲友、校友、会友、社会同仁举行某种活动。

（5）声明类。遗失证件、支票，发启事告白社会有关方面，声明作废。

（6）道歉类。社会活动中发生侵权行为，经有关方面调解，有时以公开道歉为和解条件，可用启事公开道歉。

（7）鸣谢类。接受别人祝贺、援助、恩惠之后，往往要表示谢意，用启事公开道谢，也兼有表彰之意。

（8）辞行类。多用于个人或团体离开某地时向社会各界或亲友公开道别。

（9）陈情类。对某事情或某一方针政策有异议，可用启事的形式向社会公开陈述意见以征求支持者，或请求主持公道。

（10）喜庆类。生活中遇有喜庆之事（如订婚、结婚、寿诞、荣膺、开幕、奠基等）公开邀请举行庆祝活动，均可以启事的形式告白。

（11）迁移类。厂家、店铺、机关团体的办公地址、个人住址等迁移新址时，如认为有必要向社会公开告白，也常采用发表启事的方式。

（12）更改类。对已公布的事项文字错误作更改通知或勘误说明。

有的启事还具有广告性质，可代替广告用。

（二）启事的格式与写法

就其主要写作方式而言，启事一般分标题、正文、落款三部分。

1. 标题

启事标题各种各样，一般要求以最概括的文字，明确表示内容。有的只写内容，如"招聘"，也可是说明事项内容加文种，如"招生启事""征稿启事"等；还有一种是写明启事单位名称加内容、文种的，如"××市××中学××文学社招聘通讯员启事"等，还有的内容比较丰富，不能一语概括，直书"启事"也可。

2. 正文

要求简明扼要，条理清楚。根据所要表明的内容，一般要求使用敬语或谦辞，如"谨代表公司""希望能得到您的帮助"等。正文后，可以写上"此启"或"特此启事"的结束语，也可不写。

3. 落款

写上启事单位全称和年月日。如果单位名称已写入标题，落款部分就不必再写，直接写"××年××月××日"即可。

需要强调的是，许多启事要写明联系人和联系方式。例如联系地址、邮政编码、联系人姓名、电话号码、电子邮箱等。这些内容可以在落款以前，也可以在落款以后。

参考例文：

[例文一]

济南市巾帼创业服务中心招聘启事

济南市巾帼创业服务中心是济南市妇联针对我市有创业意向和女性初创企业以及女性创办的从事社会服务活动的社会组织，为其提供信息、资金、项目等方面的扶持和帮助的单位，并向社会公众承诺两项服务：承接市妇联妇女小额担保贷款业务和妇女就业创业讲座。本单位因业务发展需要，面向社会招聘数名工作人员，具体要求如下：

1. 专科以上学历，男女不限，愿意在此行业长期发展的有志之士。

2. 具有较强的活动策划能力，沟通能力，能够熟练掌握相关计算机办公软件，有平面设计、文字工作经验者优先。

3. 吃苦耐劳、责任心强，有较强的学习能力和团队合作精神。

4. 薪资待遇面谈。

有意者请联系：139×××××××　乔主任

[例文二]

广西日报创刊 70 周年征文启事

今年 12 月 3 日，广西日报将迎来创刊 70 周年。70 年来，广西日报与时代同频共振，见证了壮美广西发展进程。为纪念创刊 70 周年，我们特开设"我和广西日报的故事"征文专栏，面向广大读者征文。

一、征文内容

围绕"我和广西日报的故事"的主题，讲述自己或身边人与广西日报的故事，可为回忆、感受，或是为报纸撰稿的亲身经历。要求主题突出、感情真挚、故事真实、细节生动，作品须为未公开发表的原创作品，严禁抄袭，体裁不限，篇幅在 1 000 字左右，可配相应图片。

广西云客户端将同步向网友征集与广西日报创刊 70 周年有关的各种图片、文字、视频等素材。

二、征集时间

2019 年 11 月至 12 月初。

三、投稿方式

1. 图文来稿请投电子邮箱：gxrb70@ sina. com。

2. 视频来稿请投电子邮箱：3257533365@ qq. com（视频尽量以横屏拍摄，MP4 格式输出，文件大小在 500M 以下）。

3. 请在邮件中注明"'我和广西日报的故事'征文"字样，并在文中注明投稿人真实姓名、通讯地址、邮编、电话和电子邮箱。

四、作品刊登

广西日报花山版、南国早报将于 11 月下旬开始择优刊登征文作品。

广西云客户端对征集到的亮点重点素材，将制作成独立海报、客户端开机屏或 H5 等融媒体产品，同时开展"我为广西日报–广西云客户端代言"活动，优秀作品背后的人物将有机会出镜，成为"广西日报–广西云客户端代言"相关融媒产品主角。

南国早报客户端结合征文，打造有声读物——"走过 70 年，见证 70 载 我心中的广西日报" H5 产品，通过设计具有年代感，并有报纸翻页感觉的仿真报纸，实现优秀征文的传播。同时结合征文，筛选优秀读者，录制"走过 70 年，见证 70 载 我为广西日报打 CALL"短视频。

广西日报传媒集团

2019 年 11 月 15 日

[例文三]

××大厦开业启事

××大厦装饰工程已顺利完工，百货商场、餐饮旅馆定于××月××日正式开业，欢迎各界人士光临光顾。

××大厦

××年××月××日

[例文四]

××中学校庆启事

××中学定于××年××月××日隆重举行建校 50 周年庆典，敬请海内外历届学子及曾在本校工作过的教职工相互转告。

为编写校友录和便于联系，望各位校友见此启事后，尽快与学校联系，并将本人基本情况提供给学校。基本情况包括姓名、性别、毕业时间（高中、初中、班名）、现工作单位、职务（职称）、取得的成就、通信地址、联系电话、电子信箱等。

学校热忱欢迎各位校友届时返校同庆！

联系人：赵老师 李老师

邮　　编：××××××

地　　址：××路××号××中学

电　　话：××××××××

E-mail：××××@126.com

××年××月××日

二、声明

(一) 声明的概念、特点与种类

1. 声明的概念

声明是单位或个人有重要事项向大众做出公开说明或澄清事实，并表明立场、观点的一种应用文书。无论是公开说明公事还是私事，都可以使用声明。

2. 声明的特点

(1) 周知性。声明所涉及的内容必须是需要向社会大众公开说明的有关事项，为了达到周知目的，往往采用多种多样的发布途径和发布形式。既可以抄写张贴在公共场所，也可以在报刊登载，还可以利用广播、电视播放。

(2) 严肃性。声明的事项都是重要而严肃的，因此写作声明的态度要严肃、认真，不可使用幽默诙谐的语气。

3. 声明的种类

根据内容，声明大体可以分为如下几种：

(1) 道歉声明：指通过声明向某人或某群体就某事项而道歉的文书。

(2) 遗失声明：指为了不让别人利用自己遗失的物品或证件，通过声明说明自我态度的文书。

(3) 搬迁声明：指为了不影响业务联系，通过声明公布搬迁事实的文书。

(4) 委托声明：指通过声明委托某人或某单位做某事的文书。

(5) 澄清声明：指通过声明澄清某事项、说明某情况的文书。

(二) 声明的格式与写法

声明通常由标题、正文、落款和附项四部分组成。

1. 标题

标注"声明"或"××声明"。如果事关重大、紧急，也可以在声明之前加上"重要""严正"或"紧急"等字样，表明声明的性质、内容或表明情感态度。

2. 正文

正文中要写清楚声明的原因和事项。写作中注意层次清楚、细节分明，使人一目了然。

3. 落款

标注声明的单位或个人姓名，在署名下一行写日期。

4. 附项

有的声明出于联系需要，可以附注声明方的单位地址、电话、电传号码以及邮政编码。如，有的声明在文中涉及希望公众检举揭发侵权者的内容。

(三) 声明的写作要求

1. 事实清楚

事实清楚有利于公众了解情况，办理有关事项。对于警告性的声明来说，清楚、确凿的事实才能让声明有充足的依据。

2. 语言得体

声明是用于表明态度或说明真相的一种文体，所以在写作过程中一定要态度严肃，观点鲜明，措辞严谨。

3. 行文简洁

声明应该简洁明了，层次分明，条理清晰。

（四）声明与启事的异同

启事和声明是属于同一个种类的文书，但适用层面不太相同。

1. 性质和目的不同

启事是企事业单位、群众团体或个人向社会告知有关事项，希望得到支持和帮助的专用文书。

声明是就有关事项或问题向社会表明自己的立场、观点、态度的应用文体。

2. 作用不同

启事主要用来陈述事项，为解决某项工作或问题所写。

声明除了简明地告知某事外，主要用来表明立场、澄清相关事项、保护权益等，具备表态性、警示性的特点，具有法律效应。

3. 正文内容不同

启事正文写清楚意图就行，声明除直陈事实外，还需要态度严明地表达观点，澄清事实。

参考例文：
[例文一]

遗失声明

原址在安平工业综合开发区第Ⅲ区第 12 号小区 05 地块的不动产，系泉州市安平碧海环保科技有限公司所有，原不动产权证书（证号：闽（2017）晋江市不动产权第 0031703 号）因保管不慎遗失，现声明作废，有异议者自本网站刊登起 15 个工作日内向晋江市不动产登记中心提交异议的书证材料，逾期将按规定程序申请补办。

泉州市安平碧海环保科技有限公司
×××年×月×日

[例文二]

澄清声明

我司深圳市联建光电股份有限公司及其下属公司（企业字号"联建光电"）与河南省联建光电科技有限公司、江苏联建光电科技有限公司、南京联建光电科技有限公司、无锡联建光电节能科技有限公司、江西联建智能等公司不存在任何关联关系和业务合作关系。前述公司的经营活动与深圳市联建光电股份有限公司及其下属公司均无任何关系。

不法商户利用"联建光电"在行内的知名度，对外开展宣传或经营活动的行为，严重扰乱正常市场秩序，影响广大商户的正常经营活动，容易造成广大合作伙伴、客户及相关公众的误导、误认或遭受损失，前述行为也严重损害了我司的合法权益，我方将保留追究其法律责任的权力。

若商户发现上述违法事实，可通过以下网站与我方核实：

网站：http：//www. lcjh. com

为避免广大合作伙伴、客户及相关公众的误认或遭受损失，特此澄清声明！

深圳市联建光电股份有限公司
2019 年 11 月 25 日

介绍信、证明信、求职信

一、介绍信

（一）介绍信的概念、特点和种类

1. 介绍信的概念

介绍信是机关团体、企事业单位派人到其他单位联系工作、了解情况或参加各种社会活动时使用的一种专用书信。

2. 介绍信的特点

介绍信的特点一般来讲，具有以下几点：

（1）证明性。介绍信是机关团体必备的具有介绍、证明作用的书信。接介绍信的人，可以凭借此信同有关单位或个人联系，商量洽谈一些具体事宜，而收看介绍信的一方则可以从对方的介绍信中了解来人的职业、身份、要办的事情、要见的人、有什么希望和要求等。介绍信是联结双方关系的一个桥梁，其目的旨在证明来人的身份，防止他人假冒。

（2）时效性。介绍信就相当于一个在一定时间内的有效证件，它可以帮助对方了解你的身份、来历，同时也赋予了你一定的责任和权利，所以介绍信一般会开列出一定的时日期限，这是一种在限期内才具备有用性的专用文书。

3. 介绍信的种类

介绍信的分类方式可以有很多种。不过一般来讲，介绍信通常可以分为以下两种，即手写式介绍信和印刷式介绍信。

（1）手写式介绍信。手写式介绍信是一种较常见的介绍信，一般采用公文信纸书写或书写在机关、团体、单位自制的信笺上，最后只要加盖公章即可。

这是一种比较便捷的介绍信方式，但因其用纸、书写没有什么严格的要求，所以容易被人伪造。在更为正规的场合下，可以少用这种介绍信。

（2）印刷式介绍信。这是一种正式的介绍信，铅印成文，内容格式等已事先印刷出来，使用者只需填写姓名、单位，另加盖公章即可。

印刷式介绍信又可以细分为两种，一种为有存根的介绍信，一种为不带存根的介绍信。

带存根的介绍信通常一式两联，存根联由开介绍信的一方留档备查，正式联由被介绍人随身携带。格式统一制作的介绍信使用时简单方便，只需填写个别内容，可以提高工作效率，是公用介绍信中使用较多的一种。

不带存根的介绍信内容格式同带存根的介绍信在正文的印制上无甚差别，也是随用随填，只是未留存根而已。

（二）介绍信的格式与写法

介绍信一般应包括标题、称谓、被介绍者简况、事由、署名日期和有效期等内容。不同形式的介绍信的写法，其格式内容也略有差异。

1. 手写式介绍信的格式

手写式介绍信包括标题、称谓、正文、结尾、落款等五部分。

（1）标题。手写式介绍信的标题一般是在信纸的第一行居中写上"介绍信"三个字，字体可比正文字体略大。

（2）称谓。称谓在第二行，要顶格写，要写明联系单位或个人的单位名称（全称）或姓名，称呼后要加上冒号。

（3）正文。正文要另起一行，空两格写介绍信的内容。常用"兹""今""现"领起正文，介绍信的内容要写明如下几点：

①要说明被介绍者的姓名、年龄、政治面貌、职务等。如被介绍者不止一人，还需注明人数。其中，政治面貌和被介绍者的年龄有时可以省略。

②写明要接洽或联系的事项。

③向接洽单位或个人提出希望和要求，最常用的表述有"请接洽""请给予方便""敬请大力支持""请予接洽为盼""请接洽并予协助"等。

（4）结尾。介绍信的结尾要写上"此致敬礼"等表示祝愿和敬意的话。

（5）落款。出具介绍信的单位名称写在正文右下方，并署上介绍信的成文日期，加盖单位公章。最后在左下角注明本介绍信的使用期限。

这种介绍信写好之后，一般装入公文信封内。信封的写法同普通信封的写法相同。

2. 印刷式介绍信的写法

不带存根的印刷式介绍信印刷的内容、格式同手写式介绍信大体一样，这里主要介绍带存根的介绍信。带存根的印刷式介绍信一般由存根联、正式联和间缝三部分组成。

（1）存根联部分。

①存根联部分的第一行正中写有"介绍信"三个字，字体要大；紧接"介绍信"之后，用括号注明"存根"两个字。

②第二行。在右下方写有"××字××号"字样。如是市教委的介绍信就写"市教字××号"，如是县政府商业局的介绍信可写"县商字××号"。"××号"的编号方式与公文发文字号相同，一般是介绍信的页码编号。

③正文。正文要另起一行写介绍信的内容，具体由以下几项构成。

a. 被介绍对象的姓名、人数及相关的身份内容介绍，还要写明前往何处、何单位。

b. 具体说明办理什么事情，有什么要求等。

④结尾。结尾只注明成文日期即可，不必署名，因为存根联仅供本单位在必要时核查而已。

（2）介绍信的间缝部分。

存根部分同正文部分之间有一条虚线，虚线上即有"××字第××号"字样。这里可照存根第二行"××字××号"的内容填写。要求数字要大写，如"壹佰叁拾肆号"，字体要大，便于从虚线处截开后，字迹在存根联和正文联各有一半。同时，应在虚线正中加盖公章。

（3）正式联部分。

①第一行正中写有"介绍信"字样，字体较大。

②第二行在右下方有"××字××号"字样，内容照存根联填写。

③称谓。称谓要顶格写，写明所联系的单位或个人的称呼或姓名，后加冒号。

④正文。正文应另起一行，空两格起再写介绍信的具体内容。内容同存根联内容一样，主要写明持介绍信者的姓名、人数、要接洽的具体事项、要求等。

⑤结尾。写明祝愿或敬意的话，一般要写诸如"请接洽""请指教""请协助"之类的话，后边还要写"此致敬礼"。最后要注明该介绍信的有效期限。

⑥落款。在右下方要署上本单位的名称全名，并加盖公章，同时另起一行署成文日期。这类介绍信写好后，也应装入公文信封内。信封的写法同普通信封的写法相同。

（三）介绍信的写作要求

介绍信篇幅短小，写作简便，但功能强大，在写作或填写介绍信的时候，务必注意以下事项：

（1）要填写被介绍人的真实姓名、身份，不得弄虚作假。

（2）所接洽办理事项要写清楚，介绍信要简明扼要。

（3）介绍信务必加盖公章，以免以后造成不必要的麻烦。查看介绍信时要核对公章和介绍信的有效期限。

（4）有存根的介绍信，存根联和正式联要内容完全一致。存根底稿要妥善保存，以备今后核查。

（5）介绍信书写不得涂改，要书写工整。有涂改的地方，可加盖公章，否则此介绍信将被视为无效。

参考例文：

[例文一]

（××公司抬头）

介绍信

兹委派本公司员工××，身份证号××××，前往贵处办理××××相关文件的贸促会认证、使领馆认证事宜，望予接洽。

此致

敬礼

××公司（章）

××年××月××日

[例文二]

介绍信

×政介字（　）号

兹介绍××、××等同志××人，前往贵处联系××，敬请接洽并予以协助。

此致

敬礼

××人民政府（章）

××年××月××日

二、证明信

（一）证明信的概念、特点和种类

1. 证明信的概念

证明信是单位或个人为证明某人身份、职务、经历等情况以及证明某个事件原委、真相的专用书信。

2. 证明信的特点

（1）凭证的特点。证明信的作用贵在证明，是持有者用以证明自己身份、经历或某事真实性的一种凭证，所以证明信的第一个特点就是它的凭证作用。

（2）书信体的格式特点。证明信是一种专用书信，尽管证明信有好几种形式，但它的写法同书信的写法基本一致，大部分采用书信体的格式。

3. 证明信的种类

根据分类的标准不同，其种类也不同。从写作者来划分，可分为以组织名义出具的证明信和以个人名义出具的证明信。从证明信的用途来看，又可分为作为材料存入档案的证明信、证明丢失证件等情况属实的证明信和作为证件使用的证明信。从格式上可分为手写式和印刷式两种。

（1）手写式的证明信。一般是单位的负责人或文秘人员根据真实的档案或调查得来的材料组织书写的一种证明信，篇幅可长可短。

（2）印刷式的证明信。它是一种事先把格式印好，只需填进主要内容的一种证明信。一般留有存根，以备今后核查。

（二）证明信的写作格式

证明信一般由标题、称谓、正文、结尾和落款五部分组成。

1. 标题

证明信的标题通常有以下两种方式：

（1）单独以文种作为标题。在第一行居中冠以"证明信""证明"等字样。

（2）由文种加事由构成。一般也在第一行居中，如"关于××同志××情况的证明"。

2. 称谓

在第二行顶格写上受文单位名称或受文个人的姓名称呼，然后加冒号。如果是供有关人员外出活动证明身份的证明信则没有固定的收文者，可以不用写称呼，但需要在正文前用引导词"兹"引起正文。

3. 正文

另起一行，前空两格，写清需要证明的事项。

4. 结尾

另起一行，前空两格，写"特此证明"，以收束全文。

5. 落款

在正文右下方先写明证明单位名称或个人姓名，并加盖公章或私章。在落款的下方写明具体的年、月、日。

如果是以个人的名义出具的证明信，出具证明者所在单位须签署意见，说明出具证明者的一般表现，并对证明信上所写的材料做出表态，以供需要证明信的单位鉴别证明信的可靠程度。在签署意见的右下方，写上单位名称和日期，并加盖公章。

（三）证明信的写作要求

（1）要实事求是，言之有据，证据确凿，不能隐瞒真相，弄虚作假。

（2）用语要准确、明晰，切忌含糊其辞、模棱两可。不能用铅笔、红笔书写，不能涂改。

（3）如果是随身携带的证明信，应注明有效期限。

参考例文：

[例文一]

证明信

××局党委：

××同志，男，现年40岁，1964年9月考入我校学习，系××教授的研究生，1967年9月毕业。由于历史原因，毕业时未能发给研究生毕业证书，现即将其补发。

特此证明

××大学校长××（签名）
××年××月××日

[例文二]

证明信

××日报社：

贵报2008年8月9日第一版《寻访"8.7"交通肇事目击者》一文我已看到，我就是当时目睹大卡车肇事和赵琴女士（此前我不知道她的名字叫赵琴）热心救人的"绿衣人"，现将我当时目睹的情况证明如下：

2008年8月7日晚11时，天正下雨，我披一件绿色雨衣（该雨衣是一位外国朋友送的，国内没有生产，所以特别醒目）从朋友处回家，我当时由南向北在福安路上走，行至××银行门口，一个中年妇女站在屋檐下向我招呼，并用东北口音问我附近有没有柜员机。我俩正说话，一辆大卡车从北向南飞快地开过来，随后只听到一声怪异的急刹车声，我们回过身，发现那辆车在离我们大约20米处撞到了什么东西，在我们急忙赶过去的时候，那辆大卡车已经匆匆发动起来开走了（我留意到车牌号码的尾数好像是"37"），我们过去一看，路上躺着一位老人，身边一辆手推车被汽车轧烂了。此时正好有一辆出租车过来，赵琴女士就招呼我一起将那个老人扶到车上，我因为要赶回家准备第二天一早去往加拿大出差，心里很急，又看看老人不至于有什么生命危险，就拿出100元钱交给那位女士，随后就自己回家了，万没料到赵琴女士因此而蒙冤含屈。

××日报社，我因业务繁忙，近期又将飞往加拿大，谨以此信证明：

一、"8.7"交通肇事案的肇事者是某大卡车司机，车号尾数大约是"37"。

二、在此案中，赵琴女士是一个热心救人的好人。

请贵报代我向赵琴女士致以崇高的敬意，如有必要，我愿出庭作证。

特此证明

刘××（签名）

××年××月××日

三、求职信

（一）求职信的概念、特点及种类

1. 求职信的概念

求职信也叫自荐信或自荐书，它是求职者以自我推荐的方式向用人单位表达求职意愿，提出求职请求，并要求用人单位考虑答复的专用书信。

2. 求职信的特点

（1）自荐性。求职信其实就是自荐信，求职者要毛遂自荐，以期被用人单位看中并聘用。

（2）针对性。求职信要针对用人单位的不同岗位、不同职务的不同要求来写作。还要针对求职者自己的知识技能、业绩、阅历等情况向用人单位展示自己的能力与优势。

（3）竞争性。求职面临很激烈的竞争，要在竞争中胜出，就要突出自己的优势。能力与优势就成为求职信写作的重点。这些优势不是编造出来的，而是经过实践检验的，求职信要附上能证明自己能力与优势的各种证明材料。

3. 求职信的种类

求职信的种类有两种不同的分法：

（1）按求职者的社会成分，可分为毕业生求职信、下岗或待业人员求职信与在岗者求职信三种。

①毕业生求职信。我国每年有几百万的大中专毕业生，其中大部分通过求职信的形式进行求职。

②下岗或待业人员求职信。下岗工人、待业人员再就业除了进行相应的技能培训之外，

还要靠自己向用人单位毛遂自荐，求职信成为他们再就业的一个非常重要的工具。

③在岗者求职信。有些已经有工作岗位的人，由于不适应现有的工作岗位，或学无所用，或潜能得不到发挥，或为了谋求更好的职位，通过求职信向用人单位推荐自己，这也是常用的方式。

（2）按求职对象的情况，可分为应聘信与自荐信两种。

①应聘信。求职者通过招聘广告等渠道清楚了解用人单位招聘的岗位及相关要求，这时写的求职信应该有针对性地谋求一个明确的目标岗位，这样的求职信其实就是应聘信。

②自荐信。这样的求职信是指求职者没有确定的求职单位，求职信是写给所有同类性质的单位，属于投石问路性质的。这样的求职信只能根据自己的专长与技能，凭借用人单位通常的用人标准来进行写作。

（二）求职信的写作格式

求职信的写作遵守书信体的格式，主要有标题、称谓、正文、结语、落款五部分组成。

1. 标题

一般直接写"求职信"即可，也可以省略标题。

2. 称谓

求职信的称呼与一般书信不同，书写时须正规些。如果写给国家机关或事业单位的人事部门负责人，可用"尊敬的××处（司）长"称呼；如果是"三资"企业首脑，则用"尊敬的××董事长（总经理）先生"；如果是企业工厂经理，则可称之为"尊敬的××厂长（经理）"；如果写给院校人事处负责人或校长，可称"尊敬的××教授（校长、处长、老师）"。

3. 正文

正文一般应该包括以下内容：

（1）说明求职的缘由，如果是应聘信，应该说明消息来源，比如"近日在《××报》上看到贵公司招聘广告，获悉贵公司正在拓展业务，招聘新人，我有意角逐经理助理一职……"如果不知道对方是否招聘新人，也可以投石问路，如"久闻贵公司实力雄厚，声誉卓著，故冒昧写信自荐，希望加盟贵公司……"

（2）介绍个人背景，包括与应聘职位有关的学历、经历、成绩等，关键在于打动对方，引起对方的兴趣。当然这不能代替简历，较详细的个人简历可以作为附件附在求职信之后。

（3）展示自己能胜任竞聘职位的各种能力。这是求职信的核心内容，应该表明自己具有专业知识与社会实践经验，具有与工作要求相关的特长、兴趣、性格与能力。主要是针对招聘条件突出自己的优势，与招聘条件无关的不谈，让对方感到你能胜任这个工作。

4. 结语

结语主要是以诚恳的态度提出自己的愿望与要求，如希望对方能给自己一个面试机会，盼望答复，静候回音等。然后写上表示敬意、祝福之类的词语，如"祝贵公司财源广进""顺祝愉快安康"等。

5. 落款

署上自己的姓名和日期。

一般求职信还需要附件，在信后附上有关材料，包括简历和其他能够证明自己身份和能力的证明材料，如身份证、学历证书、职业资格证书，以及各种获奖证书等。

（三）求职信的写作要求

1. 目的要明确

求职者要根据用人单位的需求选择陈述内容，不要没有重点地泛泛而谈，缺乏针对性，如"本人爱好广泛，能胜任各种工作"之类。要注意突出技术专长，根据用人单位的选拔条件，抓住重点，有的放矢，否则只会弄巧成拙。

2. 内容要真实

写求职信必须实事求是，不能夸大其词，更不可虚构材料，编造历史。

3. 语言表述要谦和、诚恳

求职者充满自信地推销自己是必要的，但要注意态度谦和、言辞恳切、不卑不亢、情真意切。实践证明，只有那些既有真才实学，又言词得体的求职者才受人欢迎，易被录用。

4. 文面整洁，杜绝错别字

求职信中若出现错别字、文面涂改等情况，会严重影响到求职效果，因为它反映出求职者工作态度不严谨，会给招聘方留下不好的印象。如果写得一手好字，手写的求职信一般效果会更好。

参考例文：

[例文一]

求职信

××进出口公司：

我叫徐××，××大学国际贸易系 2015 级本科毕业生，中共党员。四年大学苦读，我在德智体各方面都取得了较全面的发展，学习成绩一直在年级前三名，综合积分专业排名第一。2017 年通过国家计算机二级等级考试，2018 年通过全国大学英语六级等级考试，具有良好的英语写作与会话能力。连续四年获得省级优秀三好学生称号。

大学四年，我先后担任国际贸易 15（1）班班长、系学生会主席、校《学生通讯》主编，并曾承办"校园十大青年歌手""月光书会"等多项校园活动。课余时间我特别注重计算机能力培养，选修、自学了各类计算机课程，能熟练运用 C++语言、Fortran 语言、VFP50 数据库语言、Windows 等操作。

2018 年暑假实习期间，参与××公司对俄罗斯畜产品贸易谈判工作，获得实习单位的好评。

贵公司从事国际贸易，正是我向往的工作单位，如果能到贵公司工作，我相信我的工作能力一定不会让你们失望，我一定珍惜这一难得的机会，努力做出自己的贡献。

此致

敬礼

徐××

××年××月××日

[例文二]

求职信

尊敬的菜文先生：

艾迪斯·温特小姐告诉我贵公司缺一名秘书，我想申请这个职位。

我知道您需要一名速写很快，又能处理大量信件的秘书。我毕业于富特黑专科学校，毕业后先后在一家干货零售公司、一家保险公司做过秘书。

我的英文书写速度大约是每分钟145个字。在我现在的工作中，我每天要处理40到60封信件。不论是在富特黑专科学校求学时，还是在现在的工作中，我都训练自己不用他人指导而独立处理日常信件。

我在现在的西南人寿保险公司的工作也干得不错，但我最近刚拿了秘书学的学士学位，想干一份具有挑战性的、收获不菲的工作。艾迪斯·温特小姐对工作的热情，更让我确信我会喜欢这份工作。内附的简历有助于您做决定。

如果您方便，每天下午我都有时间来洛杉矶面谈，愿我有机会来与您面谈！

真诚的劳拉·爱德蒙

××年××月××日

欢迎词、欢送词、答谢词

一、欢迎词

（一）欢迎词的概念、特点和种类

1. 欢迎词的概念

欢迎词是由东道主出面对宾客的到来表示欢迎的讲话文稿。

近年来各地纷纷举办各种内容和形式、不同规格和规模的节庆活动。按照惯例和程序，在节庆活动开幕式上，常常要由一位东道主方面的要员向来宾致欢迎词。那么，撰写一篇合乎规范的节庆活动欢迎词自然就成为活动筹备过程中一项不可忽视的细节工作了。

2. 欢迎词的特点

（1）欢愉性。中国有句古话叫"有朋自远方来，不亦乐乎"，所以致欢迎词时当有一种愉快的心情，言辞用语务必富有激情和表现出致词人的真诚。只有这样才可给客人一种"宾至如归"的感觉，为下一步各种活动的完满举行打下好的基础。

（2）口语性。欢迎词是现场面向宾客口头表达的，所以口语化是欢迎词文字上的必然要求，在遣词用语上要运用生活化的语言，既简洁又富有生活的情趣。口语化会拉近主人同来宾的亲切关系。

3. 欢迎词的种类

（1）从表达方式上分为现场讲演欢迎词和报刊发表欢迎词。

①现场讲演欢迎词。一般是由欢迎人在被欢迎人到达时在欢迎现场口头发表的欢迎稿。

②报刊发表欢迎词。这是发表在报刊或公开发行刊物上的欢迎稿。它一般在客人到达前后发表。

（2）从社交的公关性质上分为私人交往欢迎词和公事往来欢迎词。

①私人交往欢迎词。私人交往欢迎词一般是在个人举行较大型的宴会、聚会、茶会、舞会、讨论会等非官方场合下使用的欢迎稿。通常要在正式活动开始前进行。私人交往欢迎词往往具有很大的即时性、现场性。

②公事往来欢迎词。这样的欢迎词一般在较庄重的公共事务中使用。要有事先准备好的得体的书面稿，措辞上的要求较私人交往欢迎词要正式和严格。

（二）欢迎词的写作格式

欢迎词一般由标题、称呼、正文、落款组成。

1. 标题

欢迎词的标题一般由致词人、致词场合和文种三要素构成，如"××在××会上的欢迎词"或"在××招待会上的讲话"；还可以单独由文种命名，如"欢迎词"。在首行正中书写标题。

2. 称呼

在开头顶格书写被欢迎者的称呼，要写明来宾的姓名称呼，如"尊敬的先生们、女士们""亲爱的××大学各位同仁"等，后要冒号，个人姓名要用尊称。

3. 正文

首先要说明致词者代表什么人向哪些来宾表示欢迎；接着阐述来访或欢迎的意义、作用，或赞扬客人的成就、贡献，或回顾双方的交往和友谊；最后再次表示欢迎之意，以及对今后的祝愿和希望。

4. 落款

要署上致词单位名称，致词者身份、姓名，并署上成文日期。

（三）欢迎词写作的注意事项

欢迎词是出于礼仪的需要而使用的，因此要十分注意礼貌。具体而言，要注意以下几点：

（1）称呼要用尊称，感情要真挚，要能较得体地表达自己的原则立场。

（2）措辞要慎重，勿信口开河，同时要注意尊重对方的风俗习惯，应避开对方的忌讳，以免发生误会。

（3）语言要精确、热情、友好、温和、礼貌。

（4）篇幅短小，言简意赅。一般欢迎词是一种礼节性的外交或公关辞令，宜短小精悍，不必长篇大论。

参考例文：

[例文一]

第四届国际水产遗传学会议主席的欢迎词

女士们、先生们：

　　我非常愉快地代表大会组织委员会向应邀前来参加会议的全体与会者表示诚挚的欢迎。

　　本次大会将探讨水生生物、营养学、生理学、畜牧学中的各种遗传问题以及水生经济动物的疾病问题。会议的议题还将包括正在培养或有潜在培养价值的淡、海水鱼类，两栖类，龟类，软体动物以及甲壳动物等。

　　我们还邀请了诸位游览观赏武汉和中国其他地方的风景名胜。

　　我们深信本次会议定能取得圆满成功，并将是该领域最大的一次国际聚会。

　　请接受我们最热烈的欢迎。

会议主席：×××
××年××月××日

[例文二]

欢迎词

尊敬的各位领导、各位来宾：

　　上午好！

　　阳春三月，暖意融融，非常高兴迎来了各位领导、各位来宾在百忙之中莅临中国人寿当阳支公司检查指导工作。各位领导、专家的到来不仅是对我们工作的检查指导，更是给我们提供了一次极好的学习交流机会。在此，我代表公司及全体员工对各位来宾表示最真挚的感谢和最热烈的欢迎！

　　今天，我们迎来了各位领导，激动已不足以表达我们的心情，为了表示感谢，我们只有更加努力地全身心投入工作中去，以更加完美的成绩回报你们的支持。

　　各位领导，各位来宾，我们深知，我们的每一点进步，都离不开你们的关心与帮助；我们的每一分成绩，都离不开你们的理解与支持；你们今天的到来，更是对我们莫大的鞭策与鼓励。我们深信，在今后的工作中，有各位领导一如既往地扶持我们，一如既往地关怀我们，当阳公司银保部一定能实现新的跨越！

　　最后，让我用最真诚的声音代表当阳公司银保部，向各位领导真心地道一声"谢谢"，感谢你们的到来，感谢你们的支持，感谢你们的关注！

中国人寿当阳支公司：×××
××年××月××日

二、欢送词

（一）欢送词的概念、特点和种类

1. 欢送词的概念

欢送词是行政机关、企事业单位、社会团体或个人在公共场合欢送友好团体回归或亲友出行时发表的讲话稿。

2. 欢送词的特点

（1）惜别性。古诗说得好，"相见时难别亦难"。中国人重情这一千古不变的民族传统精神在今天变得更为可贵。欢送词要表达亲朋远行时的感受，所以依依惜别之情要溢于言表。当然格调也不可过于低沉。尤其是公共事务的交往，更应把握好分别时所用言辞的分寸。

（2）口语性。同欢迎词一样，口语性也是欢送词的显著特点之一。遣词造句也应注意使用生活化的语言，使送别既富有情趣，又自然得体。

3. 欢送词的种类

欢送词同欢迎词在分类上大致相同，这里不详加说明，只作一简单的列举。

（1）按表达方式来分，可分为现场讲演欢送词和报刊发表欢送词两种。

（2）按社交的公关性质来分，可分为私人交往欢送词和公事往来欢送词两种。

（二）欢送词的写作格式

同欢迎词一样，欢送词也由标题、称呼、正文和落款构成。

1. 标题

同欢迎词的标题大体相同，或由欢送对象与文种构成，如"欢送××归国的讲话"，或单独以文种名为标题，如"欢送词"。

2. 称呼

与欢迎词的写法相同。

3. 正文

首先简要表达真挚、热情的欢送之意；接着叙述被送者或宾客的成绩、贡献或双方的友谊，并对此做出积极的评价；最后要再次表达惜别之情，以及对被送者或宾客的希望、勉励。

4. 落款

与欢迎词的写法相同。

（三）欢送词的写作要求

（1）称呼用尊称、注意宾客身份，致辞要恰到好处，感情要真挚、诚恳且健康。

（2）措辞要慎重，勿信口开河；要尊重对方风俗习惯，以免发生不该发生的误会。

（3）语言要精确、热情、友好、温和、礼貌。

（4）要言简意赅，篇幅不宜过长。欢送词也是一种礼节性的社交公关辞令，要短小精悍，这样更宜表达主人的尊重和礼貌。

参考例文：

[例文一]

欢送词

尊敬的 ENANA 董事长曼努埃尔·赛达先生及夫人玛丽利亚·赛达女士、玛利亚·英格拉西亚董事，各位来宾：

天下没有不散的筵席，美好的时刻总是短暂的。即将分别的时刻，我们的心情依依不舍。大家相处的时间虽然短暂，但建立起来的友好情谊是深厚的。中国有句谚语说"朋友是山上的树，只有多了才成林"，我们是永远的朋友！安哥拉作为一颗非洲冉冉升起的新星，地理环境日趋优越，政策逐渐利好，经济发展潜力巨大，是我们公司"走出去"开拓非洲市场的良好选择。贵方的这次考察，为增进贵我双方友谊，增强相互沟通交流，在多领域寻求合作，奠定了良好的基础。

我公司是一个非常具有发展潜力的公司，更是一个非常好客的公司。我们真诚地希望各位来宾再次来我公司做客！最后，我代表公司全体员工，再一次感谢贵方多年来对我公司的信任与支持，我们将秉承"创造对人类和环境充满关爱的建筑艺术品"的企业理念，全力以赴推进工程建设，努力打造精品工程，做好中国与安哥拉友谊的纽带。祝大家一路顺风，万事如意！

××公司：×××

××年××月××日

[例文二]

欢送词

尊敬的女士们、先生们：

首先，我代表××，对你们访问的圆满成功表示热烈的祝贺。

明天，你们就要离开××了，在即将分别的时刻，我们的心情依依不舍。大家相处的时间是短暂的，但我们之间的友好情谊是长久的。我国有句古语："来日方长，后会有期。"我们欢迎各位女士、先生在方便的时候再次来××做客，相信我们的友好合作会日益加强。

××单位名（全称）：×××

××年××月××日

三、答谢词

（一）答谢词的概念、种类

1. 答谢词的概念

答谢词是指在特定的公共礼仪场合，主人致欢迎词或欢送词后，客人所发表的对主人的热情接待和关照表示谢意的讲话。答谢词也指客人在举行必要的答谢活动中所发表的感谢主人的盛情款待的讲话。

2. 答谢词的种类

依据不同的致谢缘由和致谢内容，答谢词可划分为谢遇型、谢恩型两个基本类型。

（1）"谢遇型"答谢词。"遇"，招待，款待。"谢遇型"答谢词，即用来答谢别人的招待的致词，它常用于宾主之间，既可用于欢迎仪式、会见仪式上回应"欢迎词"的讲话，也可用于欢送仪式、告别仪式上回应"欢送词"的讲话。

（2）"谢恩型"答谢词。"恩"，受到的好处，即别人的帮助。"谢恩型"答谢词，即用来答谢别人的帮助的致词。它常用于捐赠仪式或某种送别仪式上。例如，1998 年长江中下游地区的灾民在接受全国各地捐赠物品的仪式上，在洪水退后为抗洪抢险的解放军战士送行的仪式上，就都使用了这种答谢词。

（二）答谢词的写作格式

答谢词一般由标题、称呼、正文、结语组成。

1. 标题

在第一行居中的位置写"答谢辞（词）"或"感谢词"。

2. 称呼

另起一行顶格写致辞对方的姓名、头衔，既可以是广泛对象，也可以是具体对象。称呼后加冒号以引领全文。

3. 正文

正文一般包括以下几方面内容：首先，对主人的盛情表示感谢，表达自己的荣幸与感激，这是答谢词的写作重点；其次，畅叙情谊，或表明自己来访的意图、诚意、效果或意义，或褒扬对方的成就或贡献；再次，提出与对方进一步发展关系的强烈愿望。

4. 结语

再一次用简短的语言表示感谢。

（三）答谢词的写作要求

（1）客套话与真情。在礼仪场合，必要的客套话是不能省略的，比如"感谢""致敬"之类热情洋溢、充满真情的词语。

（2）尊重对方习惯。在异地做客，要了解当地的民情、风俗，尊重对方习惯。

（3）注意照应欢迎词。主人已经致词在前，作为客人不能"充耳不闻"。答谢词要注意与欢迎词的某些内容照应，这是对主人的尊重。即使预先准备了答谢词，也要在现场紧急修改或补充，或因情因境临场应变发挥。

（4）篇幅力求简短。

参考例文：

[例文一]

感谢词

尊敬的领导、专家：

大家好！非常感谢诸位能够于百忙之中出席本次会议，并对本次大赛的新闻发布会方案、赛事方案提出宝贵的建议和意见！同时也非常荣幸得到各位领导对我们前期工作的认可。

"2013 国际旅游小姐中国·贵州总决赛暨贵州民族形象大使选拔赛"在国发 2 号文件精神的指引下，积极响应我省"推动文化跨越发展，加快建设文化强省"的号召，以竞赛为桥梁，达到传播贵州民族旅游资源与文化、发展贵州旅游文化经济的目的。

现大赛正在积极有序地按计划推进，赛事总体策划、组织架构、部门分工、赛事时间安排及流程规划等方案都已经落实或形成实施框架。近期工作主要集中在资源共享整合会议和新闻发布会的召开，各地州市分赛区的筹备工作已同时开展。在赛事举办期间，我们将及时向各位领导和专家汇报赛事的进展情况，用心聆听各位领导和专家的建议和意见。

最后希望在今后的工作中，能一如既往地得到各位领导、专家的支持。今天领导的期许，专家中肯的指导都将成为我们努力办好此次大赛、宣传贵州旅游的动力。谢谢大家！

贵州××文化发展股份有限公司

××年××月××日

[例文二]

感谢词

尊敬的××集团公司的朋友们：

首先，请允许我代表团全体成员对××先生及××集团公司对我们的盛情接待表示衷心的感谢。

我们一行五人代表××公司首次来贵地访问，此次来访时间虽短，但收获颇大。仅三天时间，我们就对贵地的电子业有了比较全面的了解，与贵公司建立了友好的技术合作关系，并成功地洽谈了××电子技术合作事宜。这一切，都得益于主人的真诚合作和大力支持。对此，我们表示衷心的感谢。

电子业是新兴的产业，蒸蒸日上，有着广阔的发展前景。贵公司拥有一支由网络专家组成的庞大队伍，技术力量相当雄厚，在网络工作站市场中一枝独秀。我们有幸与贵公司建立友好的技术合作关系，为我地电子业的发展提供了新的契机，必将推动我地的电子业迈上一个新台阶。

最后我代表××公司再次向××集团公司表示感谢，并祝贵公司迅猛发展，再创奇迹。更希望彼此继续加强合作，共创明天。

××公司：×××

××年××月××日

思考与练习

一、简答题

(1) 事务文书有哪些特点？

(2) 计划的写作有哪些要求？

(3) 常用的商务信函有哪些？

(4) 启事和声明如何区别？

(5) 写求职信有哪些要求？

（6）简述欢迎词和欢送词的结构与特点。

二、写作训练题

（1）请为自己制订一份大学期间的学习计划。

（2）利用课余时间对周围同学的心理状况进行调查，撰写一份当代大学生心理状况的调查报告。

（3）××职业学院的梁天、宋明等8位同学2021年暑期将到济南银座商城参加社会实践活动，请你代××职业学院为他们写一封介绍信。

（4）××省××市洗衣机厂工程师宋伟同志（男，37岁）、技术员赵敏同志（男，32岁）前往苏浙沪一带检查并重点修理该厂生产的××牌洗衣机。请你代表该厂草拟一封证明信。

（5）××职业学院旅游管理系领导带领酒店管理专业的部分师生到北京万盛酒店参观学习，受到了酒店领导和员工的热情欢迎和接待。请你为北京万盛酒店总经理写一份欢迎词和欢送词，为××职业学院旅游管理系领导写一篇答谢词。